Reinhard Schulz
Waltraud Roth-Schulz

MIT DEM WOHNMOBIL NACH SÜD-NORWEGEN

Die Anleitung für einen Erlebnisurlaub

DER WOHNMOBIL-VERLAG
D-98634 Mittelsdorf/Rhön

Bibliografische Information der Deutschen Bibliothek

Die Deutsche Bibliothek verzeichnet diese Publikation in der Deutschen Nationalbibliografie.
Detaillierte bibliografische Daten sind im Internet über <http://dnb.ddb.de> abrufbar.

Titelbild: Blick in den Roysetfjord östlich von Maloy

Neu bearbeitete und stark erweiterte 7. Auflage 2012

Druck:
Appel & Klinger, 96277 Schneckenlohe

Vertrieb:
GeoCenter ILH, 70565 Stuttgart

Herausgeber:
WOMO-Verlag, 98634 Mittelsdorf/Rhön
GPS: N 50° 36' 38.2"; E 10° 07' 56.0"
Fon: 0049 (0) 36946-20691
Fax: 0049 (0) 36946-20692
eMail: verlag@womo.de
Internet: www.womo.de

Autoren-eMail: Schulz@womo.de

ISBN 978-3-86903-157-6

EINLADUNG

„Ultima Thule" – das Land am nördlichen Ende der Welt, so nannten die alten Römer respektvoll das Land am Weg in den hohen Norden – Norwegen. Es endet erst, wenn auch Europa endet, am Knivskjellodden nordwestlich des Nordkaps auf der Insel Magerøya.

Fröstelnd denkt man an Kälte, Schnee, ja Eisberge....

Aber dieses Land hat eine sanfte, warme Hand, die es das ganze Jahr streichelt – den Golfstrom. Staunend fährt man an Erdbeerfeldern und Kirschbaumplantagen vorbei, und wenn man nicht aufpasst, schmerzt ein Sonnenbrand im Norden genauso lange wie an der Riviera!

Zum Sonnenbaden kommen jedoch die wenigsten ins Land der Superlative: Die größten Gletscher, die höchsten Wasserfälle, die tiefsten Fjorde, die unwegsamsten Gebirge, die längsten Wandertouren, die ältesten Felszeichnungen, die fotogensten Holzkirchen Europas bietet bereits der Süden des Landes – reicht das?

Wir haben für Sie den schönsten Teil eines Traumurlaubslandes durchfahren und durchwandert, die besten Fleckchen für geruhsame Aufenthalte, kleine Spaziergänge und große Wanderungen ausfindig gemacht. Wir zeigen Ihnen auch ruhige Campingplätze – aber vor allem so viele idyllische Übernachtungsmöglichkeiten in freier Natur, dass Sie mehrmals wiederkommen müssen, um alle zu benutzen – aber Sie werden gerne wiederkommen!

Ihre

Waltraud Roth – Schulz

N.B.

In den letzten Jahren hat die Zahl der WOMO-Urlauber in Skandinavien stark zugenommen. Es reicht nicht mehr, wenn wir uns auf das "Allemansrätten" als ein Jedermannsrecht an der Natur berufen – es nimmt uns immer stärker in die Pflicht, diese herrliche Natur aktiv bewahren zu helfen.

Für uns Wohnmobilurlauber bedeutet dies in erster Linie, dass wir uns um absolute Sauberkeit bemühen, keinesfalls mit dem WOMO die zugelassenen Straßen verlassen und Wohnmobilansammlungen von mehr als drei Fahrzeugen meiden. Zumal für einen längeren Aufenthalt bietet Norwegen herrliche, naturbelassene Campingplätze.

Sehr geehrter Leser, lieber WOMO-Freund!

Reiseführer sind für einen gelungenen Urlaub unverzichtbar – das beweisen Sie mit dem Kauf dieses Buches. Aber aktuelle Informationen altern schnell, und ein veralteter Reiseführer macht wenig Freude.

Sie können helfen, Aktualität und Qualität dieses Buches zu verbessern, indem Sie uns nach Ihrer Reise mitteilen, welchen unserer Empfehlungen Sie gefolgt sind (freie Stellplätze, Campingplätze, Wanderungen, Gaststätten usw.) und uns darüber berichten (auch wenn sich gegenüber unseren Beschreibungen nichts geändert hat).

Bitte füllen Sie schon während Ihrer Reise das Info-Blatt am Buchende aus und schreiben Sie evtl. Korrekturen auch in unser Forum unter: www.forum.womoverlag.de

Dafür gewähren wir Ihnen bei Buchbestellungen direkt beim Verlag (mit beigefügtem, vollständig ausgefülltem Info-Blatt oder entsprechender eMail) ein Info-Honorar von 10%.

Aktuelle Korrekturen finden Sie unter: www.forum.womoverlag.de

Um die freien Übernachtungs- und Campingplätze auf einen Blick erfassen zu können, haben wir diese im Text in einem Kasten nochmals farbig hervorgehoben und, wie auf den Karten, fortlaufend durchnummeriert. Wir nennen dabei wichtige Ausstattungsmerkmale und geben Ihnen eine kurze Zufahrtsbeschreibung. "Max. WOMOs" soll dabei andeuten, wie viele WOMOs dieser Platz maximal verträgt und nicht, wie viele auf ihn passen würden (schließlich gibt es auch Einwohner und andere Urlauber)!

Übernachtungsplätze mit **B**ademöglichkeit sind mit hellblauer Farbe unterlegt. **W**anderparkplätze sind grün gekennzeichnet. **P**icknickplätze erkennen Sie an der violetten Farbe. Auf Schlafplätze, denen die gerade genannten Merkmale fehlen – also auf einfache **S**tellplätze – weist die Farbe Gelb hin. Empfehlenswerte **C**ampingplätze haben olivgrüne Kästchen. Wanderungen, die wir Ihnen besonders ans Herz legen möchten, haben wir ebenfalls grün unterlegt.

INHALT

Anreisewege

18 Touren durch Süd-Norwegen

Tipps und Tricks

Zeichenerklärungen für die Tourenkarten

Touren / abseits der Touren

Autobahn (Maut)	**?** Problemstrecke (s. Text)
4-spurige Straße	♰ ⛪ Kirche, Stabkirche
Hauptstraße	♗ ♪ Burg, Schloss, Ruine
Nebenstraße	∴ Ausgrabung/Felsritzung
Schotterstraße	✳ ✳ ✳ Sehenswürdigkeiten
Wanderweg	⌐ ⌐ Trinkwasser/Dusche
11 Badeplatz (ohne/mit freier Übernachtung)	╪ Straße mit Mautstelle
(S) (11) Stellplatz (ohne/mit freier Übernachtung)	⚠ ⚠ Campingplätze
(W) (P) (B) Wander-, Picknick-, Badeplatz	⟨E⟩ ⬛ Entsorgung/Toilette
(12) (13) (14) geeignet für freie Übernachtungen	

Alle freien Übernachtungsplätze sind im Text
und auf den Tourenkarten fortlaufend durchnummeriert.   N 50° 36' 25.5" E 10° 07' 10.8"   GPS-Daten

Wir starten Richtung Norwegen!

Ein Blick auf den Atlas belehrt uns, dass ein Vogel, der in Frankfurt startet, runde 2500 km fliegen müsste, bis er sich auf dem Nordkapfelsen, dem nördlichsten Punkt Norwegens (und ganz Europas) ausruhen könnte.

Falls Sie mit dem WOMO starten, zeigt das Hinweisschild am südlichsten Punkt Norwegens, am Leuchtturm von Lindesnes, immer noch über 2500 Straßenkilometer bis zum nördlichen Ende des Landes an!

Wer kann schon solche Entfernungen im Urlaub bewältigen!? Sollen Sie gar nicht!

Wir werden Ihnen zeigen, dass Norwegen näher ist, als Sie glauben – und um seine überwältigenden Schönheiten zu bestaunen, brauchen Sie auch nicht zum Kilometerfresser zu werden!

Wie weit ist's nach Norwegen?

0 (Null) Kilometer – falls Sie zufällig einer der über 300.000 Einwohner von Kiel sind, denn vom größten deutschen Ostseehafen haben Sie mit der COLOR LINE Direktverbindung nach OSLO. Sonstige Deutsche, Österreicher und Schweizer müssen nur die "paar" Kilometer bis zu den "Kieler Sprotten" auf bequemen deutschen Autobahnen zurücklegen. Staus werden Sie dabei nicht kennenlernen, denn die Urlaubsströme wälzen sich gen Süden. Folglich können Sie für die Anfahrtsstrecke mit einen Schnitt von 70-80 km/h (incl. Pausen) rechnen.

Das schaffen Sie nicht an einem Tag?

In Deutschland gilt noch immer: Das Übernachten zum Zwecke der Fahrtunterbrechung (insbesondere bei Übermüdung) ist an Straßen und auf allen Parkplätzen gestattet.

Aber nehmen Sie bitte nicht den ersten besten, lärmenden Autobahnparkplatz. Auch außerhalb von Campingplätzen finden Sie lauschige Plätzchen in malerischer Umgebung. Ich denke da z. B. an einen gemütlichen Heidegasthof, wo Sie bei einem genüsslichen Vesper den ersten Tag ausklingen lassen können – und wir haben noch keinen Wirt getroffen, der nicht einen besonders ruhigen Übernachtungsplatz für uns gewusst hätte.

Natürlich könnte ich Ihnen an dieser Stelle auch unser **Allgemeines Wohnmobil Handbuch** empfehlen, schließlich haben wir dort über 3200 freie Übernachtungsplätze beschrieben. Aber wer wird denn Eigenwerbung machen!?

Fast 20 Stunden Fähre sind Ihnen zu lang – dann lesen Sie im nächsten Kapitel weiter!

Fähr- und sonstige (!) Verbindungen nach Norge

Fähre fahren nach Norwegen ist nicht teuer (verglichen mit den Mittelmeerfähren)! Schon für knapp 150 Euro kann man sich (in der **Hoch**saison, Wohnmobil bis 6 m Länge incl. 5 Personen) direkt vors Rathaus von Oslo schippern lassen!
Aber Norwegen ist bekanntlich nicht das südlichste Land in Skandinavien. Wer seinen Norwegenurlaub mit ein paar sonnigen Tagen in Dänemark oder Schweden würzen möchte, für den gibt's eine ganze Reihe noch viel preiswerterer Kurzfährstrecken und reizvoller Fährkombinationen. Insgesamt kommen wir – falls wir uns nicht verzählt haben – auf 10 Abfahrtshäfen mit 18 verschiedenen Fährstrecken:
Saßnitz und Rostock kamen wegen der Straßenverbindungen in erster Linie für Ostdeutsche in Frage. Nachdem aber die Ostsee-autobahn Lübeck – Rostock fertiggestellt ist, sausen auch Westdeutsche schnell zu den kürzesten deutschen Fährverbindungen.
Travemünde, Puttgarden und Kiel sind die traditionellen Fährhäfen der Westdeutschen. **Aufpassen:** Die Vogelfluglinie ab Puttgarden besteht nur aus zwei kurzen Fährabschnitten, das lange "Mittelstück" durch Dänemark muss man selber fahren.
Preiswert und kurz sind auch die Verbindungen von Grenå oder Frederikshavn nach Schweden. Von der Nordspitze Dänemarks (Frederikshavn oder Hirtshals) aus wird man bereits in 2-3 Std. direkt nach Norwegen übergesetzt.

Folgende Fährlinien buhlen um Ihre Gunst (und Ihren Geldbeutel):

>> **Color Line,** Kiel - Oslo, 20 Stunden.
>> **Color Line,** Hirtshals - Kristiansand, 3 1/4 Stunden.
>> **Color Line,** Hirtshals - Larvik, 3 3/4 Stunden.
>> **DFDS-Seaways,** Kopenhagen - Oslo, 16 Stunden.
>> **Finnlines,** Travemünde - Malmö, 8-9 Stunden.
>> **Fjord Line,** Hirtshals - Stavanger - Bergen 16 Stunden.
>> **Fjord Line,** Hirtshals - Kristiansand, 2 1/4 Stunden.
>> **Scandlines,** Puttgarden - Rødby + Helsingør - Helsingborg, 45 Minuten + 20 Minuten.
>> **Scandlines,** Rostock - Gedser + Helsingør - Helsingborg, 1 Stunde 45 Minuten + 20 Minuten.
>> **Scandlines,** Rostock - Trelleborg, tags: 5 Stunden 45 Minuten, nachts: 7 1/2 Stunden (LKW-Ruhezeit)**.**
>> **Scandlines,** Sassnitz/Mukran - Trelleborg, 3 3/4 Stunden.
>> **Stena-Line**, Grenå - Varberg, 4 1/2 Stunden.
>> **Stena-Line**, Kiel - Göteborg, 14 Stunden.

Anreisewege nach Norwegen

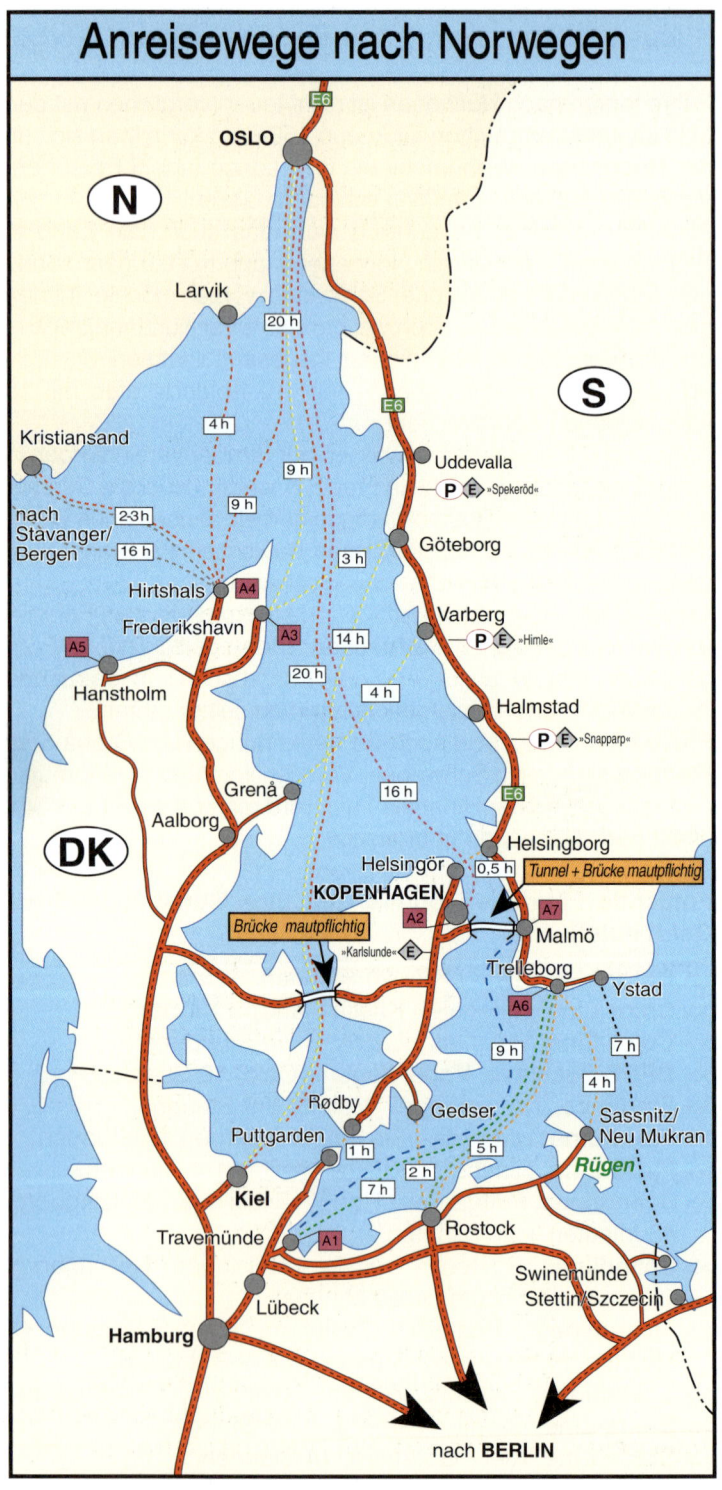

N

OSLO

E6

Larvik

20 h

Kristiansand

S

E6

Uddevalla

P E »Spekeröd«

4 h

9 h

9 h

nach
Stavanger/
Bergen

2-3 h

16 h

3 h

Göteborg

Hirtshals · A4

Frederikshavn · A3

14 h

Varberg

P E »Himle«

A5

20 h

4 h

Halmstad

Hanstholm

P E »Snapparp«

Grenå

16 h

E6

Aalborg

Helsingborg

DK

Helsingör

0,5 h

Tunnel + Brücke mautpflichtig

KOPENHAGEN

A2

A7

Brücke mautpflichtig

Malmö

»Karlslunde« E

Trelleborg

A6

Ystad

9 h

7 h

4 h

Rødby

Gedser

Sassnitz/
Neu Mukran

Puttgarden

Rügen

1 h

5 h

Kiel

2 h

7 h

Rostock

Travemünde · A1

Swinemünde
Stettin/Szczecin

Lübeck

Hamburg

nach BERLIN

\>\> **Stena-Line,** Frederikshavn - Göteborg, 3 1/2 Stunden.
\>\> **Stena-Line,** Frederikshavn - Oslo, 8 1/2 bzw. 13 Stunden.
\>\> **TT-Line,** Rostock - Trelleborg, 5 Stunden.
\>\> **TT-Line,** Travemünde - Trelleborg, 7 Stunden.
\>\> **Polferries**, Swinemünde - Ystad, 7 Stunden.

Sie sehen, da kommen doch einige Zeitunterschiede zusammen. Beachten Sie aber bei Ihrer Wahl, dass man auf der Vogelfluglinie (Scandlines) fast die ganze Strecke (durch Dänemark und Schweden) selber fahren muss, während Sie z. B. bei der Oslo-Fähre der **DFDS-Seaways** 16 Std. lang faulenzen und sich bedienen lassen können.

Unser Tipp:

Neueste Fährprospekte anfordern (geht auch telefonisch, per Fax oder eMail), vergleichen, buchen. Hier die Adressen, wo Sie (außer bei Ihrem Reisebüro) die Fährprospekte erhalten und buchen können:

Color Line: Norwegenkai, 24103 Kiel, www.colorline.com
Tel. 0431-7300-0, Fax 0431-7300-400
DFDS: Högerdamm 41, 20097 Hamburg
post@dfdsseaways.de
www.dfdsseaways.de
Tel. 01805-304350

Finnlines: Einsiedelstr. 43-45, 23554 Lübeck
www.finnlines.com, Tel. 0451-1507-443
Fjord Line: Nizzestr. 28, 18311 Ribnitz-Damgarten
Tel. 03821-7097210, Buchung@Fjordline.de
Scandlines: z.B. Puttgarden Fährhafen, 23769 Fehmarn
Tel. 01805-116688, Fax: 04371-505179
buchung@scandlines.de
Internet: www.scandlines.de
Stena-Line: Schwedenkai 1, 24103 Kiel
Tel. 0431-9099, Fax: 0431-909200
eMail: info.de@stenaline.com
Internet: www.stenaline.de
TT-Line: Zum Hafenplatz 1, 23570 Lübeck-Travemünde
Tel. 04502-801-81, Fax 04502-801-407
Internet: www.ttline.de, eMail: info@ttline.com
Polferries: www.polferries.de, online@polferries.pl

Brücken- und Tunnel-Infos:
Großer Belt: Storebælt, Storebæltsvej 70, DK-4220 Korsor
Tel.: 0045-7015-1015, Fax: 0045-5830-3080
www.storebaelt.dk, eMail: kundeservice@sbf.dk
Öresund: Öresundskonsortiet,
Box 4132, S-20312 Malmö
Tel.: 0045-70239040, Fax: 0045-33416580
www.oeresundsbron.com
eMail: kundeservice@oeresundsbron.com

Blick auf die Öresundbrücke vom Skummelövsstrand aus.

Ein eifriges Studium der Fährprospekte bleibt Ihnen auch aus einem zweiten Grund nicht erspart, denn die meisten Fährlinien haben "billige" und "teure" Tage oder Abfahrtstermine:

Bei der TT-Line sind die Sparer Mo-Do unterwegs, bei der Scandlines von So-Do. Die Stena-Line fährt mit "Camper-Mini-Paket" bzw. "Camper-Spezial" nur von Sonntag bis Mittwoch am billigsten (es sei denn, man nimmt die Nachtfähre) und bei der Color Line muss man die Sonderangebote im "Wohnmobilpaket" (bis 5 m Länge) bzw. im "Wohnwagenpaket" (bis 10 m Länge) finden (nicht am Wochenende!).

Bei der Fjordline last not least muss man nach dem "Sparangebot" bzw. dem "Sparangebot spezial" suchen, das meist Di/Do/Sa angeboten wird.

Einem WOMO-Fahrer dürfte es nicht schwer werden, sich die Niedrigpreis-Rosine herauszupicken, denn das eigene Hotel braucht nicht wochenweise gebucht zu werden!

Sie mögen keine Fähren?
Da kann Ihnen auch geholfen werden! Sowohl der Große Belt als auch der Öresund sind mit gewaltigen Brückenbauwerken überspannt worden. Aber auch die Anreise über Polen, das Baltikum und Finnland wäre eine reizvolle Variante!?

Anreiseplätze

Zu früh am Fährhafen? Müde nach der Überfahrt? Wir haben an den "neuralgischen Punkten" nach Übernachtungsplätzen für Sie gesucht und auf der Anreisekarte markiert:

A 1: In Travemünde nicht rechts zum Fährhafen "Skandinavienkai" abbiegen, sondern geradeaus weiter bis zum Fischereihafen fahren. Den großen Parkplatz queren und weiter bis zum ausgeschilderten, gebührenpflichtigen WOMO-Stellplatz [N53° 57' 19.7" E10° 51' 41.3"] direkt am Hafenkai.

A 2: In Kopenhagen dem Wegweiser ins Zentrum folgen, dort offizieller, kostenpflichtiger Stellplatz am Havneholmen [N55° 39' 39.4" E12° 33' 32.0"] oder 1,5 km nördlich davon in der Mitchellsgade Nähe Tivoli [N55° 40' 10.7" E12° 34' 18.7"] (nur von Sa 17 Uhr - Mo 8 Uhr kostenlos).

A 3: In Frederikshavn 3,5 km nördlich vom Stena-Terminal, P beim "Palmenstranden" [N57° 28' 0" E10° 31' 58"].

A 4: In Hirtshals den Wegweisern zum Leuchtturm/Bunkermuseum folgen [N57° 35' 3.0" E9° 56' 30.0"].

A 5: In Hanstholm dem Wegweiser zum Leuchtturm folgen [N57° 7' 0.6" E8° 35' 41.7"].

A 6: In Trelleborg nach dem Verlassen des Hafens 1,5 km nach links Richtung Malmö bis zum offiziellen Picknickplatz "Trellcborg Väst" mit V/E [N55° 22' 29.1" E13° 7' 12.4"]. An ihm links vorbei zum sehr günstigen Maxi-Supermarkt.

A 7: Nach dem Verlassen der Öresundbrücke die erste Abfahrt nehmen und über den Utsiklsvågen zum großen Parkplatz beim Aussichtspunkt [N55° 34' 12.6" E12° 53' 55.6"] auf die Brücke fahren. Oder an der zweiten Abfahrt rechts zum Skummelövsstrand [N55° 31' 29.0" E12° 53' 44.7"] (großer Sandstrand mit Blick auf die Brücke) fahren.

Tourenplanung

„Wir haben nur vierzehn Tage Urlaub, reicht das für Norwegen?" Oder: „Wie lange braucht 'man' bis zum Nordkap?"

Eine gewagte Sache, solche Fragen zu beantworten, denn jeder Mensch hat andere Urlaubsbedürfnisse und -wünsche. Probieren wir's trotzdem!

Der Vierzehn-Tage-Urlauber sollte zunächst einmal bei der Anfahrt Zeit (und Nerven) sparen. Ab OSLO nimmt er unsere Touren 2 + 3 bis ÅMOT, dort kürzt er übers Haukelifjell nach ODDA ab und trifft uns am Ende der Tour 7 wieder. Nun begleitet er uns auf den Touren 8 - 10, erklettert mit uns den Galdhøpiggen, kürzt ab LOM nach OTTA ab, wo er auf die Tour

18 trifft und nach OSLO zurückkehrt. Dieses Programm ist rund 1800 km lang, Mindestzeit 14 Tage, Idealzeit jedoch drei Wochen (wer's noch gemütlicher mag, fährt mit der Fjordline gleich bis Stavanger oder Bergen).

Dem 3-Wochen-Urlauber können wir ein Bade- oder ein Berg-programm bieten:

Der Badefreund folgt unseren Touren 1 - 10, kürzt ab LOM nach OTTA ab und kehrt nach OSLO zurück. Länge des Programms 2700 km, Mindestzeit 3 Wochen, Idealzeit jedoch 4-5 Wochen.

Der Bergfreund folgt unseren Spuren wie der Vierzehn-Tage-Urlauber, d. h. er schneidet auch den Süden Norwegens ab und steigt mit uns auf den Galdhøpiggen. Dann geht's auf der Tour 11 weiter. Hier kann er jedoch vom westlichen Ottadalen über GEIRANGER zur Tour 13 abkürzen, auf die er bei LINGE trifft. Nun folgt er uns weiter bis nach OSLO zurück. Länge des Programms 2900 km, Mindestzeit 3 Wochen, Idealzeit 4-5 Wochen.

Der Nordkapfahrer hat eigentlich nicht viel von den Schönhei-ten Süd-Norwegens. Er fährt ab OSLO die E 6 (560 km) bis TRONDHEIM, also unsere Touren 18 + 17 in verkehrter Richtung. Dann verlässt er uns und düst auf der E 6 weitere 1100 km nach Norden bis zu seinem fernen Ziel; hin und zurück 3500 km, Mindestfahrzeit 10 Tage. Wir halten nichts von dieser Raserei. In unserem Nord-Norwegenbuch zeigen wir Ihnen die gesamte Schönheit Nord-Norwegens – und nicht nur das Nordkap. Dafür brauchen Sie allerdings einen Extraurlaub!

Ja, und wenn man alle 18 Touren abfahren möchte? Die kargen Zahlen lauten: 5400 km, Mindestzeit 5 Wochen, Idealzeit 8 Wochen.

Resümee?

Ihre Zeit reicht nicht – soll sie auch gar nicht! Nehmen Sie sich nicht zu viel vor, genießen Sie – denn nach Norwegen kommen Sie ohnehin wieder! Versprochen!!

Von Kopenhagen nach Oslo mit der DFDS "Pearl Seaways"

TOUR 1 (160 km / 1-3 Tage)

Halden – Grimsøy – Fredrikstad – Rygge – Oslo

Freie Übernachtung:	Femsjø, Brekke-Schleuse, Grimsøy, Vispen, Fredrikstad, Foten, Slevik, Saltnes, Oslo (6x).
Campingplätze:	Halden, Fredrikstad, Oslo (2x).
Ver-/Entsorgung:	Oslo (Sjølyst Marina).
Besichtigungen:	Halden: Festung, Fredrikstad: Altstadt, Kongsten, Rygge: Kirche, Oslo: Zentrum, Museen, Holmenkollen, usw.
Baden:	Femsjö, Grimsøy, Vispen, Foten, Saltnes, Oslo.

KARTE TOUR 1

Sind Sie schon einmal in Ihr Urlaubsland "hineingeschwebt"? Nein? Dann kommen Sie mit uns nach Norwegen!

Wir stehen an dem gewaltigen Wall der Festung **Frederiksten** oberhalb von HALDEN. Unser Blick gleitet über die Stadt im Tal hinweg, folgt dem Verlauf des glitzernden **Iddefjord**, wird geblendet durch die tiefstehende Sonne im Westen. Dort hinten muss sich das Wasser des Fjordes mit dem Wasser der Nordsee vermischen, dort waren wir vor einem halben Stündchen auf der 65 m hohen **Svinesundbrücke**, ohne Zollkontrolle – aber mit Brückenmaut – von Schweden kommend, in unser Urlaubsland hinübergeschwebt (wer den "Umweg" über SVINESUND macht, spart sich die Maut).

Noch 3 km auf der >E 6<, dann nach rechts, 6 km auf der Reichsstraße >21<, dann hatten wir HALDEN erreicht.

Unsere allerersten Norwegeneindrücke?

Gelbe Mittelstriche auf den Straßen wie in Frankreich, Radargeräte, die (meist) rechtzeitig vorher angekündigt werden, falunrote Holzhäuser mit weißen Kanten wie in Schweden und wie in Schweden auch, allgegenwärtig, Nationalstolz präsentierend, die Landesfahne, hier in rot mit dem weißgesäumten, dunkelblauen Kreuz.

Ein riesiges Prachtexemplar flattert stolz knallend auf der **Frederiksten-Festung** über unseren Häuptern – hier hatten sich die angreifenden Schweden 1718 blutige Köpfe geholt, ihr König, Karl XII., ließ gar sein Leben dabei, getroffen am 11.12. von einer verhexten Kugel, die im Museum von VARBERG zu besichtigen ist.

Uns Touristen des 20. Jahrhunderts wird der "Angriff" auf die Festung leicht gemacht: Rechtzeitig vor HALDEN weisen uns braune Schilder mit weißer Schrift den Anfahrtsweg, auch ohne Hinweisschilder könnte man das gewaltige Festungswerk über der Stadt nicht übersehen [N59° 07' 12.3" E11° 24' 02.9"].

Schön ist das steinerne Monstrum mit den wuchtigen, kantigen Mauern wahrlich nicht, aber einen Schönheitswettbewerb sollte es auch nicht gewinnen – und erobert wurde es nie!

100 Geschütze fanden in Mauern und Türmen Platz, die von 1661 - 1701 errichtet wurden, im Kriegsfall konnten zusätzlich rund 1000 Mann zu ihrer und des Landes Verteidigung hineingepfercht werden.

Campingplatz in der Festung Frederiksten

Heute ist **Frederiksten** nur noch ein kriegshistorisches Denkmal. Trotzdem herrscht ein Kommandant, und zwar der 58. in direkter Folge, über die stolzen Mauern – oder ist er nur der Campingwart? Immerhin ist Frederiksten unseres Wissens die einzige Festung, in deren sicheren Mauern sich ein Campingplatz [N59° 07' 00.4" E11° 23' 58.7"] niedergelassen hat. Eines ist zudem sicher: Eine schönere Aussicht auf Stadt und Fjord könnte man sich nicht wünschen!

In unseren WOMO-Führern **Mit dem Wohnmobil nach Schweden** können wir unseren Lesern für jeden Urlaubstag mindestens einen idyllischen Badeplatz bieten. Natürlich wollen wir, so lange die klimatischen Bedingungen ausreichend sind, diese Regel auch in Norwegen einhalten. Folglich versuchen wir, von **Frederiksten** aus den Badeplatz am **Femsjø** zu finden:

Wir fahren vom Festungsparkplatz zur Straße >22< zurück, biegen rechts Richtung HOLTET, passieren die Abzweigung zum "Festungs-Campingplatz" und kurven nach 1600 m, direkt bei einer xy-Tankstelle, wieder nach links, die >103< führt uns nun Richtung TISTEDAL. Einen Hügelrücken geht's hinauf, auf der anderen Seite hinab – und unten im Tal stoßen wir wieder auf die >21<, der wir rechts Richtung ØRJE folgen. Sofort sichten wir links den **Femsjø** und rollen an seinem Südufer entlang.

Gute 3 km später haben wir den Badeplatz links unterhalb der Straße entdeckt: Schön angelegt, Liegewiesen mit Baumbestand, Rettungsring, Toilette, schmaler Sandstrand – ein feines Plätzchen zum Ausspannen, Schwimmen, Kaffeetrinken und Übernachten – aber direkt neben der Straße.

(01) WOMO-Badeplatz: Femsjø

GPS: N59° 07' 49.9" E11° 29' 19.5"; Aremarkveien.   **Max. WOMOs:** 2-3.
Ausstattung/Lage: Flacher Sandstrand, Toilette, Mülleimer, Liegewiese/außerorts.
Direkte Zufahrt: Von Halden auf der >21< ca. 6 km Richtung Ørje.

Badeplatz am Femsjö

Ob Sie hier nächtigen wollen/sollen/können?
Viel ruhiger steht man an der Brekke-Schleuse! Nach weiteren
2,6 km auf der >21< schwenken wir nach links in einen Erdweg
(Wegweiser: Sluser), passieren einen Teich mit roten Seero-
sen und rollen nach 2,4 km auf einen geschotterten Platz mit
Sanitärgebäude.

(02) WOMO-Picknickplatz: Brekke-Schleuse

GPS: N59° 08' 50.2" E11° 33' 14.0"; Brekkeveien.   **Max. WOMOs:** 2.
Ausstattung/Lage: Toilette, warme Dusche, Waschbecken, Außenwasserhahn, Tisch
& Bank, Mülleimer, Spazierweg zur Schleuse/außerorts.
Direkte Zufahrt: Von Halden auf der >21< knapp 9 km Richtung Ørje, dann links.

Nur 200 Schritte sind es bis zu der fast 100 Jahre alten, aber immer noch aktiven Vier-Kammer-Schleusenanlage des 80 km langen **Haldenkanals**, die alle Schiffe, die nicht länger als 30 m und breiter als 7,40 m sind, in 45 min. 26,60 m anhebt oder senkt, je nach Fahrtrichtung (der Kanal wurde bereits 1852-1860 für den Holztransport gebaut)!

Wir sausen am **Femsjø** entlang auf der >21< zurück nach HALDEN und weiter bis zur >E 6<, biegen unmittelbar davor rechts auf die >118< Richtung INGEDAL.

Auf unserer Karte ist unweit der Europastraße eine vielgestaltige Schärenküste eingezeichnet, die wir natürlich genauer unter die Lupe nehmen.

Aber die Enttäuschung ist groß! Überall, wo wir am Meer ankommen, geht es uns wie dem Hasen im Wettlauf mit dem Igel: Ferienhäuser aller Größenordnung halten die Ufer besetzt, die (wenigen) Parkplätze entlang der Wege sind überdeutlich als privat gekennzeichnet, und wir machen eine erste Erfahrung, die sich (leider) in ganz Norwegen als "Standard" erweist:

a) Wo es schön ist, sind schon viele andere und

b) die norwegische Natur ist entweder unwegsam (im Sinne von unbefahrbar) oder (außerhalb der Staatsstraßen) von Privatleuten nur für sich selbst (und niemanden sonst) mit Privatstraßen und Privatparkplätzen erschlossen worden.

Die (gar nicht so seltenen) Ausnahmen dieses Standards galt es nun, für unsere Leser zu finden und zu beschreiben:

Wir zweigen nach 3,8 km von der >118< Richtung INGEDAL nach links ab zur Halbinsel GRIMSØY, überqueren die >E 6<. 5,8 km rollen und rumpeln wir auf immer schmaler werdendem Wegle, Hauptrichtung Westen. Die Wegweiser sagen uns nicht viel, die Abzweigungen sind reichlich, folglich haben wir uns für einen entschieden, der optisch was hergibt – es sind Wellenlinien mit einem großen **F** darüber (bedeutet: Friområde = Freizeitgebiet), außerdem zeigt der Wegweiser DUSA in die gleiche Richtung.

Wir haben Glück und landen an einem großen, baumumringten Parkplatz direkt an der malerischen Schärenküste, wo wir zum (wohlverdienten) Abendessen einparken. Der Platz bietet außer einer Super-Luxus-Toilettenanlage und einem kleinen Kiosk eigentlich nichts – oder doch?

(03) WOMO-Badeplatz: Grimsøy/Dusa

GPS: N59° 08' 01.5" E11° 10' 46.4" **Max. WOMOs:** 2-3.

Ausstattung/Lage: Bademöglichkeit, Toilette, Mülleimer, Liegewiesen, Kiosk, Spazierwege, Bolzplatz, Volleyballfeld/außerorts bei Ferienhäusern.

Zufahrt: Von Halden auf der >118< knapp 4 km Richtung Ingedal, dann links 5,8 km Richtung Grimsøy/Dusa.

Grimsøy/Dusa, Parkplatz und Spazierweg

Vom Parkplatz aus führt ein Spazierweg direkt am Strand entlang: Ruhebänke laden ein, dunkelgrüne Binsenbüschel wachsen am Ufer, unzählige Bootchen dümpeln im Wasser, kleine Spaziergängerbrückchen führen zu rundgeschliffenen Schäreninselchen, die wie gestrandete Wale am Ufer liegen, aufgeregt piepsende, weiße Möwenmütter, die ihre (kaum sichtbaren) grauen Wollküken vor uns warnen, flattern zornig vor uns herum. Wir rollen zurück zur >E 6< – starten unser Besichtigungsprogramm!

Kaum haben wir das WOMO auf der Europastraße richtig am Rollen, benutzen wir schon wieder die Abfahrt FREDRIK-STAD/Oldtidsvegen.

Die >110< nach FREDRIKSTAD ist mit Sicherheit die älteste Straße Norwegens. Zwar nicht als Straße im modernen Sinne – aber sie verbindet eine ganze Reihe von Siedlungen, die zu den ältesten der Region gehören. Folglich haben die Touristikmanager ihr den Namen **Oldtidsveg** gegeben – und wir werden nicht enttäuscht: Alle paar hundert Meter locken Hinweisschilder mit

Aufschriften wie **Helleristninger** oder **Fornminner** zu kulturellen Zeugnissen bronzezeitlicher Besiedelung, seien es nun Grabhügel, Richterringe oder Steinritzungen.

Bereits direkt hinter der Ausfahrt kann man sich auf dem Parkplatz vom **Solbergturm** [N59° 12' 41.9" E11° 09' 48.3"] über die verschiedenen Sehenswürdigkeiten informieren (die nächstgelegene findet man gleich jenseits der Autobahn).

Solberg-Felsritzung

Aber nicht nur historisches bietet der Oldtidsveg. In SKJÆRVIK schwenken wir links hinab zum Badeplatz **Vispen**, wo uns ein baumumringter, ebener Parkplatz oberhalb der schönen Badeanlage empfängt:

(04) WOMO-Badeplatz: Skjærvik/Vispen

GPS: N59° 12' 58.9" E11° 04' 07.4"
Max. WOMOs: 2-3.
Ausstattung/Lage: Sandstrand mit Schwimminsel und Badesteg, Toilette, Waschbecken (warm & kalt), Mülleimer, Liegewiese, Tisch & Bank, Kinderspielplatz, Volleyballfeld, Wasserhahn am Strand/außerorts.
Zufahrt: Auf dem Oldtidsveg, der >110< gut 6 km Richtung Fredrikstad, dann links zum Badeplatz (ausgeschildert).

Erst kurz vor FREDRIKSTAD lassen wir uns nochmals "verführen", biegen rechts Richtung KJØLBERG. Der nur 500 Meter kurze Abstecher führt uns zum Parkplatz vor den umfangreichen Grabstätten und Felsritzungen von BEGBY. Seit 1800 v. Chr. datieren die Funde, also seit der Bronzezeit, die Besiedelung ist jedoch durchgehend bis ins Jahr 1000 n. Chr. belegt.

Wir sind bereits "Profis", haben kulturell verwandte Felszeichnungen im schwedischen Bohuslän und im südschwedischen Skåne bestaunt und studiert, aber immer wieder sind wir verblüfft und beeindruckt vom Einfallsreichtum der "Steinritzer" und ihrer Fähigkeit, Geschehnisse, ja Gedanken ihrer Zeit an uns weiterzugeben: Darstellungen einfacher Wagen, fertige und unfertige Schiffe deuten auf die Lebensweise, auf die technischen Fertigkeiten hin; zirkelförmige Figuren, Spiralen, die wir als Sonnensymbole deuten, Abbildungen alphornähnlicher Musikinstrumente, sog. Luren, deren Bronzeoriginale an anderer Stelle ausgegraben wurden und eine männliche Figur, die eindeutig das Tanzbein schwingt, lassen uns einen Hauch der religiösen und kulturellen Geschehnisse jener Zeit ahnen.

Kleine, rotbraune Pfosten leiten uns durchs umfangreiche Gelände, ausführlich wird auf verschiedenen Tafeln – norwegisch, englisch und deutsch – Bedeutung und zeitliche Datierung der Felsritzungen erläutert. Während in anderen Teilen Norwegens auch Felszeichnungen aus der Steinzeit gefunden wurden, die etwa 7000 Jahre alt sind, gehören sämtliche Felsritzungen in Østfold zum Kulturmiliu der Bronzezeit.

Der Beweis?

Die Felsritzungen hier entdeckt man nie tiefer als 13 m über dem Meer! Vor knapp 4000 Jahren jedoch lag der Meeresspiegel ziemlich genau 12 m höher – und unter Wasser werden die Künstler wohl kaum gearbeitet haben. Der Grund für das Absinken des Meeres (oder besser Auftauchen der Landes) sind Nachwirkungen des eiszeitlichen, schweren Eispanzers, der das Festland tief in die plastische Erdkruste hineingedrückt hatte und aus der es sich seitdem, auch noch heute, wieder erhebt.

Wir kehren vom "Helleristninger-Parkplatz" wieder zurück zur >110<, dem **Oldtidsveg**, biegen rechts. Nach weiteren 2 km sichten wir das Ortsschild von FREDRIKSTAD und folgen den braunen Hinweisschildern mit der Aufschrift **Gamle Byen**, der alten Festungsstadt, passieren den Campingplatz [N59° 12' 02.4" E10° 57' 49.8"] und das "Friluftsbad".

Am ersten Fußgängerüberweg haut es uns fast aus den Sitzen, krachend protestiert die Hinterachse und das Geschirr in den Fächern schimpft scheppernd mit – man hat den Zebrastreifen einfach 20 cm höher gelegt!

Ortsansässige wissen das, wir haben unsere Lektion weg und gehen seitdem in norwegischen Ortskernen, die vor allem in 30-km-Zonen von solchen und ähnlichen (meist unangekündigten) Schikanen wimmeln, sehr vorsichtig mit dem Gaspedal um.

Über den Wallgraben entern wir die alte Festungsstadt, unmittelbar rechts des Fahrweges liegt die alte **Zugbrücke**, die man jeden Abend hochzog, um finstere Elemente fern zu halten – eine Arbeit für immerhin dreißig Soldaten.

Fredrikstad, alte Zugbrücke

Direkt dahinter biegen wir links, rumpeln bis zu den schönen Parkplätzen am Glåma-Fluss (beim den alten Kanonen vor dem Museum) und machen uns auf, Alt-Fredrikstad zu Fuß zu erobern.

Hinweis: Am bequemsten parkt man jedoch auf dem Großparkplatz [N59° 12' 07.8" E10° 57' 44.3"] 200 m **vor** der Zugbrücke rechts (gegenüber dem Friedhof)!

Über dem Walltor sichteten wir die Jahreszahl 1695 und den Wahlspruch Christians V.: "Pietate et Justitia", also "Frömmigkeit und Gerechtigkeit". Dieser Spruch geht uns beim Spaziergang durch die ruhigen, ja friedlichen Straßen und Gassen nicht aus dem Kopf – er scheint hier auch heute noch Gültigkeit zu haben. Beim Bummel landet man über kurz oder lang auf **Kongens torg**, dem **Markt des Königs** mit der Statue Fredriks II. Aber nicht

Fredrikstad, Kongens torg

nur auf dieses Bronzestandbild sollten Sie Ihr Augenmerk richten, sondern vor allem auf die dahinter gelegene Infanteriekaserne, die nach dem **kalendarischen System** erbaut wurde: 4 Tore symbolisierten die Jahreszeiten, 12 Schornsteine die Monate, 52 Zimmer die Wochen, 365 Fenster die Tage, 24 Glasscheiben in jedem Fenster die Stunden des Tages und 60 Türen die Minuten der Stunden – wäre das nicht ein System für Ihr neues Eigenheim?

Der König blickt mit strenger Miene geradeaus. Würde er seinen Blick halb nach links wenden, könnte er meine liebe Waltraud im hölzernen **Pranger** strafend anschauen.

Wir folgen nun des Königs Blick zum Zwischentor, das zum **Glåma-Fluss** hinausführt. Hinter dem Fluss geradeaus grüßt uns der gotische Kirchturm des modernen FREDRIKSTAD und halblinks das **Fort Isegran**, das seit dem 13. Jahrhundert die Flussmündung bewacht. Dazwischen, als Blickfang, ein altertümliches, rekonstruiertes Wasserrad.

Wir verlassen Gamle-Fredrikstad, wie wir es betreten hatten, biegen nach 200 m jedoch nicht links zum modernen Zentrum, sondern fahren rechts. **Kongsten** ist unser nächstes Ziel – der **Schwedenschreck**. Bereits nach weiteren 300 m schwenken wir links in die erste Querstraße ein und haben die alte Befestigungsanlage vor uns.

(05) WOMO-Stellplatz: Fredrikstad/Kongsten

GPS: N 59° 11' 51.9" E10° 57' 41.6"; W. Blakstads gate.
Max. WOMOs: 2-3.
Ausstattung/Lage: Liegewiesen, Festungsspaziergang/Ortsrand.
Zufahrt: siehe Text.

Die sternförmig konstruierte Verteidigungsstellung ist vor allem berühmt für ihre unterirdischen, bombensicheren Räume, aus denen man um so erfolgreicher mit Kanonen auf etwaige Angreifer ballern konnte. Auch hier herrscht heute eine geradezu paradiesische Ruhe, Mütter schieben ihre Kinderwagen die sauberen Parkwege entlang, ein Pärchen lässt die Beine von der Festungsmauer baumeln, der Parkplatz vor dem Festungseingang neben den gepflegten, grünen Liegewiesen gehört zu der Kategorie ruhig, sauber, **übernachtungsgeeignet**.

Wir kehren nun zur >110< zurück, überqueren auf einer geradezu ästhetisch schönen, neuen Brücke den Glåma-Fluss zum modernen FREDRIKSTAD, setzen unseren Weg auf der >110< nach OSLO/MOSS fort. Aber bereits am Ortsende von Neu-Fredrikstad packt uns wieder das Forscherfieber und wir biegen hinter dem Seutelva links in die >117< Richtung SLEVIK.

Am südlichsten Punkt der >117<, in MØKLEGÅRD, geht es links in eine 2-km-Stichstraße zum **Badeplatz Foten**. Vom großen, asphaltierten Parkplatz sind es knapp 200 Schritte zu dem traumhaften Schärenbadeplatz, der in der Hauptsaison gebührenpflichtig ist.

(06) WOMO-Badeplatz: Møklegård/Foten

GPS: N59° 10' 16.6" E10° 49' 52.0"; Fotenveien.   **Max. WOMOs:** > 5.
Ausstattung/Lage: Sandstrand mit Schärenfelsen, Sprungtürme, Liegewiese, Tisch & Bank, Kinderspielplatz, Toilette, Gaststätte, saisonale Gebühr/außerorts.
Zufahrt: Am westlichen Ortsrand von Fredrikstad links auf die >117< bis Møklegård, dort wieder links zum Badeplatz (ausgeschildert).

Weiter geht es auf der >117< Richtung VIKANE. Genau nach 3 km biegen wir in SLEVIK in die nächste Stichstraße; **Mærrapanna** steht auf dem Wegweiser. Diesmal sind es nur 700 m bis zu einem riesigen, geschotterten Parkplatz, umgeben von Niederwald.

(07) WOMO-Wanderparkplatz: Slevik/Mærrapanna

GPS: N59° 11' 51.0" E10° 47' 45.5"; Mærrapannaveien.   **Max. WOMOs:** > 5.
Wanderwege, Wandertafel/außerorts.
Zufahrt: Auf der >117< bis Slevik, dort links zum Wanderparkplatz (ausgeschildert).

Nein, Sie sollen nicht schon wieder baden (obwohl es hier auch einen Badeplatz gibt)! Spazieren Sie mit uns durch eine der schönsten Schärenlandschaften, die wir in Norwegen kennen. Studieren Sie die Wandertafel am rechten Parkplatzrand und folgen Sie den Wanderwegweiserpfosten....
Weiter führt uns die >117< durch VIKANE. Am Ortsbeginn, wo wir den Fjord erreicht haben, sichten wir rechterhand eine rote Hütte mit **Außenwasserhahn** [N59° 12' 12.4" E10° 48' 05.3"]. Am Ortsende verlässt die >117< wieder die Küste. Flache Bereiche mit Feldern wechseln ab mit hügeliger Moränenlandschaft, die von Fichten- und Kiefernwald – dazwischen leuchten die weißen Birkenstämme – überwuchert ist. An den Waldrändern stehen, windgeschützt, meist einzeln, die Bauernhäuser, stets aus Holz gebaut, falunrot ist auch hier die Standardfarbe.
Die >117< stößt auf die >116<; wir schwenken links ein und

folgen 100 m nach dem Ortsschild von SALTNES dem Schwimmersymbol zum Badeplatz Saltholmen rechts des Bootshafens (mit Toilette).

(06) WOMO-Badeplatz: Saltnes/Saltholmen

GPS: N59° 17' 15.6" E10° 44' 43.1"; Saltholmveien.   **Max. WOMOs:** 3-4.
Ausstattung/Lage: Sandstrand mit Schärenfelsen 200 m, Badesteg, Liegewiese, Tisch & Bank, Toilette (am Bootshafen)/Ortsrand.
Zufahrt: Auf der >116< bis Saltnes, 100 m nach dem Ortsschild links zum Badeplatz (ausgeschildert).

Weiter geht es auf der >116<, die einen letzten Zipfel des Fjordes abschneidet, schwenken schließlich in die >118< Richtung MOSS ein. Oft mussten wir die Fahrtrichtung wechseln, selten jedoch wurden wir von einer hemmenden Ampelanlage belästigt; der Grund: Norwegen ist das Land des Kreisverkehrs! In ganz Europa gibt es nicht so viele Kreisverkehre wie allein in Norwegen, manchmal kommen drei oder vier wenige hundert Meter hintereinander, schnell hat man sich daran gewöhnt, selten muss man warten, wir finden's toll!
KARLSHUS und RÅDE gehen ineinander über, dann folgt RYGGE. Erst am Ende des typisch skandinavisch verzettelten Ortes folgen wir nach links dem Wegweiser **Rygge-Kirchensymbol 2 km**.

Die Kirche von RYGGE wurde in der ersten Hälfte des 11. Jahrhunderts im romanischen Stil erbaut und ist eine der schönsten, stilreinsten und bedeutendsten Kirchen Norwegens und die am reichsten ausgestattete Kirche in Østfold. 1987 wurde ihr Äußeres mit dem Sandstrahlgebläse aufgefrischt, was ihrem besonderen Aufbau sehr zugute kommt:

Während die Norweger eigentlich unbestrittene Meister im Holzbau waren (und sind), ist die Kirche von RYGGE in steinerner Quaderbauweise errichtet: Rechteckige Bausteine aus Gneis, Granit und weinrotem Porphyr lockern die ansonsten gedrungene und schmucklose Außenfassade auf (der einzige Figurenschmuck ist ein menschenfressender Löwe an der Apsis).

(09) WOMO-Picknickplatz: Rygge-Kirche

GPS: N59° 22' 39.7" E10° 43' 23.4"; Kurefjordveien.
Max. WOMOs: 2-3.
Ausstattung/Lage: Tisch & Bank gegenüber/Ortsrand hinter dem Friedhof.
Zufahrt: Von der >116< in Rygge nach links dem Kirchensymbol folgen.

Wir kehren zurück zur >118<, wenden uns links und entern die >E 6< nach OSLO. Südlich der Hauptstadt mündet die >E 18< aus Stockholm in die >E 6<, ein Stück laufen die zwei Europastraßen gemeinsam, dann zieht die >E 6< nach Norden davon, wir biegen, nun auf der >E 18<, am Ostrand des Bunnefjords nach Nordwesten, halten auf OSLO-City zu.

Hier, kurz vor dem Zentrum, erleben wir zum ersten Mal eine gut gefüllte Straße, sonst ist von der Nähe der 1/2-Millionen-Stadt nichts zu spüren: Felder, Wälder, Seen. Nicht, dass wir danach Sehnsucht gehabt hätten, aber es fällt auf – und der Vollständigkeit halber bekommen wir zum Schluss noch einen Stau mitgeliefert, aber nicht vor unserer ersten **automatischen Bomstasjon**, einer norwegischen Variante des Straßenräubertums: Privatstraßen, Tunnelbauten, Brücken, neue Straßenabschnitte, alles, was Geld kostet, wird privat vorfinanziert und dann von den Benutzern abbezahlt. Eine Besonderheit sind die **Bomstasjoner** rings um die Städte OSLO, KRISTIANSAND, STAVANGER, BERGEN und TRONDHEIM, mit denen man den öffentlichen Nahverkehr fördern und die Verstänkerung der Städte vermindern möchte. Die Funktion ähnelt der für die LKWs auf deutschen Autobahnen: Das Fahrzeug wird von einer Gitterbrücke aus fotografiert und ohne Stau rollt man darunter hinweg (die Bezahlungsmodalitäten finden Sie unter "Verkehr" bei Tipps & Tricks).

Wohl oder übel müssen auch wir daran glauben, rollen ohne Halt weiter aufs Zentrum zu. Wir passieren die Abfahrt zur Halbinsel SJURSØYA, rollen durch einen Tunnel und könnten dahinter rechts (SJØMANNSKOLEN) zum ersten Campingplatz OSLOs, Ekeberg-Camping [N59° 53' 54.0" E10° 46' 25.0"] abzweigen. Bereits bei der Auffahrt zu dem aussichts-

Blick auf Oslo von Ekeberg aus.

reich auf einem Plateau gelegenen Platz hätte man einen ersten schönen Blick auf die norwegische Hauptstadt.

Wir haben richtungsmäßig keine Probleme, bleiben immer auf der >E 18< Richtung DRAMMEN, lassen uns von ihr, unter dem Stadtzentrum hindurch (Festnings-Tunnel, 1800 m lang), weiter nach Westen tragen. 1800 m hinter dem Tunnelende haben Sie die Qual der Wahl, wie Sie Ihren OSLO-Aufenthalt gestalten (lassen) wollen. Wir haben für Sie mehrere Ideen zusammengetragen, eine davon wird sicher Ihre Zustimmung finden!

Ein paar Gedanken vorweg: „Museumsbesuche, Parkplatzgebühren, Bootchonfahren – das würde recht teuer!" Klar, OSLO ist nicht umsonst, aber der Oslo-Pass (Oslo Kortet) macht es erträglich! Für etwa 230/340/430 NOK/Person/24/48/72 Std. ist dann fast alles kostenlos: Museumsbesuche, Fähre, Straßenbahn, Bus, U-Bahn – und sogar das Parken auf gebührenpflichtigen Parkplätzen (WOMO-Tipp: 72 Std. sind ideal!).

Wo Sie den Oslo-Pass bekommen?

Auf den beiden Campingplätzen, im Touristenbüro am Rathausplatz, im "Trafikanten" vor dem Hauptbahnhof, in Kiosks im Zentrum mit der Aufschrift "Narvesen" – und online unter: www.visitoslo.com. Der Gültigkeitsbeginn wird von Ihnen mit der ersten Benutzung festgesetzt.

Je nachdem, ob Sie kostenlos parken können oder nicht, werden Sie unter unseren Vorschlägen klug wählen:

Im Zentrumsbereich und nahe   öffentlicher Verkehrsmittel liegen folgende große Parkplätze:

10: Kongensgate (Nähe Akershus-Festung) [N59° 54' 24.1" E10° 44' 18.0"]: laut, oft vollständig belegt, aber direkt am Zentrum; ohne Oslo-Pass tags Gebühr.

11: Botanischer Garten [N59° 55' 08.0" E10° 46' 23.2"]: riesig, immer freie Plätze; ohne Oslo-Pass tags Gebühr.

12: Frognerbad (direkt beim Frognerpark/Vigelandspark)

[N59° 55' 42.7" E10° 42' 20.7"]: Nachts überraschend ruhig, oft freie Plätze; ohne Oslo-Pass tags Gebühr.

Wer 1,8 km nach dem Festningstunnel die >E 18< unterquert (Hinweisschilder) gelangt auf die Museumsinsel BYGDØY. Dort findet man, wie in allen norwegischen Städten, nach 18 Uhr reichlich Parkraum. Wir folgen den Hinweisschildern **Kon-Tiki-Museet** und **Sjøfartsmuseet** und landen auf einem Parkplatz **[13a: N59° 54' 13.0" E10° 41' 56.0"]**, der gleich mehrere Vorzüge bietet: Er liegt neben mehreren Museen, die ein **Muss** sind für Ihren Osloaufenthalt, er bietet einen prima Parkplatz (ohne Oslo-Pass tags Gebühr, Camping verboten) mit Blick auf den nächtlich erleuchteten Hafen – und er liegt an der Ablegestelle der kleinen Hafenfähre, die Sie zur Besichtigung OSLOs direkt zum Zentrum vor dem Rathaus hinüberschippert. Aber auch dem **Badeplatz Huk** [**13b: N59° 53' 52.0" E10° 40' 20.0"**] am Südwesteck der Insel könnte man einen Besuch abstatten.

14: Sjølyst Marina [N59° 55' 06.0" E10° 40' 34.2"]; 700 m nach der Abzweigung zur Museumsinsel Bygdøy an der >E 6</ Sjølystveien; offizieller WOMO-Stellplatz (150 NOK/24 h).

Ekeberg Camping hatten wir schon passiert; zum zweiten Campingplatz OSLOs, **Bogstad Camping** [N59° 57' 43.0" E10° 38' 32.0"] finden Sie, wenn Sie weiter geradeaus auf der >E 18< bleiben, die Hinweisschilder sind unübersehbar. Von einem der beiden Campingplätze aus können Sie dann, das WOMO ist sicher aufgehoben, auf Tour gehen.

Fehlt noch ein OSLO-Tipp – unser Übernachtungs- und Bade-Geheimtipp:

Wir rollen weiter auf der >E 18<, biegen dann zum **Bogstad-Camping** ab, werfen dort einen Blick auf die **Tankstelle mit Autogas** kaufen uns unsere **Oslo-Kortet** und versorgen uns mit weiterem Info-Material, das reichlich ausliegt, u. a. mit einem Stadtplan. Auf diesem finden wir zwei Finger breit rechts des Campingplatzes die Skischanze **Holmenkollen**, die Zufahrt ist bestens ausgeschildert, führt in vielen Serpentinen steil hinauf. Direkt links [N59° 57' 42.7" E10° 40' 00.2"] und rechts [N59° 57' 55.3" E10° 39' 58.6"] (beim Skimuseum) der 2009 neu erbauten Superschanze liegen ebene, freie Parkplätze. Ja, und dann kommt er, der Super-Übernachtungs-, Bade- und Picknicktipp: Wir rollen weiter empor Richtung **Tryvannstårnet**, dem Fernsehturm von Oslo, in 590 m Höhe. Kurz vorher, bei **Øvreseteren**, sichten Sie links einen riesigen, völlig leeren Parkplatz und rechts einen idyllischen Badesee mit herrlichen Liegewiesen. Hier ist Ihr Picknick- und Übernachtungsplatz mit Blick auf die nächtlich beleuchtete Großstadt, auf dem Sie niemand stören wird – und Ihre Parkplatzprobleme für die Stadtbesichtigung am nächsten Tag sind auch gelöst!!??

(15) WOMO-Stellplatz: Oslo/Tryvannstårn

GPS: N59° 58' 52.5" E10° 40' 08.0"; Øvreseterveien.   **Max. WOMOs:** 25.
Ausstattung/Lage: Badesee, Liegewiesen, Mülleimer; max. 48 h. Tisch & Bank sowie Grillstelle am Badesee/außerorts.
Direkte Zufahrt: >E6<, Ring 3, Wegweiser: Holmenkollen.
Leserhinweise: An diesem Platz finden gehäuft WOMO-Aufbrüche statt!
Am Ende der Straße, hinter dem Fernsehturm, ein weiterer, großer Parkplatz.

Richtig, hier oben steht Ihr WOMO ruhig und kostenlos – und Sie rollen bequem mit der T-bana (U-Bahn), der **Holmenkoll-banen** (Nr. 1), ohne ein einziges Mal umzusteigen, bis zum **Jernbanetorget** (Bahnhofsplatz) im Zentrum OSLOs, denn die Endstation **Frognerseteren** ist nur 3 Minuten entfernt (links der Straße bergab, beleuchteter Fußweg durch den Wald, Abfahrten täglich 7.00 - 1.00 Uhr alle 15 Minuten).
Natürlich haben wir am Bogstad-Camping auch nach den Preisen gefragt: WOMO + 4 Personen + Strom gut 300 NOK, ein durchschnittlicher Campingpreis in Norwegen.

Wir haben beim Frognerbad (12) ungestört übernachtet, starten am nächsten Morgen unsere Besichtigungstour mit dem benachbarten **Frognerpark**. Eine lange Allee führt uns durch den Skulpturenpark von Gustav Vigeland auf den Monolithen zu, den Höhepunkt seines gewaltigen Werkes. Vigelands Grundgedanke war, die "sieben Alters-stufen des Lebens" als "Hymnus an das Leben" darzustel-len – wir sind überwältigt von seinem Schaffen, das 150 Skulpturengruppen, die meisten in Granit gehauen, einige in Bronze gegossen, 800 plastische Entwürfe und etwa 12000 Zeichnungen umfasst.
Lassen Sie sich gefangen nehmen von der Gewalt und der Phantasie eines großen Künstlers – auch wenn Sie vielleicht – so wie wir – Liebhaber einer anderen Stilrichtung sind ....

Oslo: Im Frognerpark (Vigelandspark)

Am Parkausgang (Haltestelle Vigelandsparken) steigen wir in die Straßenbahn (Trikk) Nr. 12 bis **Aker brygge**, beginnen unseren Stadtbummel am
Rathaus, besichtigen den **Schwanenbrunnen** an dessen Rückseite.

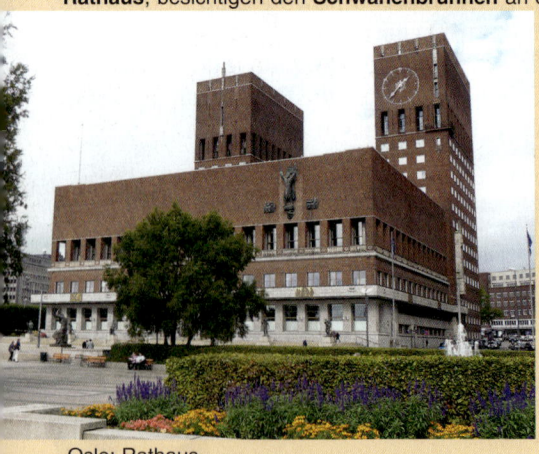

Wenige Schritte, und
wir sind auf OSLOs
Prachtavenue, der
Karl-Johans-Gate,
mit ihren teuren Ju-
weliergeschäften, den
Restaurants und Ca-
fés im Freien, von de-
ren östlichem Ende
mit dem **Dom** und dem
Bahnhofsplatz (Jern-
banetorget) man hin-
überschauen kann bis
zum anderen Ende mit
dem **königlichen
Schloss**.
In der Mitte des Bahn-
hofsvorplatzes steht

Oslo: Rathaus

ein hoher, verglaster Uhrturm, darunter ist "Trafikanten", eine Auskunfts-
und Verkaufsstelle, wo es ebenfalls reichlich Info-Material und den Oslo-

Pass gibt. Vor dem Trafikanten nehmen wir in die T-bane (jede ist richtig, nur die Richtung muss stimmen!) bis **Nationaltheatret**. Von hier aus sind **Slottet** (Königliches Schloss), das **Nationaltheater**, das **Historische Museum**, aber auch die **Universität** und die **Nationalgallerie** mit wenigen

Schritten zu erreichen.

Am **Stortinget**, dem Sitz des Norwegischen Parlaments vorbei spazieren wir zurück zu Aker brygge, wo wir beim Bummel entlang des Kais den Tag ausklingen lassen (zurück mit Trikk Nr. 12 bis Frogner

Oslo: Stortinget

Stadion, dann 3 min. zu Fuß bis zum Parkplatz Frognerbad).

Am nächsten Morgen sitzen wir schon wieder in der "12" bis Aker brygge, beginnen den Tag mit der "Mini Cruise Hop-on-hop-off" (im 72-Std.-Oslo-Pass kostenlos), bei der uns der schon fast ehrwürdige Motorsegler "Helena" vorbei an der **Festung Akershus** zum neuen **Opernhaus** bringt. Hier kann man evtl. für eine Be-

Oslo: Festung Akershus und Opernhaus

sichtigung aussteigen und das nächste Boot 1/2 Std. später zur Weiterfahrt zur Museumsinsel **Bygdøy** nehmen.

Haben Sie schon von der **Gjøa** gehört, dem Segelschiff, mit dem Roald Amundsen als erster die Nord-West-Passage bezwang? Es liegt, im Freien zu besichtigen, direkt neben der Anlegestelle **Bygdøynes**.

Aber das ist nur der Anfang! Dahinter links, neben dem **Norsk Sjøfartsmuseum**, tappen wir durch das Polarschiff **Fram**, mit dem Fridtjof Nansen sich 1893-96 durch das Packeis des Polarmeeres treiben ließ, um so den Nordpol zu erreichen. Das Schiff ist, wie die **Gjøa**, im Original erhalten, ausgestattet mit einer solchen Fülle von Ausrüstungsgegenständen, dass man darüber ein Buch schreiben könnte – man muss es gesehen haben!

Oslo: Fram und Raa II

Gegenüber, im **Kon-Tiki-Museum**, liegt das Floß aus Balsa-Holz, mit dem Thor Heyerdal 1947 von Südamerika in 97 Tagen über den Stillen Ozean bis ins polynesische Archipel segelte, außerdem die **Rah II**, ein 14 m langes Papyrusboot, mit dem der gleiche Heyerdal 23 Jahre später

den Atlantik von Afrika nach Südamerika bezwang – auch dies einmalige Schätze abenteuerlicher Reisen.
Aber dann stehen wir wortlos vor dem **Osebergschiff** im **Vikingskipene-Museum**, zu Fuß ein Viertelstündchen von der Anlegestelle entfernt. 1903 fand man nordöstlich von Tonsberg dieses "Luxus-Wikingerschiff", das offensichtlich als Grab für die Königin Åsa diente. Von auserlesener Pracht sind bereits die geschnitzten Grabbeigaben, aber die Eleganz und Leichtigkeit des Schiffes lässt uns verstummen. Das **Gokstadschiff** im Nachbarraum war ein hochseetaugliches, ein "richtiges", ein typisches Wikingerschiff: von der Seite gesehen lang und schlank, von vorn oder hinten betrachtet jedoch eher breit und behäbig, einer brütenden Glucke nicht unähnlich.
Mit solchen Booten, einfachsten Se-

Oslo: Osebergschiff

geln – und im Notfall mit Ruderkraft, bezwangen die Wikinger, die "Buchtmänner", nicht nur die an Europa angrenzenden Meere, sie stießen auch als erste über Island und Grönland bis Nordamerika vor, fast 500 Jahre vor Kolumbus.

Unser letzter Museumsbesuch gilt dem **Norwegischen Volkskundemuseum**, dem größten kulturhistorischen Museum des Landes. Über 150 Häuser aus allen Teilen Norwegens wurden abgetragen, restauriert und hier wieder aufgebaut und mit über 160.000 typischen Haushaltsgegenständen eingerichtet.

Oslo: Volkskundemuseum

Es ist fast zu viel, was den Besucher erwartet – und so bleibt als Erinnerung meist nur die prächtige **Stabkirche** aus Gol, die für uns die erste auf einer immer länger werdenden Liste dieser für Norwegen so typischen Sakralbauten ist.

Natürlich ist **Bygdøy** auch per Bus zu erreichen. Wir nehmen die Nr. 30 bis **Solli**, einem Verkehrsknoten, wo wir wieder in "unsere Trikk Nr. 12 zum Frognerstadion einsteigen. Dürfen wir Sie zu einem Abendbummel durch den Frognerpark einladen?

Unser 3. Oslo-Tag beginnt mit einem 5-min.-Fußmarsch zu **Majorstuen**, wo die T-bane Nr. 1 aus dem Untergrund auftaucht und über der Erde, 300 Höhenmeter bezwingend, bis zur Endstation **Frognerseteren** hinaufschnauft. Wir steigen schon bei der Station **Holmenkollen** aus, spazieren

bergan zu der neuen Superschanze (auf ihrer Vorgängerin hielt Sven Hannawald mit 132,5 m den Schanzenrekord, auf der neuen wird man wohl bald die Schallmauer von 150 m durchbrochen haben).

Der Blick auf den Prachtbau, dessen Flanken aus verflochtenen Edelstahlstangen den Seitenwind vermindern sollen, wird

nur noch getoppt vom Blick von ihm hinab über den Schanzentisch auf Oslo und die Inseln und Inselchen im Oslofjord. Dabei entdeckt man auch die schöne, kleine, schwarze **Holmenkollenkirche** und einen Neubau dahinter, der sich bei näherer Betrachtung als Schanzenkopf einer **Sommerskischanze** entpuppt.

Die T-bane rollt mit uns wieder zu Tal, unterquert die City und entlässt uns erst an der Haltestelle **Tøyen/Munchmuseet.** Von hier aus ist es ein bequemer Bummel zum Munchmuseum, wo Kenner in den Werken des großen norwegischen Expressionisten schwelgen. Laien suchen vergeblich nach dem "Schrei", seinem wohl populärsten Werk, denn dieses befindet sich in der Nationalgallerie (Nähe Schloss). Weiter spazieren wir durch den benachbarten **Botanischen Garten** zum **Naturhistorischen Museum**, wo man ganz nach Interesse Saurier, Edelsteine, Meteoriten oder das **Primatenfossil Ida** bestaunen kann, dessen Position als "Missing link", also dem evolutionären Bindeglied zwischen Affen- und Menschenvorfahren wissenschaftlich vehement angezweifelt wird. Unsere müden Füße freuen sich eine Weile über die schönen Bänke im botanischen Garten, dann zieht es zurück zu unserem WOMO. Eine T-bane saust mit uns zurück bis Majorstuen und wenig später verlassen wir OSLO auf der >E 18< nach Westen Richtung DRAMMEN.

Oslo: Schanze, Munch, Ida

TOUR 2 (200 km / 2-4 Tage)

Oslo – Drammen – Kongsberg – Heddal – Gaustatoppen – Rjukan

Freie Übernachtung:	Kongsberg: Skisenter, Silbergrube; nördl. Tuddal; Wanderparkplatz Gaustatoppen; Rjukan: u.a. Seilbahnparkplatz.
Campingplätze:	u. a. Drammen, Hokksund, Tuddal (3x).
Ver-/Entsorgung:	u. a. Drammen, Kongsberg, Notodden, Rjukan.
Besichtigungen:	Drammen: Spiralen, Kongsberg: Bergwerksmuseum, Silbergrube, Heddal: Stabkirche, Rjukan: Kraftwerk, Tinnmuseum.
Baden:	Drammen: Landfalltjern; Kongsberg: Silbergrubenbadeplatz; Tuddalsdal; Rjukan: Tveitopark, Hallenbad.
Wandern:	Drammen: Spiraltoppen; Gaustatoppen (1881 m); Rjukan.

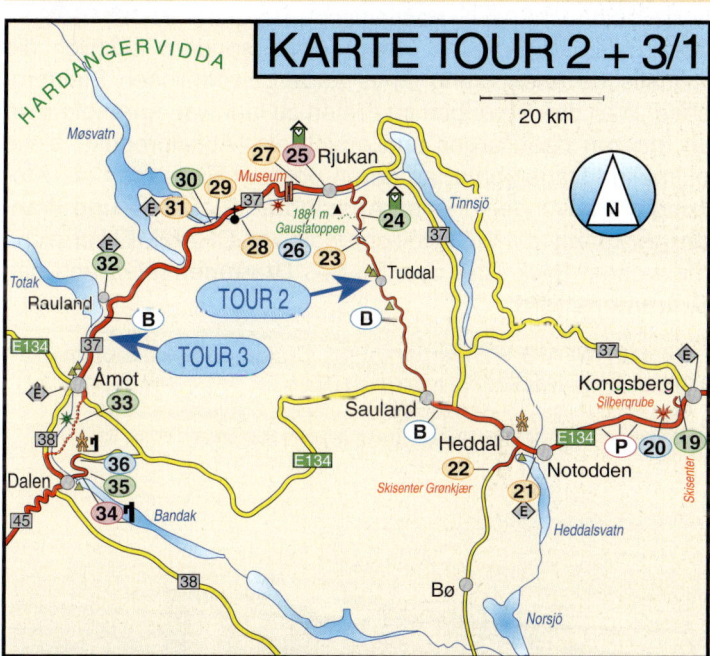

Bis zur Halskrause angefüllt mit noch völlig unverdauten Eindrücken verlassen wir OSLO auf der E 18 nach Westen; schon nach Kurzem umfängt uns wieder die schöne norwegische Natur und das Einzige, was außer der Straße an die Anwesenheit des Menschen erinnert, ist die unglaubliche Zahl von Kähnen, Booten, Bootchen und Jachten, die an jedem Seeufer, vor allem aber an den Ufern der Fjorde vertäut liegen (4 km vor DRAMMEN Statoil-Tankstelle mit Entsorgung an der Ausfahrt 23/Kjellstad [N59° 46' 18.4" E10° 15' 54.8"]).
2 km später nehmen wir die Ausfahrt 24/Richtung DRAMMEN

Nord, verlassen folglich die >E 18<. Wir durchqueren BRA-GERNES, den Nordwesten DRAMMENs, dort ist auch unübersehbar mit dem Blumenkohlsymbol für touristische Besonderheiten **Spiralen** ausgewiesen.

Sie wissen nicht, was **Spiralen** ist?

Nun, dann zahlen Sie brav 30 NOK, ziehen den Sicherheitsgurt fester – und lassen Sie sich überraschen: Sechs 360-Grad-Umdrehungen macht das WOMO in einer Dauerserpentine, immer links herum, steil bergauf in einem Berg. Man bekommt zwar über kurz oder lang einen Drehwurm und glaubt sogar, im Scheinwerferlicht einen Troll zu sehen, dafür braucht man aber nicht, wie bei einer "gewöhnlichen" Serpentinenstrecke, dauernd am Lenkrad zu drehen, sondern es nur festzuhalten.

Nein, nein, eine neue, norwegische Bergstraßentechnik ist Spiralen (noch) nicht, sondern lediglich die touristische Ausnutzung eines außergewöhnlichen Steinbruches: Weil das Sprengen im Freien zu laut war, sprengte man im Inneren des Berges und erhielt als "Abfallprodukt" diese einmalige Dauerkurve, an deren oberem Ende man als Krönung einen wunderschönen **Aussichts-, Picknick- und Wanderparkplatz** (mit WC) steil oberhalb von DRAMMEN erreicht, mit weitem Blick über das Tal des **Drammenselva** und den **Drammensfjord.**.

(16) WOMO-Wanderparkplatz: Drammen/Spiraltoppen

GPS: N 59° 45' 10.3" E 10° 12' 07.8"; Eivind Olsens vei.   **Max. WOMOs:** 3-4.
Ausstattung/Lage: Toilette, Wandertafel, Gaststätte, Wanderweg/außerorts.
Zufahrt: Ab Drammen Nord ausgeschildert mit dem Blumenkohlsymbol: Spiralen.

Hat man von der Aussicht genug, wendet man seinen Blick nach hinten und entdeckt einen gepflegten **Waldlehrpfad-Wanderweg**, wo man seine Kenntnisse der norwegischen Flora erweitern kann. Ein Stück weiter wartet der obere Parkplatz mit dem Spiraltoppen-Café und rechterhand einem Trimm-Dich-Pfad. Außerdem kann man von hier aus in etwa 45 Minuten zum **Landfalltjern**, einem lauschigen Waldsee mit **Bademöglichkeit** wandern.

Sie haben nichts dagegen, dass wir Ihnen den Fahrweg zum Landfalltjern zeigen?

Einfach vor der Auffahrt Spiralen nach links dem Wegweiser "Til Landfallhytta" folgen, an einer Mautstation mal wieder 30 NOK berappen (geht auch mit Visa); dafür bekommen wir auch eine prima Asphaltbahn geboten, halten uns an einer letzten Gabelung nicht rechts zur Landfallhytta (Gaststätte mit steiler Schotterbahnauffahrt), sondern brausen links zu dem umfangreichen Parkplatzangebot oberhalb des Badesees.

(17) WOMO-Badeplatz: Drammen/Landfalltjern

GPS: N 59° 46' 5.6" E 10° 9' 37.1"; Landfalltjernveien.   **Max. WOMOs:** > 5.
Ausstg./Lage: Sandstrand, Toilette, Grillstelle, Liegewiese, Tisch & Bank, Spazierwege/außerorts.   **Zufahrt:** Ab Drammen Spiralen ausgeschildert: Landfallhytta.

Wir kehren nach DRAMMEN zurück, biegen rechts Richtung KONGSBERG auf die >283< - der nächste Badeplatz wartet auf Sie!

Zunächst begleitet uns eine Weile der breite **Drammenselva** links (nach 3 km Drammen Camping, nach 7 km ein schöner Picknickplatz rechts mit Veikjøkken, Tisch & Bank und WC).

Wir überqueren den Fluss, münden in die >E 134< ein, die DRAMMEN in einem langen Tunnel westlich umging.

Nach 10 km verlassen wir sie wieder, biegen nach links auf die >35< Richtung TØNSBERG, durchqueren VESTFOSSEN (Bahnunterführung, Höhe: 2,90 m, kann rechts umfahren werden).

Gut Fossesholm, Uhrturm

Am südlichen Ortsrand liegt **Fossesholm**, früher ein adliges Gut mit Norwegens größtem Waldbesitz. Das heute noch erhaltene Gebäude wurde 1760 errichtet, reich im Rokokostil ausgestattet und steht heute unter Denkmalschutz (offen: 12-18 Uhr). Eine besondere Attraktion ist die für Norwegen einmalige Sammlung deutscher, handgemalter Leinwandtapeten aus dem 18. Jahrhundert, mitten im Hofraum fällt in einem kleinen Häuschen mit Uhrturm ein Ziehbrunnen aus dem Jahre 1773 auf.

Rechts der Straße erweitert sich der **Fiskumelva** zum **Fiskumvatn**, einem kleineren See, der in den größeren **Eikeren-See** übergeht. Diese Berührungsstelle der beiden Seen, etwa 3 km südlich VESTFOSSEN, kann man überqueren (Wegweiser: FISKUM). Direkt hinter der Brücke geht es rechts hinab zum Anglerplatz "Sundet" [N59° 41' 58.3" E9° 50' 36.1"], wo man

Angler-, Grill- und Badeplatz Sundet

zwar nicht campieren darf, das Übernachten scheint aber nicht verboten zu sein im Gegensatz zu dem schönen Badeplatz 400 m hinter der Brücke. Auf den ersten Blick nur ein kleines Wiesenstück mit Sandstrand neben der Straße entdecken wir bei der Suche nach der (obligatorischen) Toilette den zweiten, viel größeren Teil der Anlage hinter einem Felsvorsprung mit riesiger Liegewiese, Sprungturm, Edelstahlgrillstelle und komfortablen Toiletten (Übernachten verboten).

(18) WOMO-Badeplatz: Fiskumvatn/Sundhaugen

GPS: N59° 41' 49.5" E9° 50' 30.2" **Max. WOMOs:** 3-4.
Ausstg./Lage: Sandstrand, Dusche, Liegewiese, Tisch & Bank, Toiletten, Grillstelle, Übernachten verboten/außerorts.
Zufahrt: 3 km südlich Vestfossen den Fiskumvatn überqueren, 400 m später rechts.

Wir rollen nach ausgiebigem Bad über DARBU zur >E 134< zurück, biegen dort nach links Richtung KONGSBERG ein (Ortsbeginn Shell-Tankstelle mit **Entsorgung** [N59° 40' 16.0" E9° 39' 17.7"]), durchqueren es auf der >E 134< Richtung NOTODDEN, überqueren den **Lågen**. Um seine fotogenen **Katarakte** mitten in der Stadt in Ruhe fotografieren zu können, schwenkt man hinter der Brücke rechts, dann links zum **Norwegischen Bergwerksmuseum** (samt **Skimuseum** und **Münzmuseum**) und hinter ihm hinab zum praktischem Parkplatz [N59° 39' 56.3" E9° 39' 05.9"] am Fluss neben der silbernen Miniaturkirche). Beim Bummel entlang des schäumenden Flusses zurück entdecken Sie natürlich oberhalb der Museen auch die alte **Backsteinkirche** von KONGSBERG,

Kongsberg, Katarakt des Lågen-Flusses

einem der größten Barockbauten von Norwegen (als Vorbild diente vermutlich die alte Garnisonskirche von Potsdam).

Nach dem Besuch im **Bergwerksmuseum** von KONGSBERG, wo Silber und Gold, Rubine und Smaragde auf die Ahs und Ohs der Besucher warten, ist **Kongens gruve**, das **Silberberg-werk** bei SAGGRENDA dran (8 km auf der >E 134< Richtung NOTODDEN). Vorher machen wir, am Ortsende von KONGS-BERG, einen Abstecher zum Skisenter. Dort steht man völlig ruhig, ja einsam (zumindest im Sommer):

(19) WOMO-Wanderparkplatz: Kongsberg/Skisenter

GPS: N59° 39' 47.1" E9° 37' 20.1"; Kruttmølleveien.   **Max. WOMOs:** >5.
Ausstattung/Lage: riesiger Schotterplatz, Wandertafel, Wanderwege/außerorts.
Zufahrt: Am Ortsende von Kongsberg rechts (ausgeschildert).

Die Abzweigung zur Silbergrube ist 5 km später bestens ausgeschildert, und auf den 1100 m Stichstraße bis zum

Bergwerkseingang erlebt man die schon angekündigte, freudige Überraschung: Bereits 500 m seit der >E 134< wartet links des Weges ein aufgestauter, recht warmer **Badefluss** mit großem Parkplatz, Tisch & Bank und Würstchenbude auf Sie.

(20) WOMO-Badeplatz: Saggrenda/Silberbergwerk

GPS: N59° 37' 42.4" E9° 35' 57.1"; Bergmannsveien.   **Max. WOMOs:** > 5.
Ausstg./Lage: Bademöglichkeit, Liegewiese, Tisch & Bank, Camp. verboten/außerorts.
Zufahrt: Von der >E 134< nach rechts abbiegen zum Silberbergwerk, nach 500 m rechts.

Als absolut ruhigen **Übernachtungsplatz** können wir all denen, die zu früh – oder (wie wir) zu spät zu der Silbergrube kommen, auch den Parkplatz direkt vor der Silbergrube empfehlen [N59° 37' 49.8" E9° 36' 02.7"]: Zu früh ist vor 11.00 Uhr, zu spät ist nach 16.00 Uhr, dazwischen fährt der Grubenzug in der Saison (18.5. - 31.8.) jede Stunde; sonst nur So 12/14 Uhr.

Ein Besuch in der Grube dauert 1 1/4 Stunden: Ein Bähnle mit vielen kleinen Wägelchen, die peinlich an grüne Hasenkästen erinnern, bringt die Besucher mit dröhnendem Getöse durch den 2300 m langen Christian-VII.-Stollen in 342 m Tiefe, wo man bei 6°C. eine schöne Gänsehaut bekommt, wenn man Pullover oder Anorak vergisst. Eine ganze Reihe von waagerechten Stollen

wurde in den Berg geschlagen, von denen aus senkrechte Schächte weiter in die Tiefe führen. Ihre Namen wie Gnade-Gottes-Grube, Willen-Gottes-Grube, Gott-beschert-Erz-Grube, Gottes-Hilfe-in-der-Not-Grube oder Erzengel-Michael-Grube zeigen überdeutlich – die Bergleute waren bei ihrer gefährlichen Arbeit stets dem Jenseits nahe – und sie wussten es auch!

Aber warum trugen die Gruben deutsche Namen, sogar die Straßen in KONGSBERG?

Die Bergleute holte man sich aus Sachsen, und seit 1640 entrissen diese Spezialisten dem Berg immerhin 1350 Tonnen Silber, der größte Klumpen wog über 1000 kg. Die Arbeit war mörderisch und doch schlecht entlohnt. Ein kleiner, geklauter Silberklumpen brachte bei den Silberschmieden im **Setesdal** mehr ein als ein ganzes Jahr Maloche – kein Wunder, dass bereits damals eine Grubenpolizei auf des Königs Silber ein waches Auge hatte. Wurde man von ihr erwischt, landete man in Ostindien in einer dänischen Strafkolonie – und trotzdem verarbeiteten die Setesdaler Silberschmiede mehr "Diebssilber" als "Königssilber"....

Wie sah die Arbeit aus?

Mit den Handschlegeln kam man anfangs nur 1,5 cm pro Tag vorwärts. Später, mit Pressluftbohrern, war alles leichter, aber beim trockenen Bohren drang Staub in die Lungen, Silikose nannte man das frühe Leiden; beim nassen Bohren erkrankte jeder Zweite in der Kälte an Lungenentzündung....

Zum Schluss, mit Dynamit, schaffte man 1,5 Meter pro Tag, aber der Berg war erschöpft, die Ausbeute ging zur Neige, nur noch Touristen kann man jetzt schröpfen.

Die Erläuterungen der Grubenführer sind umfangreich und sachkundig, der Rundgang im Berg jedoch ist zu kurz, schade! So bleiben in der Erinnerung, während wir mit Donnergetöse wieder dem Tageslicht entgegenpoltern, nur die Bilder der technischen Ausstattung der letzten Jahrzehnte, an erster Stelle wohl die moderne **Fahrkunst**, zwei sich gegenläufig bewegende, lange Balken mit Trittstufen, auf denen man viel bequemer in die Tiefe hinab und wieder hinauf gelangte.

Ein Trost für kleine und große Kinder ist der malerisch gelegene **Badeplatz** "vor der Haustür". Seine ideale Lage, gepaart mit der guten Ausstattung wie Sandstrand, Liegewiesen und Liegefelsen, Rutschbahn und reichlichem Parkraum macht ihn zur praktischen "Warteschleife" bis zur nächsten Grubenführung.

Wir kehren zurück zur >E 134< und biegen rechts nach NOTODDEN ein, sichten 3,3 km später an der linken Straßenseite einen schön gelegenen **Picknickplatz**, ein weiterer folgt am **Buvatn**, kurz darauf überqueren wir die Grenze zur **Fylke** (Region, Regierungsbezirk) **Telemark**. 1 km später rechts ein norwegentypischer Gatekjøkken, der nicht nur Kebab und Hamburger, sondern auch Parkplätze und Toiletten anbietet. Der Wald wird dichter, das Gelände hügelig, die Straße schraubt sich hinauf und hinab und am Horizont tauchen die ersten schneebedeckten Berggipfel auf. Das **Elgsjø kafe** am gleichnamigen See bietet seinen Gästen bei gemütlicher Rast einen Ausblick bei Kaffee und Kuchen oder darfs eine Elchkarbonade sein?

Wir rollen hinab nach NOTODDEN am riesigen **Heddalsvatn**, überqueren seinen Zufluss, den **Tinnelva**, neben der alten, schmalen Metallgitterbrücke.

200 m nach der Brücke liegt links der neue **Bobilplatz** mit Toilette, Stromanschluss und Blick auf den See. Fußballfeldergroße Flächen sind mit herbeigeflößten Baumstämmen bedeckt, warten im sicheren Wasser, unbehelligt von Borkenkäfern, auf ihre Weiterverarbeitung.

(21) WOMO-Stellplatz: Notodden/Bobilcamp Nesøya
GPS: N59° 33' 30.5" E9° 14' 57.3"   **Max. WOMOs:** >5.
Ausstattung/Lage: Tisch & Bank, Stromanschluss, V/E, 150 NOK/24 h/außerorts.
Zufahrt: Am westlichen Ortsrand von Notodden hinter der Brücke links (ausgeschildert).

Am Ortsende zweigt bei einem großen Supermarkt links die Straße nach BØ, überquert einen kleinen Flugplatz. Dahinter liegt am sandigen Ende des Sees der **Campingplatz** [N59° 33' 56.7" E9° 12' 33.7"] von NOTODDEN, der kaum teurer ist als der Bobilplatz. Rollt man an ihm vorbei, überquert den Fluss und kurvt steil hinauf ins Gebirge, so kommt man nach 6,5 km zum Ski-Langlaufcenter von Grønkjær; einsam im Wald gelegen - und doch kostenpflichtig (40 NOK/24 h).

(22) WOMO-Stellplatz: Notodden/Grønkjær

GPS: N59° 33' 06.4" E9° 07' 04.7"; Reshjemvegen.   **Max. WOMOs:** >5.
Ausstattung/Lage: Wanderwege, Gebühr/außerorts.
Zufahrt: Am Ortsende von Notodden links Richtung Bø 6,5 km.

Wir bleiben auf der >E 134<, Norwegens größte Stabkirche wartet auf uns, die Kirche von HEDDAL [N59° 34' 46.6" E9° 10' 25.2"]!

Kurz vor der Abzweigung zur Kirche liegt die zweite Touristenattraktion dieses kleinen Ortes, das **Heddal Bygdetun**, ein typisches **Freilichtmuseum** mit alten, jedoch wohlrestaurierten und typisch ausgestatteten Holzhäusern, wie wir noch hunderte in Norwegen sehen werden. Aber nicht nur in den Freilichtmuseen wird Altes erhalten und gepflegt. Unser erster Eindruck in der Telemark ist neben der romantischen Naturkulisse die Vielfalt der gut erhaltenen, ja liebevoll herausgeputzten, alten Bauernhäuser, Scheunen sowie oft kunstvoll mit komplizierten Schnitzereien verzierten, meist zweistöckigen Speicher, von denen stets das obere Stockwerk breiter ist als das Erdgeschoss – wohl um zwei- und vierbeinigem Ungeziefer das Eindringen zu erschweren.

Stabkirche von Heddal

Höhepunkte alter Holzbaukunst und Fassadenverzierung sind natürlich die Stabkirchen – so auch die von HEDDAL. Der älteste Teil der Kirche, der Chor, geht auf das Jahr 1147 zurück, die restlichen Teile wurden 1242 auf zwölf großen und sechs kleineren, tragenden Säulen errichtet. Vier reich mit Schnitzereien verzierte Portale führen ins Innere, das ebenfalls herrlich ausgestattet ist, unter anderen mit Rosenmalereien aus dem 17. Jahrhundert.

12 km westlich der Stabkirche überqueren wir den **Åmnes-foss**. Im **Fossen-Kro** konnte man fein speisen und unterhalb der schäumenden Stromschnellen locken Badefreuden (bei unserem letzten Besuch war das Areal verwaist). 300 m nach dem Fossenkro findet man vor der alten Brücke einen feinen Fotostopp auf die Katarakte [N59° 36' 40.4" E8° 59' 33.9"].

Noch 3 km, bis SAULAND, beehren wir die >E 134<. Wie auch bei uns üblich, steht das Ortsschild bei den ersten Häusern, aber dann wartet man auf einen richtigen Ortskern meist vergeblich. Es scheint, als würde sich ein rechter Norweger sträuben, sein Haus näher als 50 - 100 m an das nächste zu bauen.

Jetzt halten wir nach Nordwesten, durchs **Tuddalsdal**, auf RJUKAN zu. Unsere Straße, der das **Staatliche Norwegische Wegwesen** noch nicht einmal eine Straßennummer gönnt, ist breiter als erwartet, windet sich jedoch sofort den Hang empor, lässt den fast ausgetrockneten Fluss weit unter sich; erst nach 13 km steigt sie wieder zu ihm hinab, überquert ihn. Direkt vor der einbogigen Eisengitterbrücke kann man links in einen Schotterweg einschwenken [N59° 42' 11.6" E8° 51' 31.2"] und zum **Bade** hinabsteigen.

Hinter der Brücke erweitert sich der Fluss zu einem kleinen See und kurz darauf begrüßt uns das Ortsschild von TUDDAL. Hier bietet der **Campingplatz Øystul** am See Dauercampern seine Plätze an, dann verengt sich der See wieder, begleitet uns weiter links der Straße.

8 km später, am **Bjårvatn**, liegt rechterhand **Tuddal-Bygde-tun**, eine Ausstellung alter Bauernhäuser, schräg gegenüber der **Campingplatz Bøen** [N59° 45' 12.6" E8° 47' 34.7"], keine 100 m später **Tuddal-Camping**, beide direkt am See unterhalb der weißen Holzkirche.

Jetzt sind es noch 25 km bis RJUKAN und der eigentliche Gebirgsteil der Strecke beginnt! Die Straße ist gut, die Serpentinen sind harmlos – und wir halten eine Geschwindigkeit von 45 km/h. Eine erste Hochebene wird erreicht, ein See blinkt links auf, hier findet sich endlich eine ganze Reihe von **Picknickplätzen** rechts und links der Straße und einige liegen auch direkt am Wasser. Vor, besser über uns stehen die ersten, völlig kahlen Bergkuppen. Wieder schwingt sich die Straße empor, die letzten, windzerzausten Föhren werden von Birkenwald abgelöst, dann durchstoßen wir, wie ein Taucher die Wasseroberfläche, die Waldgrenze, um uns herum nur noch niedrige Weidensträucher, Heidekraut und vor uns mit grünlichen Flechten bedeckte Gipfel mit weiß glitzernden Schneeflächen. Bei »km 30,8« liegt links der Straße ein einzelnes Gebäude mit Antenne und schönem Parkplatz.

(23) WOMO-Stellplatz: Tuddalsdal »km 30,8«

GPS: N59° 48' 30.1" E8° 44' 52.5"; 1090 m.　　　　**Max. WOMOs:** 2-3.
Ausstg./Lage: keine, schöner Blick ins Tuddalsdal/außerorts.　**Zufahrt:** siehe Text.

2,2 km später, also 33 km seit der Abzweigung von der >E 134<
bei SAULAND, haben wir am **Flinstjønnskaret** in 1260 m
Höhe den Pass erreicht.

Hier steigt man gewöhnlich aus, schaut in die Runde, vertritt
sich die Beine. Sie sollten sich auf der Passhöhe etwas erholen,
denn 2 km weiter bergab haben wir einen Anschlag auf Sie vor!
Dort, wo beim nächsten, großen **Parkplatz** die Tafeln der
Touristeninformation Auskunft geben über die möglichen Akti-
vitäten im Gebiet um RJUKAN, beginnt der kürzeste **Wanderweg** (600 m Höhenunterschied) auf den höchsten Berg Tele-
marks, den 1881 m hohen, aussichtsreichen **Gaustatoppen**.

(24) WOMO-Wanderparkplatz: Gaustatoppen

GPS: N59° 50' 05.0" E8° 42' 51.5"; 1170 m.　　　　**Max. WOMOs:** >5.
Ausstattung/Lage: Klo, Kiosk, Wanderweg, Info-Tafel/außerorts. **Zufahrt:** siehe Text.

Es ist bereits kurz vor 17 Uhr, als wir, gestiefelt und gespornt, will heißen mit Bergstiefeln, Jeans, Windjacke und Rucksack mit "kleinem Verpflegungspaket" in die Fußstapfen vieler Bergfreunde treten, die uns zum größten Teil bereits beim Aufstieg begegnen. Aber der späte Abmarschtermin hat nur Vorteile, denn es herrscht herrliches Wetter, die Sonne brennt vom stahlblauen Himmel, nach wenigen Schritten verpacken wir die Jacke schon wieder im Rucksack.

Eine Stunde Marsch, dann rasten wir auf dem Sattel vor dem Gipfel, und eine weitere 3/4 Stunde später haben wir die "Küchenrolle" erreicht, den Fernsehturm auf der Kuppe, der verblüffend der abgewickelten Papphülse einer überdimensionalen Küchenrolle gleicht (Einkehrmöglichkeit).

Der Ausblick ist der Strapaze unserer ersten Bergtour angemessen, weit reicht die Sicht über die stumpfen, flechtengrünen Kuppen, Hügel und Wellen der Berge. Blauschwarz, tiefgründig scheinen die Seen in den Senken im Osten, nach Westen zu glitzern sie in der tiefstehenden Sonne wie geschmolzenes Blei – man glaubt, ganz **Telemark** überschauen zu können. Direkt im Norden unter uns schlängelt sich der **Måna** durchs schattige Tal nach Osten in den **Tinnsjø**, fließt durch RJUKAN, unser nächstes Ziel.

Bergab geht's auch nicht schneller, stellen wir beim Rückmarsch fest, denn der Pfad ist steinig, geröllig, für Kinder wohl erst ab 6 Jahren zu empfehlen.

Viel bequemer hat's das WOMO, das sich auf dem Teerband zu Tale schwingt. Es ist unglaublich, wie tief das **Vestfjorddal** in den Gebirgsstock eingeschnitten ist – so tief, dass die Häuser RJUKANS den ganzen Winter über nicht von der Sonne beschienen werden.

Im Talgrund angekommen, überqueren wir den Måna-Fluss (vorher Entsorgungsstation links nach 1000 m im Industriegebiet [N59° 52' 46.7" E8° 39' 41.6"]), eine Bahnlinie, biegen nach links in die >37< ein, sichten die ersten Häuser von RJUKAN. Bevor wir aber nach RJUKAN hineinrollen, noch ein Hinweis: 300 m östlich der Måna-Brücke liegt das **Mår-Wasserkraftwerk** mit einer Leistung von 180 MW. Es kann Mo-Fr um 10 Uhr und 14 Uhr besichtigt werden. Vielleicht zeigt man Ihnen auch die gewaltigen Druckrohre, die in einem 1250 m langen Schacht vom Gebirge herabführen. Neben ihnen läuft eine Holztreppe, mit 3875 Stufen sicher eine der längsten der Welt.

In RJUKAN ist viel geboten: Als erstes entdecken wir nach

1500 m rechterhand das **Tinnmuseum** rechts der Hauptstraße, ein **Freilichtmuseum** mit etwa 25 historischen Gebäuden.

1000 m später verlassen wir die Hauptstraße nach links zum **Tveitopark**. Dies ist ein großes Wiesengelände mit einem Bade- und Plätscherteich in der Mitte

Rjukan, Tinnmuseum

und daneben vielfältigem Spielgerät für Kinder aller Altersstufen, WC und ringsum vielen Parkplätzen. Hiermit haben wir Ihnen unseren ersten **Übernachtungsvorschlag** in RJUKAN gezeigt und beschrieben.

(25) WOMO-Picknickplatz: Rjukan/Tveitopark

GPS: N59° 52' 44.3" E8° 37' 47.7"; Tinngata. **Max. WOMOs:** 2-3.
Ausstattung/Lage: Badeteich, Toilette, Tisch & Bank, Liegewiese/Ortsmitte.
Zufahrt: In Rjukan 1000 m nach dem Tinnmuseum links.

Falls Ihnen unser Badeteich in RJUKAN zu frisch erscheint: 1000 m weiter liegt linkerhand Rjukan-Badet, ein Hallenbad (mit geheiztem Wasser). Der große Parkplatz davor liegt nachts absolut ruhig.

(26) WOMO-Badeplatz: Rjukan/Hallenbad

GPS: N59° 52' 41.4" E8° 36' 23.0"; Svaddevegen. **Max. WOMOs:** 3-4.
Ausstattung/Lage: Badeteich, Toilette, Tisch & Bank, Liegewiese/Ortsmitte.
Zufahrt: In Rjukan 1000 m nach dem Tinnmuseum links.

Aber Sie sollen in RJUKAN nicht nur spielen, baden und schlafen – in RJUKAN wurde Geschichte geschrieben, und die sollen Sie nacherleben! Die Deutschen haben dabei zwar keine Glanzrolle gespielt – aber Geschichte ist Geschichte!

Als im Jahre 1911 das **Wasserkraftwerk Vemork** westlich RJUKAN in Betrieb genommen wurde, war es mit 10 Turbinen und einer Leistung von 108 MW das größte der Welt. Gezähmt wurde die gewaltige Kraft vom **Rjukanfoss**, von dem jetzt nur noch eine kahle Wand am Ende der **Maristigen-Schlucht** zu sehen ist. Die Gegend nahm einen gewaltigen Aufschwung: 1907 lebten hier 50 Familien mehr schlecht als recht von der Landwirtschaft, bereits 1917 bevölkerten 10.000 Einwohner eine moderne Industriestadt – RJUKAN!

Der Strom, der aus der Wasserkraft gewonnen wurde, diente in erster Linie zur Düngemittelherstellung nach dem Lichtbogenverfahren. Nebenbei wurde schweres Wasser, Deuteriumoxid, durch mehrfache Elektrolyse angereichert. Dieses schwere Wasser dient als Bremsflüssigkeit in Kernkraftwerken und schien im II. Weltkrieg für die Entwicklung der Atombombe unverzichtbar zu sein. Folglich wurde im Kraftwerk Vemork, nach der Besetzung durch die Deutschen, beschleunigt weitergearbeitet – und die Alliierten versuchten ebenso eifrig, die Deutschen daran zu hindern: „Der Kampf um das schwere Wasser" ist eines der Themen, die im alten Kraftwerk Vemork, das heute ein modernes **Industriearbeitermuseum** ist, behandelt und mit Originalmaterial anschaulich belegt werden.

Die Industrie brachte Geld ins Tal, aber sonniger wurde es dadurch nicht. So spendierte die Kraftwerksgesellschaft den Rjukanern bereits 1928 einen Lift, die **Krossobanen**, mit dem man auch im finsteren Winter in fünf Minuten runde 1000 Meter höher – und in den Sonnenschein schweben konnte. Auch heute noch funktioniert die Seilbahn in aller Frische, die Talstation liegt 4 km westlich vom Tveitopark, ist gut ausgeschildert und besitzt große, ruhige Parkplätze (viel ruhiger als am Tveitopark), denn die Bahn fährt nur von 9 - 20 Uhr.

(27) WOMO-Stellplatz: Rjukan Krossobanen

GPS: N59° 52' 45.2" E8° 33' 13.0"; Kraftledningsveien. **Max. WOMOs:** >5.
Ausstattung/Lage: Toilette, Seilbahn/außerorts. **Zufahrt:** s.Text.

Oben, bei der **Bergstation Gvepseborg** sollen Sie nicht nur Erfrischungen zu sich nehmen, sondern sich wie die sonnenhungrigen Rjukaner auf einem der vielen Wanderwege ergehen – unten wartet dann Ihr rollendes Schlafzimmer auf Sie!

TOUR 3 (260 km / 2-3 Tage)

Åmot – Dalen – Valle – Rysstad – Bygland – Evje

Freie Übernachtung: u.a. Møsvatn (3x), Rabenschlucht, Dalen: Yachthafen; Eidsborg, Honnevje, Storestraum, Evje: Mineralsti.

Campingplätze: u. a. Åmot, Dalen, Rysstad, nördl. Bygland, bei Evje.

Ver-/Entsorgung: u. a. Åmot, Dalen, Valle, Bygland, Evje.

Besichtigungen: Rjukan: Industriearbeitermuseum, Rabenschlucht, Eidsborg: Stabkirche, Setesdal: Kaskaden, Silberschmiede; Evje: Mineralsti.

Baden: u. a. Møsvatn; Totak; Bandak; Eidsborg bei der Stabkirche; "Honnevje", "Marhyl" im Setesdal.

Wandern: Evje: Mineralsti.

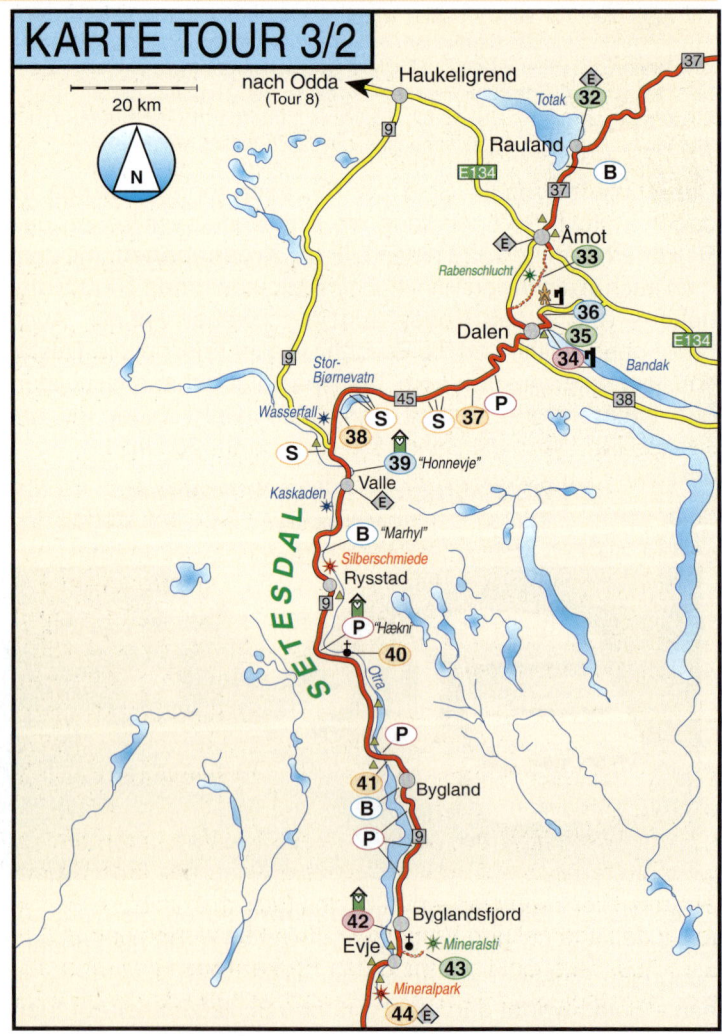

KARTE TOUR 3/2

Am nächsten Morgen können wir lange ausschlafen (schließlich hat die erste Bergtour auf den **Gaustatoppen** Nachwirkungen) und in Ruhe Kaffee trinken. Dann tuckern wir zum **Industriearbeitermuseum Vemork** 5 km westlich RJUKAN. Der riesige Parkplatz ist noch völlig leer (kein Wunder - Camping verboten!)

Um 10 Uhr, als das Museum seine Tore öffnet, holt uns ein Bus vom Parkplatz ab (toller Service, denken wir), fährt uns die paar Schritte – und wir sind so leichtgläubig, den Fahrpreis für den Museumseintrittspreis zu halten. Dort zieht man uns jedoch nochmals Geld aus der Tasche, so dass wir Ihnen raten, die zehnminütige Strecke zu Fuß zu gehen. Im Museum scheiden sich die Geister: Kinder bestaunen wohl eher die riesige Turbinenhalle mit den gewaltigen Dynamos, geschichtsbeflissene Erwachsene werden schnell darüber belehrt, wie mühsam der Weg der Indu-

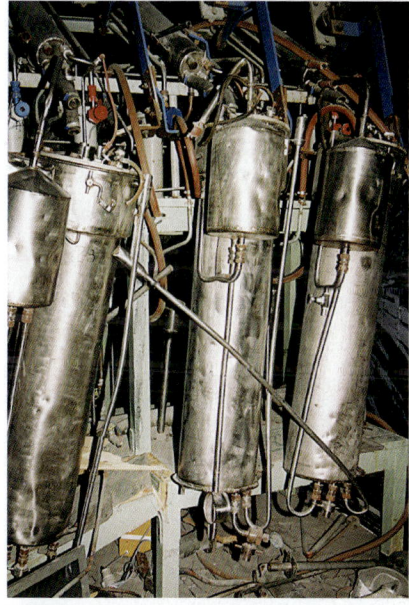

Behälter für schweres Wasser

striearbeiter zum sozial abgesicherten Leben war. Beide Gruppen treffen sich dann sicher bei den Behältern für das schwere Wasser, die beim Bombardement durch die Engländer beschädigt wurden.

Unsere Weiterfahrt auf der >37< nach Westen unterbrechen wir bereits nach 2,5 km, unmittelbar vor dem **Maristigen-Tunnel**. Hier kann man einen letzten Blick auf die alten Druckrohre des ehemaligen Vemork-Kraftwerkes werfen und 200 m zum Aussichtspunkt oberhalb des **Rjukanfoss** spazieren. Als man dem Ingenieur Sam Eyde vorwarf, er habe den Wasserfall "getötet", entgegnete er selbstbewusst: „Ich habe ihm eine sinnvolle Arbeit gegeben!" Heute wäre mancher Staat froh, wenn er, statt ein Kohle- oder Kernkraftwerk bauen zu müssen, einen Wasserfall "töten" könnte ....

Man muss nicht Sprachwissenschaftler sein, um **Maristigen** mit "Marias Weg" übersetzen zu können. Wirklich rankt sich eine gar traurige Mär um den schmalen Gebirgspfad am steilen Hang: Die verliebte Marie eilte dort täglich dem Geliebten entgegen, bis bei einem schaurigen Gewitter beide ihr Leben lassen mussten.

Nach weiteren 5 km durch frischen Birkenwald begleiten uns links der Straße die ersten kleinen Seen. Die Parkgelegenheiten neben der Straße sind seltsamerweise durch Schranken versperrt. Erst nach und nach begreifen wir diese norwegische "Macke": Selbst in der einsamsten Ecke des Landes wird ein privates Stück Land so gut es eben geht versperrt – auch wenn es gar nicht selbst genutzt wird. Und so tuckern wir Kilometer auf Kilometer an zig Parkplätzen vorbei, auf denen kein einziges Fahrzeug steht – privat! Natürlich stehen im "Hinterland", oft verborgen durch Busch und Baum, Unmengen von Ferienhäusern – bewohnt meist nur am Wochenende.

Ein kleines Kirchlein rettet uns aus der (Parkplatz-)Not!

500 m vor der **Frøystulbru** liegt links die **Frøystulfjellkirke** – und neben ihr ein hübscher Parkplatz:

(28) WOMO-Stellplatz: Frøystulfjellkirke

GPS: N59° 49' 41.8" E8° 21' 05.8"; 874 m.   **Max. WOMOs:** 1-2.
Ausstattung/Lage: keine/außerorts.
Zufahrt: Links der >37<, 12 km nach dem Industriearbeitermuseum.

Auf der **Frøystulbru** überqueren wir den ersten Auslauf des **Møsvatn**, turnen hinauf zur Staumauer. 100 m später kann man rechts zu einer Landzunge hinabfahren und steht sehr schön direkt oberhalb des Ufers.

(29) WOMO-Stellplatz: Møsvatn/Staumauer

GPS: N59° 49' 17.8" E8° 19' 05.4"; 928 m.   **Max. WOMOs:** 2-3.
Ausstattung/Lage: keine/außerorts.
Zufahrt: Rechts der >37<, 100 m nach der Staumauer des Møsvatn.

700 m weiter residierte einst das **Hardangervidda-Nasjonal-parksenter**. Statt seiner wartet jetzt das Høgfjells-Hotel (Skinnarbu) auf zahlende Kunden und verlangt auch für das Nächtigen im WOMO 50 NOK [N59° 48' 51.5" E8° 18' 34.0"]. Da stellen wir uns lieber unterhalb auf den Parkplatz des "Fjellvåken II", einem Touristenboot, das Sie gerne über den **Møsvatn** zur Mogen-Tourlsthütte schippert, auf dass Sie dann zurückwandern mögen (ca. 1,5 Std.) ....

(30) WOMO-Wanderparkplatz: Møsvatn/Fjellvåken II

GPS: N59° 49' 0.5" E8° 18' 46.4"; 927 m.   **Max. WOMOs:** > 5.
Ausstattung/Lage: Tisch & Bank, Ausflugsboot, Gebühr 50 NOK/außerorts.
Zufahrt: 800 m nach der Staumauer des Møsvatn rechts am Ufer.

Der **Møsvatn** erweitert sich zu einer endlosen Wasserfläche, die sich am Horizont verliert. Konzentriert man seinen Blick auf das Näherliegende, dann entdeckt man genau 1000 m weiter, auf einsamer Flur, eine WOMO-Entsorgung bei einer Straßenmeisterei, der nette Birkenwaldparkplatz rechts daneben hat uns auch gefallen.

(31) WOMO-Stellplatz:
Møsvatn/Straßenmeisterei
GPS: N59° 48' 50.3" E8° 17' 48.9"; 932 m.
Max. WOMOs: 2-3.
Ausstattung/Lage: Ver-/Entsorgung, Bademöglichkeit/außerorts.
Zufahrt: 1000 m nach dem Fjellvåken II-Parkplatz rechts der >37<.

Wir entschweben wieder ins Gebirge, ohne einen öffentlichen Parkplatz am Ufer entdeckt zu haben. Den einzigen, kurz bevor wir den See verlassen, zählen wir nicht, denn er liegt viel zu weit vom Wasser entfernt – und er wurde auch gar nicht für uns angelegt: Das plötzliche, riesige Parkangebot dient zahlenden Gästen im Winter – am Hang zieht ein Skilift zum Gipfel hinauf. Wir rollen einige Gebirgswellen hinauf und hinab, dann taucht ein zweiter Arm des **Møsvatn** rechts neben der Straße auf. Die Halbinsel, die wir auf unserem Gebirgsstück abgeschnitten hatten, heißt **Vardan**, an ihrem Ende, sozusagen mitten im See, liegt VARLAND, 12,2 km von der Hauptstraße entfernt.
An der Hauptstraße >37< haben wir, kurz bevor wir den **Møsvatn** zum zweiten und letzten Mal verlassen, auch einen (einzigen) Platz entdeckt: Eine kleine Parkbucht, von der aus man zum Sand- und Felsstrand ein Stück laufen muss.
Aber Sie müssen dem **Møsvatn** nicht nachtrauern, denn hinter der nächsten Straßenkurve kommt schon der nächste See. Andererseits erinnert uns der Blick auf die immer näher rückenden Felsriesen mit ihren grellweißen Gletscherflächen, dass wir keineswegs nur zum Baden nach Norwegen gekommen sind.
Wir haben etwa 1000 m Höhe erreicht, wieder ziehen sich Parkstreifen an der Straße hin, Skipisten bepflastern die Hänge – wir sind im **Rauland Skicenter**. Dann geht es hinab nach RAULAND am **Totak-See**, beiderseits der Straße begleiten uns vereinzelte Busch- und Baumgruppen, die aus den rötlichen Moorflächen herauswachsen, die RAULAND seinen Namen verliehen haben. Vom Ort bekommen wir nicht viel zu sehen, denn die >37< schwenkt bereits bei den ersten Häusern nach Süden ab. Da wir aber unbedingt Frischmilch beim "Spar-Superkarkt" kaufen wollten, entdecken wir auch den **Wanderparkplatz** mit WOMO-Entsorgung rechts daneben.

(32) WOMO-Wanderparkplatz: Rauland

GPS: N59 41 49.8 E8 03 53.9; 729 m.
Max. WOMOs: 2-3.
Ausstattung/Lage: Ver-/Entsorgung, Wanderwege/Ortsrand.
Zufahrt: Am Ortsbeginn von Rauland rechts am "Spar" vorbei 100 m.

Falls Sie Bedenken haben sollten, dass Ihnen am Nordufer des **Totak** idyllische Plätzchen entgehen – wir haben das Ufer abgefahren, nichts für WOMO-Urlauber!

Ein Stück **Totak** bekommen wir auch von der >37< Richtung ÅMOT aus zu sehen – und kaum hat unsere Straße Seekontakt, entdecken wir (3,5 km hinter RAULAND) einen großen **Wanderparkplatz** [N59° 39' 57.6" E8° 03' 35.7"] links der Straße und einen Parkplatz **mit Bademöglichkeit** 100 m später rechts der Straße mit Tisch und Bank).

Rast- und Bademöglichkeit am Totak-See

Dieses Plätzchen müssten Sie nutzen, falls Ihnen nach Plätschern oder gar Baden ist, weitere gibt es nicht, denn kurz darauf macht sich die Straße im Tal des **Tokke-Flusses** nach Süden davon, endet in ÅMOT. Dabei passiert man den Hyllandsfoss Camping [N59° 34' 52.6" E8° 00' 03.4"], ein wahres Naturidyll am gestauten Fluss.

Die Fortsetzung der >37< nach Süden ist, damit man sich's leichter merken kann, die >38<. Wir möchten Sie jedoch zu einem kleinen Umweg verleiten, wollen Sie an einen schaurigen Abgrund führen, von dessen Kante aus nachts die Hexen zu ihren Kunstflügen starten – zur **Rabenschlucht**, norwegisch **Ravnejuvet**. Während die >38< rechts des **Tokke** nach

Süden zieht, führt ein schmales Schottersträßchen, weiter oben an der anderen Talseite, zu unserer Attraktion.

Hier die Zufahrtsbeschreibung: In ÅMOT verlassen wir die >37<, biegen nach links auf die >E 134< Richtung OSLO; 100 m später rechts Entsorgung und großer Parkplatz beim "Åmot Bilservice" [N59° 34' 10.2" E7° 59' 35.0"].

Genau 4 km bedienen wir uns der breiten Teerstraße, dann biegen wir rechts (Wegweiser: LIOSVINGEN/Ravnejuv). Das Schottersträßchen hat reichlich Platz für ein einzelnes WOMO; falls jedoch einer der in dieser Gegend besonders häufigen Elche auftauchen sollte, würde es bereits eng!

7300 m kurven wir auf dem Sträßchen dahin, haben eigentlich die Hoffnung auf Hexen, Raben und schauerliche Tiefe bereits aufgegeben, da sichten wir das ersehnte Hinweisschild. Der schräge Parkplatz am Wegrand reicht für ca. vier WOMOs.

(33) WOMO-Wander-parkplatz: Ravnejuvet
GPS: N59 29' 55.4" E7° 59' 47.0"; 587 m.
Max. WOMOs: 2-3.
Ausstattung/Lage: Kurzer Spazierweg zur Schlucht/außerorts.
Zufahrt: Von Åmot 4 km auf der >E 134<, dann rechts 7,3 km (ausgeschildert).

So klein das Hinweis-schild am Wegrand ist, so groß ist das Warnschild, das uns nach kurzem Fuß-marsch auffordert, nach weiteren 100 m möglichst abrupt ste-hen zu bleiben, denn dort geht es nicht nur 350 m senkrecht hin-ab, die Wand hat sogar noch ein paar Grad Überhang. Überzeugen Sie sich, aber bitte in sicherer Bauchlage.

Liebe Mütter und Ehefrauen, das Schild übertreibt nicht! Nehmt Kinder und Ehemann an die Hand; die einen sind unvernünftig, die anderen wagemutig – und die Kante ist völlig ungesichert. Beim Blick hinab wird einem so gruselig, dass das Herz im Halse schlägt und einem die Nackenhaare zu Berge stehen.

Nicht nur Hexen würden hier leicht fliegen lernen, Sie können es ausprobieren! Nein, nein, nicht Sie selbst! Nehmen Sie Ihr Papiertaschentuch (Sie könnten auch einen Geldschein nehmen) und lassen Sie es in die Tiefe fallen. Sie werden sehen, es taumelt nicht nach unten, sondern schwebt wie eine Taube davon.

Wir kehren mit zitternden Knien zum WOMO zurück, wo wir uns einen alkoholfreien Beruhigungsdrink mixen. Ein geruhsamer Nachschlaf wäre wohl auch garantiert – es sei denn, Sie hätten wegen der Hexen Bedenken ....

Unser Sträßchen bemüht sich nun, mittels einiger Serpentinen in den Talgrund hinabzustürzen, steigt dann ein Stück zur >38< empor. Dort biegen wir links Richtung DALEN in die Teerstraße ein nach insgesamt 13,4 km Schotterstraße.

Der **Tokke** fließt wieder in unserer Nähe, aber was heißt das schon. Die vielen malerischen Gumpen, die wir von der Straße aus sichten, sind trotzdem unerreichbar, denn das Ufer ist steil und felsig.

Aber der nächste See, der **Bandak**, ist nahe! 600 m nach dem Ortsschild DALEN verlassen wir die >38< nach links, rollen auf der >45< Richtung HØYDALSMO zur Nordwestkante des Sees, wobei wir Ihnen einen Abstecher zum historischen Hotel "Dalen" (ausgeschildert) empfehlen.

200 m hinter dem Ortsendeschild, biegen wir rechts zum **Yachthafen**.

Kaum sind wir abgebogen, erblicken wir

Historisches Hotel "Dalen"

einen überdachten Grillstelle, an einem der Dachpfosten hängt ein 30 m langer Wasserschlauch – wir bedienen uns!

Toiletten, Dusch- und Waschräume findet man am linken Ende des Hafengeländes und natürlich Tische und Bänke direkt am Wasser. Dieser Service nicht nur für die vielen, vielen Freizeitkapitäne eingerichtet worden, sondern auch für WOMO-Touristen, die man nicht auf einen Campingplatz locken kann (Gebühr 150 NOK).

(34) WOMO-Picknickplatz: Dalen/Yachthafen

GPS: N59° 26' 42.8" E8° 01' 17.0"; Storvegen.   **Max. WOMOs:** 3-4.
Ausstg./Lage: Toiletten, Duschen, Tisch & Bank, Badestrand, Liegewiese; /Ortsrand.
Zufahrt: 200 m nach dem Ortsendeschild von Dalen auf der >45< rechts.

DALEN ist die Endstation des 130 km langen, berühmten **Telemark-Kanals**, der, in LANGESUND an der Nordsee beginnend, seit 1892 über 18 Schleusen die vier Binnenseen **Norsjø**, **Flåvatn**, **Kvideseitvatn** und **Bandak** verbindet und einen Höhenunterschied von 72 m überwindet. Wie wär's mit einer Bootchenfahrt?

Wir machen derweil einen kleinen Abstecher zur **Stabkirche** von EIDSBORG, das am weiteren Verlauf der >45< liegt – leider jedoch nicht auf gleicher Höhe wie der **Bandak-See**, ganz im Gegenteil! Die sieben Serpentinen, mit denen die Straße den fast senkrechten Hang erklimmt, sind nicht ohne! Dafür bekommt, zumindest der Beifahrer, einen herrlichen Blick über den See und den **Telemark-Kanal** geboten. Der Diesel schnauft bei 12 % Steigung ganz schön, und ich schalte Heizung und Gebläse an, um ihm die Arbeit zu erleichtern.

Nach der siebten (und letzten) Serpentine lockt uns ein Hinweisschild nach rechts zum Wanderparkplatz des **Lårdalstigen** (500 m ebener Schotterweg). Dort findet man nicht nur einen großen, ebenen, aussichtreichen Parkplatz, sondern auch den Beginn des genannten Wanderweges oberhalb des Bandak-Sees.

(35) WOMO-Wanderparkplatz: Lårdalstigen

GPS: N59° 27' 01.9" E8° 01' 34.5"; 468 m.   **Max. WOMOs:** 3-4.
Ausstattung/Lage: Wandertafel, Wanderweg/außerorts.
Zufahrt: Unmittelbar hinter dem Ortsschild von Eidsborg rechts.

1 km nachdem wir die Höhe gewonnen haben, weist uns ein braunes Hinweisschild nach links zur **Stabkirche** und zum **Vest-Telemarkmuseum** in der Nachbarschaft, für das gerade ein futuristischer Neubau entstanden ist.

Wir halten an der Mauer, die den **Parkplatz** (Camping verboten) vom Friedhof trennt [N59° 27' 53.5" E8° 01' 17.3"].

Die bereits um 1300 erbaute **Stabkirche** ist über und über mit sog. Spanschindeln bedeckt, die ihr das Aussehen eines urtümlichen Schuppentieres verleihen. Der Innenraum ist fast quadratisch und etwa 30 qm groß. Das unterste Pultdach überdeckt den Umgang, so dass auch im schneereichen Winter die Außenwände frei bleiben. Wir lassen bei unserem Rundgang den Blick über das Tal schweifen und entdecken einen kleinen **See** mit Badesteg. Wie kommt man dort hin?

Wir finden die Abzweigung schließlich 300 m vor der Stabkir-

Eidsborg; Stabkirche

che in einer scharfen Kurve bei »km 13,2«. Der **Badesee** bietet eine bunte Blumenfülle von Weidenröschen, Seerosen, Mädesüß und Fieberklee, einen kleinen Kinderspielplatz, einen Holzsteg und solch überraschend warmes Wasser, dass wir uns kaum trennen können (Camping verboten):

(36) WOMO-Badeplatz: Eidsborg/ Badeplatz
GPS: N59° 27' 44.8" E8° 01' 30.9"; Brynesteinvegen.
Max. WOMOs: 1-2.
Ausstattung/Lage: Bademöglichkeit, Badesteg, Tisch & Bank, überdachte Mehrfamiliengrillstelle, Kinderspielplatz, an der Zufahrt alte Wassermühle, Camping verboten/Ortsrand.
Zufahrt: In Eidsborg 300 m nach der Stabkirchenzufahrt links.

Wir turnen wieder nach DALEN hinab, bleiben auf der >45< Richtung VALLE, die Hauptrichtung

heißt Südwesten, schnaufen am gegenüberliegenden Berghang hinauf – DALEN hat seinen Namen wirklich zu Recht.

Diesmal sind es "nur" sechs "richtige" Serpentinen und auch höchstens 10 % Steigung, aber der Blick auf den immer weiter nach unten versinkenden See ist auch von der anderen Seite wunderschön. Bald sind wir wieder auf der botanisch besonders vielfältigen Höhe von 600 m, wo Laub- und Nadelwald sich mischen, wo ganze Felder von blühenden Weidenröschen die Landschaft rosaviolett verzaubern.

Grimdalstunet wird angezeigt, ein alter Bauernhof mit vielen, teilweise sehr alten Gebäuden. Die Bildhauerin Anne Grimdalen wuchs hier auf, ein Teil ihrer Skulpturen wird ausgestellt.

Bei »km 10,5« legt unsere Straße längsseits eines Flusses an und keine 300 m später finden wir einen sehr malerischen **Picknickplatz** links der Straße, direkt am Fluss, der uns über **Stromschnellen** entgegenschießt. Bei »12,7« überqueren wir den Fluss, davor können Sie nochmals parken, um das Naturwunder zu bestaunen.

Stromschnellen vor der Gaststätte Borsæ Kroa

Warten Sie bis »km 14,7«, bis zur **Gaststätte Borsæ Kroa**, dann haben Sie nicht mehr den Fluss neben sich, sondern den malerischen **Borsæ-See** und als Bild-Hintergrund eine Kette schneebedeckter Berge.

Der See endet, ein kleines Flüsschen begleitet uns. Direkt vor der Brücke, bei »km 16,5«, führt nach links ein schlaggelöcherter 300-m-Schotterweg zu idyllischen Plätzchen am Fluss.

(37) WOMO-Stellplatz: »km 16,5«

GPS: N59° 21' 58.8" E7° 47' 07.6"; Børsævegen.   **Max. WOMOs:** 2-3.
Ausstattung/Lage: keine/außerorts.
Zufahrt: bei »km 16,5« links vor einer Brücke in eine Sackgasse.

Blick vom Stellplatz »km 16,5«

Während wir durch die moorige Hochfläche eilen, rücken die Schneeflächen an den Hängen der Bergklötze immer näher auf uns zu – eine undurchdringliche Barriere?

Aber unsere Straße schwingt sich in einer eleganten Kurve zwischen ihnen hindurch, indem sie ganz einfach einem Flusslauf folgt, der sich kurz darauf zum **Tønnesvikvatn** verbreitert. Bei »km 23,4« ein weiterer **Rastplatz** links der Straße an seinem Ufer, zwei weitere kurz darauf, aber das Wasser macht selbst bei strahlendem Sonnenschein keine Lust zum Baden – es sieht nicht nur kalt aus, es **ist** kalt.

Ab Ende des **Tønnesvikvatn** müssen wir uns von der **Telemark** verabschieden, die Fylke **Aust-Agder** ist nun unser Gastgeber. Sie lässt es sich natürlich nicht nehmen, uns ebenfalls sofort mit einem See, dem **Store Bjørnevatn** zu begrüßen. Hier sind die Rastplätze am Ufer sogar geteert, aber das Wasser wirkt noch kälter als in der **Telemark**. Am Ende des Sees nochmals eine riesiger **Stellplatz** links.

(38) WOMO-Stellplatz: Store Bjørnevatn
GPS: N59° 20' 35.9" E7° 30' 58.2"   **Max. WOMOs:** > 5.
Ausstattung/Lage: keine/außerorts.   **Zufahrt:** siehe Text.

Dann macht die Straße einen weiten Bogen nach links, durch lichte Birkenwälder ziehen wir nun direkt nach Süden, zwischen den Baumstämmen steht das Wollgras in moorigen Wasserlachen, ein gewaltiger Wasserfall überrascht uns bei »km 10,6«.

Mit 7% Gefälle stürzen wir uns ins Tal. Aber nicht in ein "gewöhnliches" Tal, sondern ins **Setesdal**. Die Touristenmanager überschlagen sich fast mit Superlativen: "Eines der schönsten und wildesten Täler Norwegens", ja sogar "Märchental" liest man in den Prospekten.

Bis 1844 kam man nur zu Pferde durch die Wildnis, und erst 1938 wurde die Verbindungsstraße zwischen KRISTIANSAND und HAUKELIGREND fertiggestellt. Wir jedoch rollen auf bequemer Bahn nach Süden; was bietet das "Märchental" dem WOMO-Touristen?

Im **Setesdal** angekommen, werden wir nach links dem breiten, zwischen großen Felsklößen ruhig dahinströmenden **Otra-Fluss** folgen; unsere Rollbahn heißt dann >9<, unser nächstes Ziel VALLE. Genau an der Einmündung in die >9< kann man diese überqueren und auf einem Schotterweg am Fluss entlang holpern – ein bequemes Pausenplätzchen [N59° 14' 20.0" E 7° 28' 50.2"]!

3,8 km nach unserer Einmündung ins Tal erreichen wir **"Honnevje"**, den erste Picknickplatz mit malerischer Bademöglichkeit im aufgestauten Fluss (kurz nachdem unsere Straße den Fluss nach rechts überquert hat).

(39) WOMO-Badeplatz: "Honnevje"

GPS: N59° 13' 52.1" E7° 31' 50.5"; 360 m.　　　　　**Max. WOMOs:** 2-3.
Ausstattung/Lage: Bademöglichkeit, Liegewiese, Toilette, Tisch & Bank/außerorts.
Zufahrt: 3,8 km nach der Einmündung in die >9< links.

Im Bogen führt uns die >39< an VALLE vorbei, eine typische norwegische "Stadt", in der jedes Haus 50 – 100 m vom nächsten entfernt ist, offensichtlich die unverzichtbare Individualdistanz (Entsorgung beim Touristikamt).

Otra-Kaskaden bei Bø

2,5 km südlich von VALLE zweigt ein Sträßchen nach rechts ab Richtung BØ [N59° 11' 29.1" E7° 31' 14.1"]. Machen Sie sich das Vergnügen dieses 200-m-Abstechers! Dort zwängt sich der Fluss durch eine selbstgeschliffene, spiegelglatte und äußerst schmale **Klamm**. Man sollte kaum glauben, dass vernünftige Menschen in die Versuchung kommen könnten, sich den schäumenden Fluten auf dem rutschigen Fels weiter zu nähern, aber die aufgestellten Rettungsringe und viersprachige Warnschilder deuten gar deutlich darauf hin: „Achtung! Lebensgefahr! Gebirgsfläche ist glatt. Mehrere Personen sind ins Fluss gefallen!"

Kurz darauf ist der **Otra** schon wieder ganz friedlich, flach und breit, bildet Inseln, Schilffelder wachsen an den Ufern der Gleithänge. Das ganze Tal hat sich erweitert, Wiesen breiten sich aus, behäbige Bauerngehöfte liegen darin – die Talwände jedoch scheinen aus einem Stück Fels zu bestehen und sind zumeist völlig vegetationslos.

Der Fluss hat jetzt die Breite eines "mittleren" Sees, zwängt sich dann, zur Belebung, zwischen zwei Felswänden hindurch. An dieser Stelle überqueren wir ihn wieder, sehen rechts das

Gebäude des Wasserkraftwerkes "Otrakraft", gegenüber wartet ein kleiner Parkplatz [N59° 07' 35.5" E7° 30' 45.1"]. Von diesem aus sollte man 150 m zum Badeparadies "Marhyl" hinabstapfen (gucken Sie mal hin – es lohnt sich!).

800 m später entdecken wir das Hinweisschild: **Sylvartun**.

Dort, 12 km südlich von VALLE, sind nicht nur gepflegte, alte Holzhäuser aus der Zeit um 1670 zu besichtigen, sondern auch die Arbeit des **Silvarsmeds**, des Silberschmieds Torleiv Bjørgum. Er bewahrt die reiche ornamentale Tradition seiner Vorväter, die ins Mittelalter und in die Wikingerzeit zurückreicht. Alle Silberschmiedearbeiten haben als Ausgangsmaterial reinen Silberdraht und pure Silberplatten,

Beim Silberschmied Torleiv Bjørgum

die zu filigranen Kunstwerken zusammengefügt werden, deren Formenfülle unendlich zu sein scheint.

Aber nicht in erster Linie für Touristen wird das Erbe gepflegt! Die Setesdaler sind besonders traditionsbewusste Menschen, die Bauweise, Dialekt, Volkstänze, Trachten und Schmuck der Ahnen schätzen und schützen und deshalb großen Wert auf die Originaltreue bei den Broschen und Knöpfen des Trachtensilbers legen.

Wir kommen ins Gebiet der Gemeinde RYSSTAD mit dem **Camping Sølvgarden** [N59° 05' 28.8" E7° 32' 30.2"].

Gewaltige, nahezu senkrechte Felswände begrenzen das Ostufer unseres Flusses, eine Silberschmiede folgt der anderen am Wegrand. Woher werden sie jetzt ihr Silber beziehen, nachdem von **Kongens gruve** bei KONGSBERG weder Königs- noch Diebssilber mehr kommt?

Dann flachen sich die Berge links ab, sind wieder bewaldet, dafür richten sie sich rechts steil auf – wirklich eine abwechslungsreiche, eine naturbelassene Landschaft, die immer einsamer wird, je weiter wir nach Süden kommen. Kaum noch ein Bauerngehöft, ja nicht einmal mehr eine einsame "Stuga", ein Ferienhäuschen unterbricht das Grün der Wälder und Wiesen, sogar die Ortsschilder stehen einsam am Wegesrand.

9,5 km südlich RYSSTAD liegt links sehr schön der **Picknickplatz** "Hækni" [N59° 01' 05.7" E7° 33' 13.0"]. Ein ruhiges Übernachtungsplätzchen bietet kurz darauf die Kirche von AUSTAD.

Südlich MOI verbreitert sich unser **Otra-Fluss** zu einer Seen-kette, die die Namen **Åraksfjord**, **Sandnesfjord**, **Bjåfjord**, **Byglandsfjord** und **Årdalsfjord** tragen. Er rollt still zwischen seichten, sandigen Ufern dahin, und sofort bietet links der **Reiårsfossen-Campingplatz** [N58° 56' 31.2" E7° 41' 26.2"] seine Dienste an, ein zweiter folgt kurz darauf, ebenfalls sehr schön am Ufer gelegen.

Dort, wo der **Byglandsfjord** beginnt (Storestraum), schwingt sich unsere Straße auf einer neuen Brücke wieder auf die linke Flussseite hinüber. Daneben kann man vom **Picknickplatz** aus die alte Natursteinbrücke mit den Schleusentoren darunter begucken oder den begeisterten Blick über zwei malerische Seen schweifen lassen. Dabei entdecken Sie vielleicht den alten Straßenverlauf hinter der neuen Brücke rechts. Er führt zu einem paradiesischen Plätzchen in erhabener Lage über dem Seeufer:

Die Ortschaft BYGLAND ist die erste wieder etwas kompaktere Siedlung im Tal. In ihr liegt **Byglandtun**, ein museales Gehöft mit Gebäuden aus der Mitte des 17. Jahrhundert, ein Wohnhaus hat die Feuerstelle noch mitten auf dem Lehmboden, an ihm vorbei geht's zum **Badeplatz** mit Sandstrand.

Am **Byglandsfjord** wartet eine ganze Reihe von Picknickplätzen; so schön ihre Lage am Wasser ist, so nahe sind sie der Straße – weder blick- noch geräuschgeschützt. Besonders haben uns gefallen: die Plätze 1000 m hinter BYGLANDSFJORD sowie der **Stellplatz** 300 m südlich der Staumauer des **Årdalsfjords** – mit Toiletten, Informationstafeln und dem Blick auf die wilden **Kaskaden** der **Otra**, den **Syrtveitfoss**.

(42) WOMO-Picknickplatz: Syrtveitfoss

GPS: N58° 38' 29.6" E7° 48' 46.8"   Max. **WOMOs:** 3-4.
Ausstattung/Lage: Toilette, Tisch & Bank, Kaskadenblick/außerorts.
Zufahrt: 300 m südlich der Staumauer des Årdalsfjords.

100 m hinter dem Ortsschild von EVJE biegen wir links nach GAUTESTAD, außerdem ist "Mineralsti/Gruveomr." ange- zeigt. Sie können die Abzweigung nicht verfehlen, denn als markanter Punkt dient die auffällige, weiße Kirche von EVJE, deren großer, ruhiger Parkplatz [N58° 35' 55.2" E7° 49' 52.4"] auch etwas für übernachtungsmüde Durchreisende wäre.

Wir jedoch wollen dem **Setesdal** im wahrsten Sinne des Wortes "auf den Grund", ja genauer noch, in die Tiefe gehen! Seit Jahrhunderten wird hier nach den verschiedensten Erzen geschürft. Die Geologie der Landschaft ist so vielfältig, dass man in manchen Gruben über fünfzig (!) verschiedene Minera- lien gefunden hat, ein Eldorado für jeden Mineralien-Fan und eine reizvolle Abwechslung auch für Laien!

1600 m nach der Kirche, beim **Camping Odestemmen** [N58° 36' 03.1" E7° 50' 36.3"] weist uns der **Mineralsti-Wegweiser** nach rechts in ein schmales Sträßchen (Allmannavegen), das uns nach weiteren 800 m zum Parkplatz am Beginn des **Mineralienweges** führt. Dort, unmittelbar vor der Grube **Landsverk I**, stellen wir unser WOMO ab und schauen erst einmal einigen "Profis" bei der Arbeit zu. Der Besitzer der

Gruben und Erfinder des Mineralienweges hat einige LKW-Ladungen Gestein neben den Weg kippen lassen, in dem die "Steinsüchtigen" mit Hammer, Hacke und fachmännisch geschärftem Blick herumwühlen.

An der (leider bereits geschlossenen) **Info-Hütte** belehren uns Hinweiszettel über die Lage der verschiedenen Gruben (alles Tagebau) und deren Mineraliengehalt; Wanderwege sind auf einer Karte eingezeichnet; Tütchen liegen aus, wo man, falls man sammeln möchte, seinen Obolus einzuwerfen hat.

Wir kratzen auch ein bisschen an der Oberfläche des Geröllhaufens herum, bis sich ein Profi erbarmt und uns belehrt: „Die meisten Mineralien kommen nicht in Kristallform vor. Mineralien, die auf den ersten Blick nicht interessant aussehen, können bemerkenswerte Stücke sein!" Spricht's und zieht einen dunkelgrünen Brocken aus dem Sammelbeutel: „Amazonit mit Einschlüssen von Clevelandit!" Stolz schwingt in der Stimme mit. Da wir offensichtlich immer noch nicht begeistert genug gucken, schleppt er uns zu seinem PKW, faltet ein Tuch auseinander. Zum Vorschein kommt eine aufgebrochene Gesteinsdruse mit wunderschönen, wasserklar glitzerndem Kristallen. Wir sind endlich überzeugt: Morgen werden Mineralien gesucht!

Zunächst aber rangieren wir das WOMO auf den ebenen Platz unterhalb der Info-Hütte, essen gemütlich zu Abend, während die Mineraliensucher ihre schweren Funde zu den Autos schleppen und uns völlig allein mit den noch nicht gehobenen, tonnenschweren Schätzen in der Waldeinsamkeit zurücklassen.

(43) WOMO-Wanderparkplatz: Evje/Mineralsti

GPS: N58° 35' 52.9" E7° 51' 21.9"; 311 m.
Max. WOMOs: 2-3.
Ausstattung/Lage: Tisch & Bank, Mineraliensuchweg/außerorts.
Zufahrt: siehe Text.

Wer hier nächtigt, träumt sicher von Zwergen, die ihm den Weg zu den schönsten Kristallen ihres Reiches zeigen ....

TOUR 4 (230 km / 2 Tage)

Evje – Kristiansand – Mandal – Lindesnes – Farsund – Halbinsel Lista (Karte 4/2 siehe Tour 5)

Freie Übernachtung:	Kristiansand: Blokkhusgata, Stadion; Snik; Reme; Lindesnes Leuchtturm; Kvavik; Halbinsel Lista: 4 Badeplätze; Borhaug; Lista: Leuchtturm.
Campingplätze:	u. a. Mandal, Spangereid, Kvavik, Lunde.
Ver-/Entsorgung:	Kristiansand, Mandal, Spangereid.
Besichtigungen:	Kristiansand: Kirche, Festung; Mandal: Kirche; Lindesnes: Leuchtturm; Halbinsel Lista: NSG, Leuchtturm.
Baden:	Mandal: Sjösanden; Snig; Kvavik; Halbinsel Lista: 4 Plätze.
Wandern:	Evje: Mineralsti, Kristiansand: Ravnedal, Svarttjønn.

KARTE TOUR 4/1

Am nächsten Morgen, frisch gestärkt, erwandern wir den **Mineralsti**, marschieren von Grube zu Grube, von Geröllhaufen zu Geröllhaufen, suchen dort, klopfen da, mal glitzert es silbern, mal funkelt es golden, mal ist es schwarz glänzend, mal kristallklar durchscheinend – aber wir haben keine Ahnung, ob wir Gold oder Plunder in den Händen halten.

Gegen diese Unwissenheit ist ein Kraut gewachsen – es heißt **Setesdal Mineral Park** und wird zwecks besserer Unterrichtung unser nächstes Ziel sein!

Wir kehren zur >9< bei der Kirche von EVJE zurück, biegen links in die Hauptstraße ein. Sie führt zwischen dem breiten Fluss und dem Zentrum von EVJE weiter nach Süden. Die **Otra** wird mal wieder überquert, sofort dahinter sichten wir das Ortsschild von HORNES.

2500 m später kommen wir an der Abzweigung nach TONSTAD vorbei und biegen weitere 400 m später in den Parkplatz des Mineralparks ein (10-18 Uhr).

Die umfangreiche, 60.000 qm große Anlage bietet vieles: Man kann baden, man kann Bootchen fahren, angeln, und man soll natürlich auch sein Geld dort lassen! Dies gelingt am besten in der Eintrittshalle der Mineralienausstellung, dem Beginn von

Im Mineralpark

175 m künstlicher Grubengänge. Dort warten, wirklich perfekt präsentiert, die schönsten Mineralien und Kristalle Norwegens sowie des gesmten Weltkreises auf den staunenden Betrachter, daneben künstlerisch Bearbeitetes und altes Bergwerksgerät. In der Vorhalle kann man, je nach Umfang des Geldbeutels, einen kleinen Abglanz davon für den Hals oder das Handgelenk der Liebsten erwerben.

Perfekt organisiert, bietet der Mineralpark inzwischen auch einen feinen Bobilplatz mit V/E an, auf dem man kaum den gepflegten Golfrasen zu betreten wagt:

(44) WOMO-Stellplatz: Mineralpark

GPS: N58° 33' 02.7" E7° 46' 30.9"   **Max. WOMOs:** > 5.
Ausstattung/Lage: V/E, Wasserhähne, Bademöglichkeit, Hochseilklettergarten, Grillstelle, Gebühr: 150 NOK, Strom 30 NOK/außerorts bei Einzelgebäude.
Zufahrt: Links der >9< 1,5 km südlich von Evje (ausgeschildert).

Noch ganz geblendet von den Schätzen der Tiefe setzen wir unseren Weg nach Süden fort und entdecken 2 km später das Hinweisschild zu Europas längster Go-Cart-Bahn – wie wär's? Falls Muttern mehr als WOMO-Lenker spezialisiert ist – es gibt auch eine spezielle Kinderbahn!

Die **Otra** quillt über die "Grenze" nach **Vest-Agder**. Durch die abwechslungsreiche Landschaft aus steilen Felsen, dichten Wäldern und entlang einer Perlenschnur kleiner Seen mit hübschen **Picknickplätzen** nähern wir uns der Hafenstadt KRISTIANSAND; jedoch kein einziges, noch so kleines Kennzeichen lässt uns die Nähe des Meeres ahnen. Bis zuletzt rollen wir durch wilde Schluchten, werden begleitet von steilem Fels, durch den die Straße sich Bahn gebrochen hat.

Wir nähern uns KRISTIANSAND von Nordwesten. Kurz vor dem Zentrum überqueren wir die Bahnlinie und biegen unmittelbar dahinter links Richtung **Ravnedalen**. Nach 500 m kommt man an einen ruhig gelegenen **Parkplatz** [N58° 09' 15.2" E7° 58' 22.1"], umgeben von Felsen und Schattenbäumen, am Eingang zum **Ravnedalen-Naturschutzgebiet**.

Im NSG Ravnedalen

Der herrlich angelegte Naturpark schmiegt sich an eine hohe, senkrechte Felswand, Spazierwege, Ruhebänke, ein Teich mit

Springbrunnen, in dem die Kleinen planschen, Liegewiesen – hierher kommen die Einwohner von KRISTIANSAND, wenn sie Ruhe suchen.

Wir halten weiter aufs Zentrum von KRISTIANSAND zu, werden an einer automatischen Mautstation zur Kasse gebeten, unterqueren die >E 18<. Am Ende des Hafens biegen wir hinter dem Hotel **Caledonien** links in die **Østre Strandgate** ein; an deren Ende liegt die Schwimmhalle. Rechterhand davor sehen Sie den Yachthafen mit mehreren Wasserhähnen, **Toiletten** am rechten Rand, und noch weiter rechts thront auf einer kleinen Halbinsel im Hafenbecken die **Festung** Kristiansholm aus dem Jahre 1674, ein pittoreskes Schmuckstück, das auf kaum einer Ansichtskarte Kristiansands fehlt.

Festung Kristiansholm, WOMO-Stellplatz Nr. 45 markiert

Vom Festungswall selbst hat man einen herrlichen Blick über das Hafenwirrwarr und die Stadt, die Kinder versuchen währenddessen, sich gegenseitig von einer der acht alten Bronzekanonen hinabzuschubsen.

Aber ganz KRISTIANSAND ist sehenswert!
1641 wurde die Stadt von Christian IV. streng quadratisch angelegt, die Breite der Straßen ist auch heute noch die gleiche, und im nordöstlichen Teil des Quadrates findet man noch eine große Gruppe quadratischer Holzgebäude aus der Gründerzeit. Besuchen muss man natürlich die Domkirche aus dem Jahre 1885, die mit ihren 2000 Sitzplätzen eine der größten Kirchen Norwegens ist (offen: 9-14 Uhr).

Einen schönen Badeplatz mit Sandstrand hat KRISTIANSAND auch! Biegt man am Ende der **Østre Strandgate** rechts (Tangen), so kann man direkt hinter ihm parken [N58° 8' 50" E8° 0' 21"]. Für die Nacht fährt man weiter Tangen entlang bis zum Ende der kleinen Halbinsel mit den neuen Grünanlagen und schönem Blick über die Hafenanlagen (von 18-8 Uhr und sonntags keine Gebühr) .

(45) WOMO-Stellplatz: Kristiansand/Tangen
GPS: N58° 08' 39.5" E8° 00' 39.4"   **Max. WOMOs:** 3-4.
Ausstattung/Lage: Toilette, Bänke, Grünanlagen, Bademöglichkeit/Ortsrand.
Zufahrt: Am Ende der Østre Strandgate rechts (Tangen) bis zum Ende der Straße.

Wer eher die Ruhe der Natur sucht, biegt am Ende der **Østre Strandgate** links (Elvegata, überquert die >E 18< und folgt 300 m später dem Badeplatzsymbol "Lysløype" zum kleinen, abseits gelegenen, kostenlosen Parkplatz [N58° 9' 20.0" E7° 59' 18.0"], von dem aus wir links vorbei an einem Teich mit Seerosen zu dem herrlichen **Badesee Svarttjønn** mit Sandstrand, Schärenfelsen, Liegewiese usw. spazieren.

Kristiansand, Badesee Svarttjønn

KRISTIANSAND hat einen östlichen Stadtteil rechts des **Top-dalsfjords**. Überquert man ihn auf der >E 18<, findet man neben dem **Stadion** viele auch tags kostenlose, ruhige Übernachtungsplätze [**46:** N58° 08' 55.4" E8° 03' 51.0"; Maristien]. Wer im Schulatlas die Karte mit den Meeresströmungen aufschlägt, der entdeckt schnell, wie lieblich der warme Golfstrom die Südwestecke Norwegens zwischen KRISTIANSAND, STAVANGER und HAUGESUND umschmeichelt. Falls Sie also kleine oder große Kinder dabei haben oder sich gar selbst zu den Wasserratten zählen, dann sind Sie hier richtig, diese Ecke Norwegens ist zum Baden, Sonnen und Faulenzen geschaffen. Wir haben für Sie die schönsten Sandstrände gesucht (und gefunden), wo man sich ein WOMO-Paradies auch für mehrere Tage einrichten kann und haben auch einen Blick auf die am schönsten gelegenen Campingplätze geworfen:

Wir verlassen KRISTIANSAND auf der >E 39< nach Westen, passieren nach 1 km eine Statoil mit Autogas [N58° 08' 27.5" E7° 58' 31.1"], schwenken dann, nach 2 km, links in die >456< Richtung VÅGSBYGD ein, um ja keinen Kilometer Strand zu versäumen. Die Schärenküste ist vielgestaltig, ja malerisch, Stichstraßen (privat!) führen zu idyllisch gelegenen Ferienhäuschen am Ufer, davor dümpeln Bootchen und Jachten. Wir sichten zwar die Symbole für Badeplätze, finden aber nur Klippen, die ins tanghaltige Wasser führen. Nach genau 20 km treffen wir wieder auf die >E 39< – den Umweg hätten wir uns sparen können!

Wir werfen nun schon etwas fachmännischere Blicke auf die Autokarte: Hier, wo die Küstenlinie zerfetzt ist und unzählige Inselchen aus dem Wasser ragen, können wir keine Sandstrände erwarten. Wir müssen weiter im Westen suchen. So vertrauen wir uns der >E 39< an, die im weiten Bogen Richtung FLEKKEFJORD durchs Landesinnere zieht.

Es gibt aber zwei Gründe, von der >E 39< einen Abstecher nach MANDAL zu machen: Der erste ist die große, weiße **Holzkirche** im Empire-Stil, die größte Holzkirche Norwegens überhaupt. Der zweite Grund ist **Sjøsanden**, ein 900 m langer Sandstrand, der in ganz Norwegen berühmt ist.

Schwenkt man noch vor dem breiten Mündungstrichter des **Mandalselva** links (Mandal Øst) auf die >458<, so entdeckt man eine ganz neue **WOMO-Entsorgung** [N58° 01' 13.3" E7° 27' 46.5"].

Keinen Bedarf? Dann überqueren wir den **Mandalselva**, biegen am Kreisverkehr hinter der verglasten Fußgängerüberführung rechts; haben die Kirche zwischen den Holzhäusern schon gesichtet, holpern jedoch durch mehrere alte, gepflas-

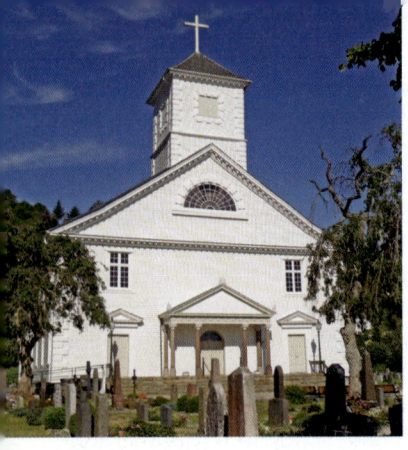

terte Seitenstraßen mit weiß gestrichenen Häuschen, bis wir vor dem Kirchhof parken. Die Kirche selbst ist verriegelt und verrammelt, so dass wir uns auf einen Rundgang beschränken müssen.

Am Kreisverkehr zurück folgen wir dem Campingsymbol, vorbei am Jachthafen – und stoßen auf eine Querstraße vor der Küstenpineta. Hier könnte man parken – müsste jedoch seine Klamotten hunderte von Metern zum Traumsandstrand schleppen.

Biegt man links (Wegweiser: Sjøsanden Ferietun), so kommt man zum östlichen Ende des Sandstrandbogens, wo man direkt neben dem Badestrand tagsüber kostenlos parken darf.

Mandal, Badeplatz Sjøsanden

Fährt man rechts und dann wieder links, so passiert man den **Campingplatz Sjøsanden** [N58° 01' 11.5" E7° 26' 22.1"] und landet auf dem Parkplatz [N58° 01' 11.7" E7° 25' 58.1"] des

kleinen Nachbarstrandes **Lillebanken**. Dieser liegt schön im Waldesinneren und zum Sandstrand ist es nicht weit. Aber von 23-6 Uhr mag man dort keine WOMOs, was wegen der Campingplatznähe auch verständlich ist. Den schönsten Platz hin-

ter dem Badeparadies nimmt jedoch der **Campingplatz Sjø-sand Leiren Camping** ein ....

Nachdem wir uns davon überzeugt haben, dass **Sjøsanden** seinen Ruf mit einer fast italienisch anmutenden Badegast-dichte bezahlt, setzen wir auf der >E 39< unseren Weg nach Westen fort.

Jedes Abenteurers Herz schlägt höher beim Gedanken an das **Nordkap**! Tausende und Abertausende haben inzwischen den kahlen Felsen auf der Insel **Magerøya** besucht – wer aber kennt schon das **Südkap**?

In VIGELAND verlassen wir die >E 39<, die Verkehrsplaner lassen uns eine Ehrenrunde durch den Ort drehen (viele ruhige Parkplätze), bevor wir nach Süden zum 27 km entfernten LINDESNES abzweigen können. Nach 5 km sichten wir in SNIK einen **Badeplatz** an einem schönen Sandfinger (am Wasser angekommen, biegt man links zum 100 m entfernten Parkplatz):

(47) WOMO-Badeplatz: Snik

GPS: N58° 03' 10.5" E7° 16' 15.8"   **Max. WOMOs:** 1-2.
Ausstattung/Lage: Sandstrand, Toiletten, Wasserhahn, Tisch & Bank, Volleyballfeld, Liegewiesen, Kinderspielplatz; Camping verboten/Ortsrand.   **Zufahrt:** siehe Text.

7 km weiter sichten wir links den nächsten **Sandbadeplatz** mit Rosenbüschen, Tisch & Bank sowie Toilette; der Ort heißt REME.

(48) WOMO-Badeplatz: Reme

GPS: N58° 03' 01.4" E7° 11' 37.8"
Max. WOMOs: 1-2.
Ausstattung/Lage: Sandstrand, Liege-wiesen, Bolzplatz, Grillstelle/Ortsrand.
Zufahrt: siehe Text.

Bei SPANGEREID passieren wir eine malerische Sand-

bucht, die vollständig von zwei **Camping-plätzen und einem Golfplatz** besetzt gehalten wird. Wir merken uns für später die Abzweigung nach LYNGDAL und entdecken bei der Weiterfahrt zum Südkap eine **WOMO-Entsorgung** bei der Best-Tankstelle [N58° 02' 42.9" E7° 08' 26.3"].

Lindesnes fyr – der weißrote Leuchtturm von LINDESNES auf rundlichen, rotbraunen Felsklößen markiert den südlichsten Punkt Norwegens – Grund genug, das Gelände um ihn herum einzuzäunen und Eintritt zu verlangen (dafür bietet man einen schönen Blick vom Leuchtturm (winddichte Jacke!), ein Café, ein feines Museum, das die Entwicklung des Leuchtfeuerwesens schildert und viele beleuchtete Bunker der Wehrmacht, in denen man herumkrabbeln kann). Der Leuchtturm-Parkplatz ist groß und eben, vier aussichtsreiche Rundwanderwege starten dort:

(49) WOMO-Stellplatz: Lindesnes fyr

GPS: N57° 59' 04.8" E7° 02' 54.8"   **Max. WOMOs:** >5.
Ausstattung/Lage: Gaststätte, WC, Wanderwege/außerorts.   **Zufahrt:** siehe Text.

Falls in Ihnen jetzt der Wunsch nach dem **Nordkap** übermächtig wird: Nichts leichter als das – nur immer nach Norden, genau 2518 km; zu unserem alternativen WOMO-Nordkap (siehe Nord-Norwegen-Band) sind es gar 2815 km.

Wir fahren auch nach Norden, aber nur 12 km zurück bis SPANGEREID. Dort schwenken wir nach links ab, überqueren die Nahtstelle zwischen dem zum Meer hin offenen **Grøns-fjord** und dem **Lenefjord** Richtung LYNGDAL, wo wir wieder links in die >43< nach FARSUND einschwenken wollen. Dort lassen uns mehrere **B** auf der Karte und eine "glatte Küstenli-nie" auf schöne Sandstrände hoffen.

Wie gesagt, in SPANGEREID biegen wir links Richtung LYNG-DAL und haben nach wenigen Metern den **Lenefjord** neben uns. Dieser ist ein sogenannter Schwellenfjord, das heißt sein Wasser hat wegen einer Bodenwelle nur einen geringen Aus-tausch mit dem Meerwasser. Hier vermehrt sich manchmal, dann jedoch besonders rasch, eine mikroskopisch kleine Grün-algenart, die ihm den Beinamen **Grüner Fjord** eingebracht hat. Und es stimmt wirklich – das Wasser ist so unnatürlich grün, als hätte man mit Farbe nachgeholfen. Die an seinen Hängen wuchernden, nadelgrünen Wälder jedenfalls bilden geradezu einen Farbkontrast zum "Grünalgengrün".

Eine hohe Brücke trägt uns hinüber über die Verbindungsstelle zwischen den beiden Fjorden. Ja, hoch ist die Brücke wirklich, und auch breit genug für Ihr WOMO, doch als Gegenverkehr dürfen Sie sich nicht mehr als einen Fahrradfahrer wünschen. Wir schneiden eine Halbinsel ab, turnen in Serpentinen über ihren Hügelrücken, rollen hinab zum **Rosfjord**. Bereits bei der Talfahrt entdecken wir im Scheitelpunkt des Fjords einen schönen, goldgelben Sandstrand, vollbepackt mit Wohnwagen und WOMOs – logischerweise handelt sich um einen, nein zwei Dauercampingplätze sowie die **Badelandschaft Sørlandsba-det**, hinter der wir nach rechts Richtung KVAVIK abzweigen. Nach gut 1000 Metern erreichen wir den **Lyngdalsfjord** und treffen auf die >43<. Links geht es Richtung FARSUND. Schwenkt man jedoch nach rechts und zwischen dem **Cam-pingplatz Kvavik** [N58° 08' 02.9" E7° 02' 16.8"] und einer Tankstelle wieder links, so entdeckt man hinter der Pineta eine Unzahl von freien Parkplätzen – und davor einen goldenen Sandstrandbogen, der sich vor dem von **Sjøsanden** nicht zu verstecken braucht!

---

(50) WOMO-Badeplatz: Kvavik/Lyngdalsfjord

GPS: N58° 08' 20.7" E7° 01' 58.6"; Sandveien.   **Max. WOMOs:** >5.
Ausstg./Lage: Sandstrand 100 m, Toiletten, Mülleimer, Gaststätte/Ortsrand.
Zufahrt: Am Ortsbeginn von Kvavik hinter dem Campingplatz links.

Badeplatz Kvavik/Lyngdalsfjord

Wir setzen unsere Fahrt Richtung FARSUND fort. Auch hier war das Fjordende die einzige Stelle, wo sich feiner Sand ansammelte. An den Flanken fallen die Berge, wie es sich nun mal für Fjorde gehört, nahezu senkrecht ins Wasser hinein, beenden ihre "Talfahrt" erst in hunderten von Metern Tiefe. Kaum, dass man einst für die Straße eine schmale Kante in den Fels hacken konnte, jetzt durchbrausen wir flott neue Tunnel. FARSUND wird über eine weite Brücke erreicht, wir bleiben auf der >43<, bis wir am Ortsende nach links Richtung LUNDE/ Lomsesanden abzweigen (was sich ja nicht schlecht anhört!). In LUNDE biegen wir links – und halten nach 1500 m an einem Prachtstrand: Zwischen die Felsen hat das Meer gewaltige Mengen von Sand geworfen, so dass eine ganz eigentümliche, vor den Gewalten der Stürme geschützte Dünenbadeland- schaft entstanden ist, hinter der eine Reihe von leeren (!) Parkplätzen auf WOMO-Urlauber wartet. 800 m weiter liegt der **Camping Lomsesanden** [N58° 04' 02.3" E6° 47' 47.5"]. Wir erkundeten die gesamte Südküste der Halbinsel Lista, ent- deckten eine ganze Reihe von wunderschönen Badeplätzen; die Zufahrt zu den besten wollen wir Ihnen jetzt beschreiben:

(51) WOMO-Badeplatz: Lomsesanden
GPS: N58° 04' 09.0" E6° 46' 52.7"; Loshavnveien.
Max. WOMOs: 2-3.
Ausstattung/Lage: Sandstrand 100 m, Mülleimer, Info-Tafel NSG/außerorts.
Zufahrt: In Lunde links Rtg. Campingplatz, nach 1500 m rechts der Straße.
Hinweis: Geräusche einer nahen Fabrik.

(52) WOMO-Badeplatz: Havika

GPS: N58° 04' 04.9" E6° 43' 43.5"   **Max. WOMOs:** 2-3.
Ausstattung/Lage: Sandstrand 100 m, Toilette, Mülleimer, Info-Tafel NSG/außerorts.
Zufahrt: Durch Lunde weiter Richtung Vanse. 3 km nach der Abzweigung Lomsesanden links (Wegweiser: Havik) und noch 900 m bis zum Parkplatz.

(53) WOMO-Badeplatz: Nesheim/Trabrennbahn

GPS: N58° 04' 26.3" E6° 40' 32.9"   **Max. WOMOs:** 2-3.
Ausstattung/Lage: Sandstrand 100 m, dort Tisch & Bank, Info-Tafel NSG/außerorts.
Zufahrt: Durch Lunde bis Vanse, dort links auf der >43< Rtg. Lista fyr, dem Leuchtturm an der Südwestecke der Halbinsel. Nach 2,6 km links nach Nesheim und nach 500 m rechts in einen Schotterweg (Wegweiser: Travbanen). Hinter den Dünen und der Pinela 800 m bis zum großen Parkplatz neben der Trabbahn (windgeschützt). Wenige Schritte durch die Dünen zum Sandstrand.
Hinweis: Zufahrt als "privat" gekennzeichnet; Benutzung auf eigene Gefahr, WOMO-Camping verboten.

Wir kehren zur >43< zurück und setzen unseren Weg nach Westen fort. Bereits 500 m später zweigt eine Straße nach ØSTHASSELSTRAND ab. Diese Abzweigung können Sie sich sparen, denn sie führt nur zu einem kleinen Fischerhafen mit Geröllufer. Für ein einzelnes WOMO findet sich nach 2,5 km auf der >43< (scharf links einbiegen) ein weiteres Plätzchen am Sandstand.

Nach 3 km seit dem Trabbahnabstecher, unmittelbar vor den ersten Häusern von BORHAUG, liegt links, unterhalb der Straße, ein Parkstreifen am Rande der Dünenpineta. Hier haben sich einige Surfer eingenistet, und sie bestätigen jedem gern, dass (fast) immer eine prächtige Brise weht.

(54) WOMO-Badeplatz: Nordhasselvika

GPS: N58° 05' 26.7" E6° 36' 48.6"; Postveien.   **Max. WOMOs:** 2-3.
Ausstattung/Lage: Sandstrand 100 m, Toilette, Wasserhahn, Mülleimer, Info-Tafel NSG/außerorts.
Zufahrt: Nach 3 km seit dem Trabbahnabstecher unmittelbar vor Borhaug links.

Auch am schönsten Badeplatz braucht man etwas zu futtern. Fangfrischen Fisch erhält man, wenn man in BORHAUG links zum **Borshavn** abzweigt. Am rechten Ende des kleinen **Fischereihafens**, in dem auch Jachten ankern, steht ein graues Gebäude – und nebenan finden Sie einen praktischen Wasserschlauch, wo Sie nicht nur Ihren Tank füllen, sondern die direkt vom Kutter gekauften Fische auch gleich waschen können (außerdem Toilette, Warmwasser und Entsorgungsmöglichkeit).

(55) WOMO-Stellplatz: Borhaug/Borshavn

GPS: N58° 06' 02.3" E6° 34' 56.2"; Strandveien.   **Max. WOMOs:** 3-4.
Ausstattung/Lage: Toilette, Ver-/Entsorgung, Fischverkauf am Kutter, warme Dusche, Tisch & Bank, Stromanschluss, Kiosk, Kinderspielplatz/im Ort.
Zufahrt: In Borhaug links, Wegweiser: Borshavn.

Der freundliche Fischverkäufer

Sie möchten sich einen Überblick über das Badeparadies **Lista** verschaffen? Dann rollen Sie mit uns die letzten 1500 m bis zum Leuchtturm **Lista fyr** an der Südwestecke der Halbinsel. Er ist mindestens genau so schön wie der von LINDESNES, und der Empfang ist wesentlich freundlicher: Ein gemütlicher Parkplatz mit Sitzbänken und norwegischer Fahne erwartet uns, ein feiner, kleiner Spazierweg führt zum Turm aus dem Jahre 1852, und dort steht folgende Begrüßung an der Tür:

Das königliche Ministerium des Leuchtfeuerwesens hat bestimmt, dass Besuche von Fremden unter folgenden zwei Bestimmungen gestattet sind:
1. Der Leuchtfeuermeister hat die Erlaubnis gegeben.
2. Jede Person hat 10 Kronen bezahlt (in der Hauptsaison 20 NOK).
Zutritt ist ohne weiteres gegeben, wenn die Tür auf ist (meist nur 12 - 16 Uhr). Wünschen Sie den Turm zu besuchen, legen Sie bitte 10 Kronen in die Büchse der Rettungsgesellschaft. Der Leuchtturm hat 137 Stufen, die Höhe des Lichtes über das Meer 39,5 Meter, Lichtbreite 17,5 nautische Meilen, Lichtstärke 1.226.000 Heffner-Lichter.

Der Direktor des Leuchtfeuerwesens

Wir zahlen gerne den geringen Betrag für das Rettungswesen, schnaufen empor und begeistern uns am Blick über alle Sandstrände, die wir entdeckt haben. Auch Unerwartetes, Unerklärliches sichten wir am Fuße des Leuchtturmes, aber wir müssen ja nicht alles verraten ....
Welches der schönen Lista-Plätzchen werden Sie sich wohl für ein paar Sonnenruhetage aussuchen? Als Übernachtungsplatz haben wir uns **Borshavn** ausgewählt!

(56) WOMO-Picknickplatz: Lista fyr

GPS: N58° 06' 33.9" E6° 34' 08.0"; Fyrveien   **Max. WOMOs:** 2-3.
Ausstattung/Lage: Toilette, Liegewiese, Tisch & Bank, Ausstellung/außerorts.
Zufahrt: Von Borhaug noch 1500 m nach Westen.

TOUR 5 (170 km / 1-3 Tage)

Borhaug – Varnes – Flekkefjord – Egersund – Ystebrød – Eigesvatn – Hellvik – Ogna – Refsnes

Freie Übernachtung:	Penne; Varnes; Flekkefjord: Badeplatz Grønnes; Åna-Sira; Helleren; Hellvik: Badesee; Revsnes: Badeplatz.
Campingplätze:	u. a. Egersund, Ogna, Brusand.
Ver-/Entsorgung:	u. a. Borhaug.
Besichtigungen:	Penne (Steinritzungen), Varnes (Westwall), Helleren, Ruggestein, Eigerøy fyr, Sirevåg, Nordsjøveg.
Baden:	Flekkefjord, Hauge, Istebrød, Eigesvatn, Hellvik, Refsnes.
Wandern:	Varnes, Eigerøy fyr, Eigesvatn, Hellvik.

KARTE TOUR 4/2+5

Zugegeben, wir hätten Sie auch nur wegen der traumhaften Sandstrände nach **Lista** geschleppt. Bei unseren Recherchen entdeckten wir jedoch noch eine ganze Reihe weiterer Sehenswürdigkeiten, die Ihnen den Aufenthalt abwechslungsreicher gestalten sollen.

Zunächst einmal sind die gesamte Dünenlandschaft und einige Flächen im Landesinneren Natur- oder Landschaftsschutzgebiet, in denen vor allem hunderte von Vogelarten durchziehen oder gar brüten. Im Gebiet rings um den **Leuchtturm** zählte man bereits 225 verschiedene Vogelarten, vor allem Enten und Sumpfvögel, Watvögel, Seeschwalben und Möwen.

Seltene, an den Salzgehalt des Bodens angepaßte Pflanzen gedeihen in den Dünen, allen voran die in Norwegen nur an zwei Stellen vorkommende Stranddistel.

Lista mit seinem milden Klima ist seit der Steinzeit besiedelt. Bei PENNE fand man steinzeitliche Siedlungsreste, **Felsritzungen** aus der Bronzezeit sowie Grabfelder und Gehöftegrundmauern aus der Eisenzeit!

Nichts wie hin?

In BORHAUG biegen wir (vom Leuchtturm kommend) links auf die >463< Richtung ORE. Gute 2 km später verlassen wir sie nach links Richtung STAVE, und genau 2000 m später stehen wir wieder an einer Gabelung (ab hier Schotterstraße), folgen nach links dem weißen Schild mit dem Blumenkohlsymbol: **Penne 0,6 km**.

Menschen in Norwegen während der Eiszeit? Bedeckten da nicht gewaltige Gletscher das Land? Richtig – aber nicht überall! **Lista** zum Beispiel blieb eisfrei und wurde zum Rückzugsgebiet unserer steinzeitlichen Vorfahren, um so mehr, als sich, von der See umgeben, auch günstige Lebensbedingungen für Wild und Vögel boten; für eine reichhaltige Speisekarte war also auch gesorgt.

(57) WOMO-Wanderparkplatz: Penne

GPS: N58° 07' 52.0" E6° 36' 39.7" **max. WOMOs:** 2-3.
Ausstattung/Lage: Steinritzung, Wanderwege/außerorts.
Zufahrt: In Borhaug Richtung Ore, nach 2 km links Richtung Stave, dann links.

Vom ebenen und ruhigen **Parkplatz Penne** marschieren wir dreihundert Schritte bis zu einem schräg zum Meer hin geneigten Felsblock, entdecken Grabhügel und rot eingefärbte Felszeichnungen, die ungefähr ein Dutzend mehrfach bemannte Schiffe darstellen, davon einige, typischerweise, unvollendet; dazwischen immer wieder kleine, halbkugelige "Fingernäpfchen".

Die Schiffe, so nehmen wir an, wurden bereits in frühester Zeit für den Fischfang verwendet, wofür sonst!? Erst später, als der Mensch sich weiter entwickelt hatte, kam er auf den Gedanken, eiserne Schiffe zu bauen und

Nordberg Fort; Teil des deutschen Westwalles, Flakstellung

sie mit Kanonen zu bestücken, um andere Menschen zu bekriegen.
Im II. Weltkrieg kamen die Schiffe der Deutschen. Sie eroberten das Land und mussten sofort Festungen bauen, um sich ihre Beute nicht wieder abjagen zu lassen – der Atlantikwall von Nordnorwegen bis Spanien entstand.
Auch Listas Nordwestecke wurde ausgehöhlt, Stellungen wurden betoniert, Tunnelgänge und Bunker ausgehoben – **Nordberg Fort** und **Varnes Fort** entstanden.

Zu **Nordberg Fort** kann man von Penne aus in einem kurzen Spaziergang weiterstapfen (oder bei der letzten Straßenkreuzung hinauffahren). Im neuen Museum wird die Ausdehnung und Bedeutung der umfangreichen Verteidigungsstellungen erläutert.

Es ist ein regnerischer Morgen, als wir an der Westküste weiter nach Norden fahren. Wolken hängen an den moosbedeckten Felsen, Schafe stehen auf den nassen Wiesen, die durch Steinmäuerchen voneinander getrennt sind. Unterhalb der Straße ragen rundliche Fladen aus dem Grün – erste Bunker. Das miese Wetter trägt nicht gerade dazu bei, unsere Stimmung zu verbessern (der kleine See mit Parkmöglichkeit an seinem Ende nach 5 km wird lediglich registriert).

Kurz bevor wir an der Nordwestecke der Halbinsel auf HESKE-STAD stoßen, folgen wir links dem Wegweiser: **Vigan 4 km**. Auf schmaler, aber guter Erdpiste erreichen wir nach 2,6 km ein Viehgatter; direkt dahinter könnte man wenden und parken. Wir rollen noch 400 m weiter bis zum übernächsten Parkplatz.

(58) WOMO-Wanderparkplatz: Varnes

GPS: N58° 10' 27.9" E6° 38' 13.8"
max. WOMOs: 2-3.
Ausstattung/Lage: Wanderweg zum Fort/ außerorts.
Zufahrt: Von Penne Richtung Heskestad, kurz vorher links (ausgeschildert).

Varnes; Teil des deutschen Westwalles; Kanonenkasematte

Fahren Sie auf keinen Fall weiter! Der Weg führt nun steil hinab, wird geröllig und rutschig. Zu Fuß (Taschenlampe mitnehmen!) sind es nur 8 min. bis zur zweiten Rechtskurve, wo uns wieder das Hinweisschild **Varnes** und rote Pfeile nach links auf einem Pfad in weiteren 5 min. durch den Hangwald bis zum **Fort** leiten.

Der Text der Info-Tafel dort lautet kurzgefasst:

„Die Stellung hatte vier 10,5-cm-Kanonen mit 16 km Reichweite und einer Schussgeschwindigkeit von 5 Schüssen/Minute. Zwei der Kanonen (von denen noch eine erhalten ist) standen in Kasematten und in dem Hügel war eine große Tunnelanlage, die u. a. mit dem Kommandoturm in Verbindung stand. Die Stellung war ein winziges Stück des Westwalls, den die Deutschen ab 1940 vom nördlichen Eismeer bis zu den Pyrenäen bauen ließen, um sich gegen eine alliierte Invasion zu sichern. An der norwegischen Küste allein ließen sie etwa 300 Geschützstellungen bauen, hier in Varnes wurden 150 russische Kriegsgefangene und norwegische Freiwillige eingesetzt. Die Arbeit dauerte bis zum Kriegsende. Das Fort wurde nie in Kampfhandlungen verwickelt, die etwa 100 Soldaten hielten nur Übungsschießen ab.
Die Anlage darf als ein düsteres Andenken stehen bleiben. Das Volk, das seine Geschichte vergisst, ist dazu verurteilt, sie wieder aufs Neue zu erleben."

Wir stehen im Regen und schämen uns!
Böen und Schauer begleiten uns zurück zur Abzweigung. Wenige Meter nach links sind es bis HESKESTAD, und kurz danach biegen wir links in die Teerstraße Richtung GJERVOLLSTAD/KVINESDAL. Es stört uns nicht sehr, dass aus dem Teer nach 5 km wieder glitschige Erde wird, das WOMO sieht schon lange wie eine Sau aus, die sich im Schlamm gewälzt hat.
Einige Blicke auf den **Eidsfjord** sind gestattet, dann queren wir hinüber zum **Framvaren**, einem weiteren, 180 m tiefen

Blick auf den Schwellenfjord Bramvaren

Schwellenfjord, dessen Sauerstoffgehalt in der Tiefe so niedrig ist, dass Prozesse ablaufen, die der Entstehung des Erdöls gleichen – als ob die Norweger nicht schon genug davon hätten! Wem die anaeroben Vorgänge unter Wasser schnuppe sind, kann um so mehr den Blick über die steile Fjordlandschaft genießen.

Bei GJERVOLLSTAD kommen wir auf die >465<, auf die wir nach links Richtung KVINESDAL einmünden. Fast 25 km Erdbahn haben wir hinter uns, und die WOMO-Heckscheibe ist ungefähr noch so durchsichtig wie ein Duschvorhang. Aber nach vorn sieht alles frisch gewaschen aus, auf breiter Bahn kann ich mich wieder bequem zurücklehnen und mich am pausenlosen Wechsel der Landschaft erfreuen: Mal Fels, mal Wald, mal See, mal Fjord, diese einmalige norwegische Komposition.

KVINESDAL liegt im "Dal", Pardon, im Tal und auch noch am äußersten Nordostende des Fedafjords. Diese Fjordumrundung erspart uns eine neue Tunnel-Brücken-Kombination, in deren Rahmen auch, so ganz nebenbei, der Verlauf der >E 39< verlegt wurde.

Nach 5,8 km auf der >465< können wir bereits in die neue Trasse der >E 39< einschwenken, rauschen durch den Teistedalstunnel und über die gigantische Fedafjordbrücke, ein weiterer Tunnel führt am Örtchen FEDA vorbei, nur einen kurzen Blick können wir werfen auf die weiße Kirche und die vielen Bootsschuppen und Warenspeicher, die die Flussufer säumen; auch der weitere Streckenverlauf ist von Tunneln gespickt.

Nach 15 km auf der >E 39< schwenken wir auf die >44< nach

FLEKKEFJORD ab. 300 m nach dem Ortsschild kurven wir um die Statoil-Tankstelle herum und halten auf die beiden Badeplätze **Rauli** und **Grønnes** zu. Es geht steil bergauf, nach 700 m rechts (Grønnes) wieder steil hinab und nach weiteren 800 m stehen wir neben einer kleinen Festungsanlage mit fünf Kanonen am Badeplatz.

(59) WOMO-Badeplatz: Flekkefjord/Grønnes

GPS: N58° 17' 16.6" E6° 39' 32.4"   **max. WOMOs:** 2-3.
Ausstattung/Lage: Sandstrand, Liegewiese, Sprungturm, Spielplatz, Imbissbude, Toiletten, Wasserhahn, Duschen, Tisch & Bank/außerorts.   **Zufahrt:** siehe Text.

Badeplatz **Rauli** etwas weiter vorn im Fjord brauchen Sie nicht anzufahren, man muss das WOMO weit oben einsam an der Straße stehen lassen und steil den Hang hinabstiefeln.

Zurück an der Statoil-Tankstelle findet man links davon reichlich Parkraum bei den Supermärkten vor dem Jachthafen.

Von FLEKKEFJORD gibt es zwei Straßen Richtung STAVANGER: a) Die >E 39< durchs Landesinnere und b) die >44< in Küstennähe (der wohl malerischste Abschnitt des **Nordsjøvegs**). Wenn immer Ihre Zeit es erlaubt, sollte Sie die >44< nehmen (Sie verpassen sonst etwas).

Hier beide Tourenbeschreibungen:

a) >E 39<: Am Nordufer des **Lundevatn** überschreiten wir die Grenze nach Rogaland. Das Seeufer ist felsig-steil, wir rauschen durch eine ganze Reihe von Tunnels, die uns die Sicht auf den See versperren. Aber Bade- oder Picknickplätze sichten wir auch in den "oberirdischen" Passagen nicht, wie überhaupt die ganze Strecke bis zur Abzweigung nach EGERSUND keine bemerkenswerten Sehenswürdigkeiten liefert.

Genau 67 km vor STAVANGER verlassen wir die >E 39<, biegen links auf die >42< nach EGERSUND, um von dort ebenfalls den **Nordsjøveg >44<** nach STAVANGER zu nehmen – ein "Umweg" von nur 27 km, der uns jedoch zu den

ausgedehntesten Sandbadestränden Norwegens führen wird.
b) >44<: Vom **Badeplatz Grønnes** kommend biegen wir an der
Statoil-Tankstelle links auf die >44<, durchqueren das hübsche
FLEKKEFJORD mit seinen weißen Holzhäusern, dann steigt
die Straße den Hang hinauf (auch im weiteren Verlauf haben
wir kaum Meereskontakt). Aber das bedauern wir keine Sekunde, denn die Strecke ist offensichtlich von einem begabten
Tourismusmanager geplant worden! Bereits nach 5 km und 7,5
km passieren wir die ersten Seen, in denen steinerne Wale
schwimmen und als Badeinseln fungieren.

Steile Felsen, Birkenwälder; nach 13,5 km der **Botnevann** mit
schönem **Picknickplatz** [N58° 16' 50.0" E6° 28' 52.7"].
Dann nimmt uns die Dramatik der Landschaft total in Anspruch:
Das Sträßchen irrt in Kurven und Serpentinen zwischen gewaltigen Felskolossen umher, der **Montserrat** in Katalonien fällt
uns ein. In ÅNA-SIRA haben wir uns zum Meer hinabgewun-
den, unmittelbar hinter der schmalen Metallgitterbrücke über
den gleichnamigen Fluss ruhiger **Stellplatz** bei der Kirche,
100 m weiter kann man links zu weiteren Stellplätzen direkt an
der Mole fahren.

(60) WOMO-Stellplätze: Ana-Sira
GPS: N58° 17' 36.5" E6° 26' 33.6"; N58° 17' 29.5" E6° 26' 15.8" **max. WOMOs:** je 2.
Ausstattung/Lage: Toiletten, Wasserhahn, Bank, Mülleimer/Ortsrand.
Zufahrt: In Ana-Sira links zur Kirche oder 100 m weiter zum Kai.

Wieder schwingen wir uns hinauf in das Felsenmeer, darin ein
kleiner See mit Picknickplatz, ein zweiter, ein dritter ...
In Schleifen hinab zum **Jössingfjord**. In seinem Scheitelpunkt

Auf der >44<, dem Nordsjøveg, hinter Ana-Sira

Auf der >44<, dem Nordsjøveg, Blick hinab auf Jössingfjord

zeigt ein Wegweiser zu "Helleren". Es handelt sich um zwei alte Häuschen aus dem 17. Jh., die man direkt unter die überhängende Felswand setzte. So klein die Häuschen sind, so riesig ist das Parkplatzangebot:

(61) WOMO-Picknickplatz: Jössingfjord/Helleren
GPS: N58° 19' 39.4" E6° 21' 08.7"
max. WOMOs: >5.
Ausstattung/Lage: Tisch & Bank, Infotafeln, Toilette, Mülleimer/außerorts. **Zufahrt:** s. Text.

Auf der >44<, dem Nordsjøveg, hinter Jössingfjord, durchbohrter Berg

Wieder hinauf, der dickste Felskloß ist tunneldurchbohrt, hinab nach HAUGE.

Kurz vor dem Dörfchen geht's rechts zum Badeplatz **Linepollen** und zum **Wackelstein Ruggestein**. Den idyllischen Badeplatz bzw. seinen Parkplatz erreicht man nach 1200 m.

(62) WOMO-Badeplatz: Hauge/Linepollen

GPS: N58° 20' 54.4" E6° 19' 53.9"   **max. WOMOs:** 2-3.
Ausstattung/Lage: Mülleimer, Badesee 200 m, dort Toilette, Tisch & Bank/außerorts.
Zufahrt: Vor Hauge rechts (ausgeschildert).

Zum **Ruggestein**, einem 60-to-Riesenfelsklotz, der sich wahrlich in gemütliche Schwingungen versetzen lässt, sind es weitere 700 m auf einer (sehr schmalen) ehemaligen Bahntrasse (Spaziergangsempfehlung!).

Von HAUGE bis EGERSUND erlebt das Naturschauspiel einen zweiten Akt: Wieder Riesenfelsklöße, dazwischen liebliche Seen und zwei **Picknickplätze** zum Verweilen, Schauen und Staunen; an der Küste entlang rollen wir in das Hafengebiet von EGERSUND ein (viele kostenlose Parkplätze, Wasserschlauch beim Taxistand, Info-Bude, Hafenservice-Center neben dem großen Zelt mit WC/Dusche/Waschmaschine).

Von EGERSUND bekäme man nicht viel zu sehen, denn die >44< streift nur den Ortskern. Dabei ist das hübsche Städtchen unbedingt einen Bummel wert, auch das **Dalane-Volksmuseum** und das **Fayence-Museum** sind zu empfehlen!

Nachdem wir den Ortsrand passiert haben, treffen wir auf die alternativen E-39-Fahrer, verlassen für einen Abstecher auf die **Insel Eigerøya** die >44<, rollen auf der >502< durch einen Tunnel, über eine Brücke, biegen dahinter rechts nach YSTEBRØD.

Die Insel hat etwa das Aussehen eines auf dem Kopf stehenden **U**, also Hufeisenform. Im Inneren des Bogens liegt YSTEBRØD, und davor finden wir einen Strand, ein Plätzchen, sage ich Ihnen, das nicht nur einen Abstecher von genau 4300 m seit der Inselbrücke wert gewesen wäre.

Ystebrød, Badeplatz Skadbergsanden

Platzbeschreibung von Skadbergsanden [N58° 27' 26.3" E5° 54' 43.3"]: Großes Parkgelände hinter Liegewiesen, durch buschige Kiefern unterteilt, davor Dünen mit wunderschönem Sandstrand, blaues Wasser. Die ganze Bucht umgeben von Schäreninselchen, die wie Krokodile im Wasser liegen; neben dem Platz eine Mini-Golf-Anlage, Toiletten, Mülleimer – und das Ganze verunziert mit einem großen Wohnmobil-Verbotsschild.
Wir lassen uns nicht ärgern und genießen ausgiebig die angenehme Wassertemperatur (knapp 20°C).
Wer hier ungestört seine Zelte aufschlagen möchte, der findet 300 m und 500 m weiter offizielle WOMO-Stellplätze.

(63) WOMO-Stellplätze: Skadbergsanden

GPS: u.a. N58° 27' 09.5" E5° 54' 26.7"; Ystebrødveien.　　　**max. WOMOs:** > 5.
Ausstattung/Lage: Liegewiese, Gebühr 100 NOK, Strom 50 NOK.
Zufahrt: 300 m und 500 m rechts des Badeplatzes Skadbergsanden.

Fährt man am Badeplatz vorbei und noch 1500 m weiter, so entdeckt man eine schmale Abzweigung nach rechts mit dem Wegweiser: Eigerøy fyr 1 km.
Die Entfernungsangabe stimmt, wenn auch die letzten 500 m sehr schmal (**?**) und die Ausweichstellen äußerst knapp sind! Wir landen auf einem ruhigen **Wanderparkplatz** mit Tisch & Bank sowie Toilette direkt am Wasser.

(64) WOMO-Wanderparkplatz: Eigerøy fyr

GPS: N58 26' 29.2" E5° 53' 11.6"　　　**max. WOMOs:** 2-3.
Ausstattung/Lage: Wandertafel, Wanderweg, Tisch & Bank, Klo, Mülleimer/außerorts.
Zufahrt: 1500 m nach dem Badeplatz Skandbergsanden rechts (ausgeschildert).

Auf dem Wanderweg zum Eigerøy fyr

Genau im Südwesten sehen wir den **Leuchtturm**, den wir auf einem höchst malerischen, bestens angelegten Weg durch die Schärenküste in 45 min. erwandern (Hundeverbot!).

Auf der >502< kehren wir zum Festland zurück und biegen am ersten Kreisverkehr nach links auf die >44< Richtung STAVANGER/BRYNE. 2 km weiter nördlich kommen wir am **Campingplatz Steinsnes** vorbei. Er liegt zwischen der Straße und dem ungastlichen Geröllufer des **Bjerkreimselva**. Hinter der Brücke biegen wir rechts ab nach BJERKREIM/GÅDÅ, folgen dem Flusslauf. Bei »km 4,7« notieren wir die Abzweigung links nach EIGE. Nach links und sofort wieder rechts geht es zum äußerst idyllischen **Badeplatz** am **Eigesvatn**.

Badeplatz am Eigesvatn bei Tengestal

Aber der Eigesvatn hat nicht nur einen Badeplatz! 300 m weiter, also bei »km 5,0« erreichen wir TENGESTAL und biegen bei »km 5,4« links (Wegweiser: Hetland).

Auf dieser Sackgasse erreichen wir nach 2,1 km bei einem Waldparkplatz die Abzweigung links hinab zum zweiten Badeplatz am Eigesvatn mit Kies-/Sandstrand:

Hier können Sie nicht nur baden! Dieses Plätzchen lädt geradezu ein zum Träumen, Schauen - oder auch Wandern, denn ein Wanderweg führt direkt am Platz vorbei.

Wir kehren zur ersten Abzweigung zurück, erreichen über EIGE wieder die >44<. Diese umgeht auf der Landseite gerade einen felsigen Küstenabschnitt, kehrt erst hinter HELLVIK zur Küste zurück. 300 m hinter dem Ortsschild von HELLVIK schwenken wir links zur **Gamle Jærbanen** (alte Jærbahn), landen nach 600 m auf einem Wanderparkplatz. Die Jærbahn wurde 1874 als Schmalspurbahn zwischen Hellvik und Egersund angelegt, denn die Anbindung des Küstenorte ans Straßennetz war schwierig, 1948 wurde sie durch die neue Breitspurtrasse ersetzt. Seit kurzem ist die alte 8-km-Trasse in einen aussichtsreichen Rad- und Wanderweg umgestaltet worden. **WOMO-Tipp:** Alte Trasse per pedes (oder Fahrrad) nach Egersund, Rückfahrt (jede Stunde) zum neuen Bahnhof von Hellvik.

(67) WOMO-Wanderparkplatz: Hellvik/Gamle Jærbanen

GPS: N58° 29' 00.2" E5° 53' 57.0"; Stasjonsveien.　　**max. WOMOs:** 3-4.
Ausstattung/Lage: Toilette, Rad-/Wanderweg/außerorts.　　**Zufahrt:** s. Text.

1400 m hinter dem Ortsschild von HELLVIK schwenken wir rechts und kommen nach 300 m Teersträßchen mit zwei gemeinen Geschwindigkeitsbremsen und weiteren 300 m auf einem welligen (**?**) Sandweg direkt zum goldgelben Sandstrand vom Hellvikvatn. Busch- und Wiesengelände und viel Raum zum Einparken fehlen auch nicht – wie wär's?

(68) WOMO-Badeplatz: Hellvik/Hellvikvatn

GPS: N58° 29' 15.7" E5° 52' 59.3"; Mjåsundveien.　　**max. WOMOs:** 2-3.
Ausstattung/Lage: Sandstrand, Liegewiese, Bänke, Toilette beim Sportplatz 80 Schritte entfernt, dort viele weitere, freie Parkplätze/außerorts.　　**Zufahrt:** s. Text.

700 m später hat die >44< wieder Meerkontakt – schließlich schmückt sie sich mit dem Titel **Nordsjøveg**. Ab und zu schlängelt sie sich zwischen den von den Eismassen glattgeschliffenen Felskuppen hindurch, nähert sich dann wieder der Küste, gibt Blicke auf die Schäreninseln frei, die völlig den Felsklößen am Lande gleichen, nur dass sie eben nicht von grünen Wiesen, sondern von blauem Meer umgeben sind.

Nach 6 km kann man nach links dem Wegweiser "Krigsminner" auf einen großen Parkplatz folgen. Zu Fuß geht es auf die unterhöhlten Schärenbuckel des **Vedafjells** bei SIREVÅG, in denen bombensichere Kanonenstellungen des Westwalls besichtigt werden können (Taschenlampe mitnehmen!).

> Die **Friluftsområde**, das Freizeitgebiet von OGNA ist ein Traum! Vorn am Meer ein silberglänzender Sandstrand in einer vielgestaltigen Umgebung von hohen Dünen und Schärenfelsen, auch der Parkplatz nicht zu fern der Straße ist weitläufig und einsam, umgeben von Wiesenflächen zum Toben und Faulenzen. Zwischen beiden Träumen jedoch liegt die rauhe Wirklichkeit von sechs Minuten strammen Fußmarsches durch eine liebliche Wiesen- und Weidelandschaft. Wie Sie beides in Übereinstimmung bringen wollen, soll Ihr Geheimnis bleiben – wir ziehen enttäuscht weiter und erinnern uns an eine ferne Vergangenheit, in der wir noch mit Fahrrad und Zelt unterwegs waren ....

Der **Campingplatz** von OGNA [N58° 31' 55.1" E5° 46' 21.1"] folgt 2 km später. Er liegt, wie könnte es anders sein, direkt hinter den Dünen. Ob da ein Zusammenhang besteht?

Das "Spielchen" wiederholt sich 2,5 km später in BRUSAND. Von der **Friområde** (rechts der Straße) sind's 300 m zum Strand; der Campingplatz von BRUSAND [N58° 32' 27.5" E5° 43' 31.3"] folgt nur 300 m später links der Straße.

Linkerhand begleiten uns nun in ihrer Verlassenheit und Urtümlichkeit beeindruckende Geröllstrände mit steinernen Kugeln

Varhaug, Gamle Kirkegård

im Format "Tennisball", "Kegelkugel" und gar "futuristisches Kugeleigenheim". Die Landschaft ist ringsum völlig flach. Norwegen ohne Berge, ein ganz neues Empfinden für uns – und falls Sie doch mal einen größeren Hügel entdecken sollten, dann ist es vielleicht einer von den vielen Grabhügeln aus der Bronzezeit.

Hinter VARHAUG biegen wir links (Richtung Mer) zum **Gamle Kirkegård**, also einem alten, denkmalgeschützten Friedhof mit gusseisernen Grabsteinen, kleiner Kapelle und Samtrasen.

---

(69) WOMO-Stellplatz: Varhaug/Gamle Kirkegård

GPS: N58° 36' 38.4" E5° 37' 05.3"; Sør-Varhaug.　　　　　**max. WOMOs:** 1-2.
Ausstattung/Lage: Toilette, Waschbecken, Außenwasserhahn, Wanderweg am historischen Kongevegen/außerorts.　　　　　**Zufahrt:** s. Text.

---

3 km später kommt (nach links) das **Grødaland Bygdemuseum**. Den ruhigen, abseits am Waldrand gelegenen **Parkplatz [70: N58° 38' 11.3" E5° 36' 03.7"]** passiert man 100 m vorher. Gemeinerweise hält die >44< seit einigen Kilometern respektvollen Abstand zum Meer. Um uns mehr Küstennähe zu verschaffen, biegen wir in SØYLAND auf die >507< Richtung ORRE.

Diese Entscheidung war die beste des Tages, denn bereits 2300 m später entdecken wir die Abzweigung zum **Badeplatz** von REFSNES. Der Schotterweg führt an einer Pineta (mit verzweigten Wegen zu traumhaft-schattigen Plätzen) vorbei zur Küste, endet nach 400 m mit einem Parkplatz hinter den Dünen eines endlosen Sandstrandes.

---

(71) WOMO-Badeplatz: Refsnes

GPS: N58° 41' 10.8" E5° 33' 13.8"; N58° 41' 16.0" E5° 33' 31.9"　**max. WOMOs:** 3-4.
Ausstattung/Lage: Sandstrand 200 m, Toilette, Wasserhahn, Liegewiesen/außerorts.
Zufahrt: Nach 2300 m auf der >507< Richtung Orre links.

TOUR 6 (160 km / 2-4 Tage)

Bore – Sele – Stavanger – Sandnes – Lauvvik – Forsand – Preikestolen – Jørpeland

Freie Übernachtung:	Sele, Stavanger: Vaulen, Hogstadvika, Lysefjordsenter, Skroyla, Forsand, Insel Idsal, Jørpeland (Hafen).
Campingplätze:	u. a. Ogna, Brusand, Ølberg, Preikestolen.
Ver-/Entsorgung:	Årdal.
Besichtigungen:	Stavanger (u.a. Altstadt, Dom), Lysefjord, Preikestolen.
Baden:	Orresanden, Bore, Elvenes, Sele, Vigdel, Vaulen, Lysefjord.
Wandern:	Skroyla, Preikestolen.

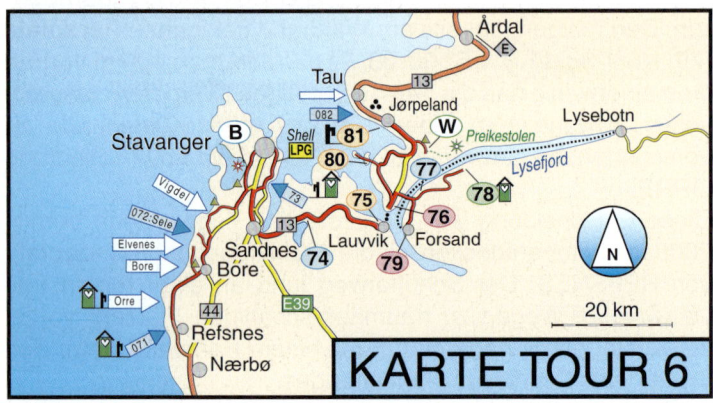

KARTE TOUR 6

Wer am Badeplatz von REFSNES vorbeifährt, ist selber schuld – oder er hat schon weitergelesen, denn wenn vor den Dünen ein endloser Sandstrand liegt, dann müssten eigentlichen hinter den Dünen auch noch weitere, schöne Plätzchen kommen!? Und sie kommen!

Unaufhörlich zweigen schmale, manchmal auch verdächtig sandige Pisten Richtung Meer von der >507< ab. Von ihnen soll dieses Buch schweigen, will Raum lassen für eigene Entdeckungen ....

Wir fahren weiter bis ORRE, wo offensichtlich die norwegischen Tomaten herkommen, wir sind geradezu von Treibhäusern umzingelt (vielleicht ein holländisches Projekt?).

2000 m hinter dem Ortsschild zweigen wir wieder nach links zum Strand in die offizielle, sogar geteerte Zufahrt zum ORRE-STRANDA. Das Angebot ist völlig identisch denen an den anderen herrlichen Stränden dieses Gebietes, der Parkplatz [N58° 44' 25.1" E5° 31' 02.8"] ist jedoch viel größer, der Sandstrand auch 250 m entfernt. Das "Friluftshuset" in seiner Mitte ist geschlossen und gibt uns deshalb bezüglich seiner

Orre, Friluftshuset

Verwendung zunächst Rätsel auf. Im offenen Innenhof haben wir als Zaungäste Grills und Bänke erspäht. Vielleicht kann man das Haus für Veranstaltungen anmieten? D'rum herum gibt's eine Toilette mit Wasserhahn, Liegewiesen und ein Schild, das von 24-6 Uhr das Parken verbietet.

Kein Verbotsschild sichten wir, als wir 250 m später links in einen Schotterweg einbiegen [N58° 44' 37.3" E5° 31' 14.2"], aber ein mitten im Weg abgestelltes Ackergerät lässt nichts Gutes ahnen.

Zur Abwechslung begleiten uns auf unserem Weg nach Norden nun wieder 3 km Geröllstrand, dann, nach 7 km blinkt der nächste, helle Sandstrand auf: Wer nach links in die Sackgasse zum **Badeplatz Bore** gegenüber dem **Strand-Campingplatz** [N58° 47' 56.1" E5° 33' 12.5"] einbiegt, kann von dort aus gleich zum **Badeplatz Elvenes** [N58° 48' 34.8" E5° 33' 00.9"] am Pistenende weitertuckern. Beides sind große Parkareale direkt hinter den Dünen des Feinsandstrandes (Camping verboten).

Am Sandstrand von Elvenes, Blick hinüber nach Sele

1300 m nach dem Bore-Abstecher verlässt die >507< den direkten Küstenbereich, mündet in die >510<, in die wir nach links Richtung SOLA einbiegen. Immer noch nicht genug gebadet? Dann verlassen Sie nach 2300 m die >510< links nach SELE. Auch dieses Örtchen hat seinen eigenen, weitläufigen Sandbadestrand, der an den von ELVENES anschließt.

(72) WOMO-Badeplatz: Sele I

GPS: N58° 48' 48.6" E5° 32' 53.3"
max. WOMOs: 3-4.
Ausstattung/Lage: Dünensandstrand/außerorts.
Zufahrt: Auf der >510< Richtung Sola, nach 2300 m links nach Sele, sofort geradeaus zum Badeplatz.

Fährt man vor der Badeplatzzufahrt rechts, so landet man nach 900 m im kleinen Hafen von SELE. Nahezu kreisförmig von Kugelsteinwällen umgeben, umschließt er das Hafenbecken, einen kleinen Sandstrand und reichlich Parkraum.

(72a) WOMO-Badeplatz: Sele II

GPS: N58° 49' 05.1" E5° 32' 28.5"; Selestranda.   **max. WOMOs:** 3-4.
Ausstattung/Lage: Kleiner Sandstrand, Tisch & Bank, Toilette, Außenwasserhahn/Ortsrand.
Zufahrt: Auf der >510< Richtung Sola, nach 2300 m links nach Sele, vor dem Badeplatz rechts zum Hafen.

Einen aufmerksamen Blick sollte man auf die Fischerhütten werfen, deren Mauern aus den gleichen Feldklopsen wie das Hafenbecken aufgeschichtet sind.

STAVANGER kommt immer näher, ein letzte Mal noch schlagen wir einen Bogen zur Küste über VIGDEL.
Dort wartet noch eine ganze Reihe von Badeplätzen auf Sie. Kaum haben wir Meerblick, sichten wir den großen Badeparkplatz von **Hellestøstranden** mit Toilette [N58° 50' 33.2" E5° 33' 59.4"] direkt links der Straße (Parkverbot 24-6 Uhr), ein Trampelpfad führt in wenigen Schritten zur Düne und zum Wasser. 2000 m später führt ein 300-m-Stichsträßchen zum großen Parkplatzrund am **Badeplatz** von VIGDEL [N58° 51' 36.2" E5° 33' 47.1"], das mit dem gleichen Verbotsschild glänzt.

Badestrand von Vigdel

Wer auf einem **Campingplatz** [N58° 52' 07.7" E5° 33' 57.2"] hinter den Dünen nächtigen möchte, biegt 200 m später links Richtung ØLBERG.

Wir umrunden den Flughafen von STAVANGER, stoßen wieder auf die >510<, sie führt nach links Richtung SOLA/RØY-NEBERG; bald haben wir den **Hafrsfjord** neben uns, erreichen das Ortsschild von MADLA. Dort stecken sie tief im Boden eines kleinen Hügels am Fjord, die drei Riesenschwerter (**"Sverd i Fjell"**). Sie erinnern an die Schlacht am Hafrsfjord und die Reichseinigung im Jahre 900.

Badeplatz Møllebukta

Ist es nicht nett, dass man außer einem Parkplatz auch gleich den schönen **Badeplatz** "Møllebukta" mit Liegewiesen unter Schattenbäumen angelegt hat [N58° 56' 31.9" E5° 40' 18.6"]? 1200 m weiter im Norden münden wir in die >509< ein, halten nach rechts auf STAVANGER zu, nähern uns der **Hauptstadt Rogalands** und dem Zentrum der norwegischen Ölindustrie von Westen. Vor allem der zweite Punkt hat Geld in die alte Industrie- und Handelsstadt gebracht, gute Verkehrsverbindungen, moderne Bauten. Aber auch das "alte Stavanger" konnte mit dem reichlich fließenden Ölgeld erhalten werden, eine heimelige Fußgängerzone mit wohlrestaurierten, alten Holzhäusern, einen Stadtpark mit großem See und davor den ehrwürdigen, gotischen Dom aus dem 12. Jahrhundert.
In einer Stadt, in der fast 100.000 Menschen leben, wird die Suche nach einem Parkplatz sicher Nerven kosten!?
Wir halten mit der >509< aufs Zentrum von STAVANGER zu, zischen durch den **Bergelands-Tunnel** und zweigen dahinter

Stavanger, Norwegisches Ölmuseum

Stavanger, alte Handelshäuser am Hafen

nach links zum Hafen ab (Wegweiser: **Oljemuseum**), parken hinter dem auffälligen Bauwerk [N58° 58' 26.4" E5° 43' 56.0"].

Direkt hinter dem Norsk Oljemuseum (Norwegischen Ölmuseum) können wir unter vielen (natürlich kostenpflichtigen) Parkplätzen wählen und haben gleichzeitig einen idealen Ausgangspunkt für einen kleinen Stadtbummel gefunden: Østervag (Richtung Südost) – St. Petri-Kirche – Bergjelandsgata (nach Süden) – Breibakken (nach Westen) – Kongsgata (nach Norden) – Stadtpark mit Breivatn – Dom – Kirkegata (nach Norden) – Ölmuseum sind in dürren Worten die Stationen unseres vergnüglichen Rundganges, der den schönsten Teil des alten STAVANGER umfasst.

Stavanger, Altstadt

Stavanger, Stadtpark mit Breivatn

Dass unser Hafenparkplatz nicht unbedingt ruhigen Nachtschlaf verspricht, wird uns bei der Rückkehr beim Anblick einiger sehr kurzberockter, auffällig-unauffällig hin- und herschlendernder junger "Damen" klar. Aber da wir direkt am Hafen "ferske Reker" eingekauft haben, wollen wir uns zum leckeren Mahle auch eine anspruchsvolle Umgebung aussuchen!

Wir rollen zurück durch den **Bergelands-Tunnel** und dann links auf der >44< gen Süden. Nach 5 km sichten wir eine Shell-Tankstelle mit Autogas [N58° 56' 13.8" E5° 44' 33.5"] und nach 6 km folgen wir nach links dem Wegweiser zum Badeplatz "Vaulen", einem ehemaligen Campingplatzareal:

(73) WOMO-Badeplatz: Vaulen

GPS: N58° 55' 30.9" E5° 44' 51.1"; Stasjonsveien.　　　　　**max. WOMOs:** 3-4.
Ausstattung/Lage: Sandstrand, Toiletten, Wasserhahn, Liegewiesen; nachts geschlossen, Ü-Platz davor/außerorts.
Zufahrt: Auf der >44< von Stavanger ca. 6 km nach Süden, dann links (ausgeschildert).

Unser Navi schickt uns von der >44< sofort auf die vierspurige >E 39<, die wir erst südlich SANDNES Richtung >13</ LAUVVIK wieder verlassen. LAUVVIK ist der Ort, wo die >13< per Fähre den **Høgsfjord** überquert, SAND liegt 80 km weiter im Norden an der >13<. Passen Sie aber auf, achten Sie mehr auf die >13< (und den Wegweiser IMS) als auf den Wegweiser LAUVVIK, sonst werden Sie östlich SANDNES auf einen anderen Streckenverlauf geführt – und kommen nicht an dem schönen Übernachtungsplatz vorbei, den wir für Sie fanden!

Hinter VATNE passieren wir zwei Seen, am Ende des zweiten biegt unsere >13< rechts ab nach IMS/HOGSTADVIKA. Nach 1400 m entdecken Sie rechts, am Seeufer, hinter dem **Bade-platz von Hogstadvika** neu angelegte Parkplätze neben ei-nem NCC-Campingplatz (nur für Mitglieder). Auf den Parkplät-zen daneben ist jedoch allen das Parken (max. 24 Std.) ge-stattet.

(74) WOMO-Badeplatz: Hogstadvika
GPS: N58° 53' 12.5" E5° 51' 25.0"; Ryfylkeveien.   **max. WOMOs:** 3-4.
Ausstattung/Lage: Sandstrand, Toilette/außerorts.   **Zufahrt:** s. Text.

Wir schlafen nicht ganz so ruhig, wie wir uns gewünscht hätten, denn die Straße führt doch recht nahe an unseren Ohren vorbei, und einen zweiten Nachteil entdecken wir, nachdem wir am nächsten Morgen an der noch 15 km entfernten Fährstation ankommen: Der Fährbetrieb beginnt am Wochenende erst um 9 Uhr (werktags 5.30 -0.15 Uhr) – wir jedoch hatten uns beeilt, und können nun eine Stunde warten. So bleibt uns Zeit, einen bequemen **Parkplatz [75:** N58° 53' 39.4" E6° 03' 13.5"] links oberhalb der Straße zu entdecken.

Für die weitere Strecke jedenfalls nehmen wir uns vor: Abends lieber noch die letzte Fähre nehmen und dahinter nächtigen – als morgens warten. Heute ärgern wir uns besonders (über uns selbst), denn wir haben viel (schönes) vor: Die Wanderung zum **Preikestolen**, dem Predigtstuhl, dem wohl markantesten Felsabsturz Norwegens.

Endlich tuckert die "schwimmende Fjordbrücke" nach OANES herbei, und dann geht alles ganz schnell; erstaunlich, dass die ganze Schlange, die sich hinter uns inzwischen angesammelt hatte, mühelos Platz findet. Die junge "Schaffnerin" nimmt aus dem Augenwinkel Maß an unserem WOMO, fragt dann nach der Personenzahl, ich nutze die Gelegenheit, mich über die Preisgestaltung zu informieren. Die Preisklassen sind bei allen norwegischen Fähren gleich, die Preise sehr ähnlich: z. B. Fahrzeug bis 6 m 80 NOK incl. Fahrer (längere WOMOs wesentlich teurer!), weitere Personen 20 NOK, Kinder und Senioren die Hälfte. Während wir zahlen, legt die schwimmende Plattform ab, kaum haben wir Zeit, in die Tiefe des Fjords zu spähen, denn nach wenigen Minuten hat sie das andere Ufer erreicht, spuckt uns aus, lädt wieder ein, legt brummelnd ab – Tagesroutine.

Unsere >13< führt uns nur ein kleines Stück in den **Lysefjord** hinein, dann quert sie per Tunnel die Landzunge,schwingt sich am Ufer des **Idesfjords** entlang, denn den **Preikestolen**, die Kanzel 597 m senkrecht über dem **Lysefjord**, kann man nur von der Landseite her "angehen".

Aber die "berühmteste Kanzel Norwegens" muss man nicht unbedingt erwandern, um sie zu bewundern – wir wollen Ihnen zwei weitere, wesentlich bequemere Möglichkeiten zeigen!

Vorher werfen wir einen Blick in das **Lysefjordsenter**, zu dem man gleich hinter der Fährstation rechts hinabfährt. Dabei passiert man dessen hübsch angelegte **Picknickplätze** mit Blick auf die tolle Lysefjordbrücke.

(76) WOMO-Picknickplatz: Lysefjordsenter

GPS: N58° 54' 37.4" E6° 04' 39.7"   **max. WOMOs:** 3-4.

Ausstattung/Lage: Tisch & Bank, Toilette, Info-Stelle/außerorts.

Zufahrt: 500 m nach der Fähre Lauvvik – Oanes rechts.

400 m später merken wir uns am Kreisverkehr die Abzweigung der "alten" >13< Richtung KVALVÅG, die <u>links</u> um die Landzunge herumführt (wir kommen darauf zurück), rauschen durch einen kurzen Tunnel und schwenken sofort hinter ihm rechts Richtung FORSAND, überqueren den **Lysefjord** auf der gleichnamigen Superbrücke, um hinter ihr wieder im Tunnel zu verschwinden. Direkt hinter ihm zweigen wir rechts Richtung FOSSMORK ab, rollen parallel zur Hauptstraße zurück, unterqueren die Brücke, ziehen am Ufer fjordeinwärts.

Nach etwa 5 km auf schmaler Bahn kann man zum Badeplatz Dørvika hinabfahren.

(77) WOMO-Badeplatz: Lysefjord/Dørvika

GPS: N58° 56' 51.7" E6° 08' 41.5"   **max. WOMOs:** 2.
Ausstattung/Lage: Kiesstrand 200 m, Tisch & Bank, Klo/außerorts. **Zufahrt:** s. Text.

Nach 7,5 km passieren wir die wenigen Häuser von FIANE, wo sich die Straße vom Fjord verabschiedet, den Hang hinaufsteigt. Nach 11,5 km nehmen wir nach rechts die Abzweigung zum Wander- und Aussichtsparkplatz Skrøylå.

(78) WOMO-Wanderparkplatz: Skrøylå

GPS: N58° 58' 07.5"" E6° 14' 14.0"; 319 m.   **max. WOMOs:** 3-4.
Ausstg./Lage: Blick auf den Preikestolen (Pfeil), Tisch & Bank, Klo, Wanderwege/außerorts. **Zufahrt:** Nach der Lysefjordbrücke rechts und nach 11,5 km nochmals rechts.

Man muss wirklich eine Weile suchen, bis man den Preikestolen aus dem Wirrwarr der Felsen und Spalten herausgefiltert hat. Aber dann erkennt man ihn doch an seiner typischen Tafel, die ihm den Namen gegeben hat, in 604 m Höhe, also fast doppelt so hoch wie unser Aussichtsplatz.

Fährt man an der Abzweigung zu Skrøylå vorbei, dann landet man im Weiler FOSSMORK, nachdem man eine wilde Felsenszenerie durchquert hat. Die Straße endet bei einigen Ferienhäusern mit einem kleinen Parkplätzchen [N58° 58' 34.9" E6° 14' 43.8"], das ebenfalls einen schönen Blick auf den Preikestolen bietet.

Auf dem gleichen Weg (einen anderen gibt es ja nicht) verlassen wir den Lysefjord, unterqueren wieder die Brücke und rollen weiter bis FORSAND. Rechts der Fähranlegestelle liegt ein schöner **Picknickplatz** [**79:** N58° 54' 07.1" E6° 05' 20.7"]. Hier wartet Ihr WOMO, wenn Sie z.B. um 14.25 Uhr nach LYSEBOTN abdampfen (Ankunft 15.25 Uhr), unterwegs nach dem Preikestolen Ausschau haltend. Dort können Sie sich dann die Füße vertreten und um 15.30 Uhr (oder 17.45) die Rückfahrt antreten.

Sie wollen den Preikestolen per pedes erobern? Brav! Dann brauchen Sie einen günstigen Übernachtungsplatz, denn die Tour sollte man morgens antreten! Kehren Sie mit uns zurück zum Kreisel nach der LAUVVIK-Fähre. Dort nehmen wir die "alte" >13< Richtung KVALVÅG. Bereits nach 2,2 km sichten wir rechterhand den Badeplatz **Ereviksbadet** mit großem Parkplatz [N58° 55' 39.0" E6° 03' 31.9"] und nach 4,5 km die Zufahrt zum Wanderparkplatz **Skogsti** [N58° 56' 35.4" E6° 02' 50.1"].

Badeplatz Ereviksbadet

Wir zweigen erst nach 9 km links Richtung IDSE auf der gleichnamigen Insel ab. 200 m hinter der Brücke warten links absolut ruhige **Übernachtungsplätze [80: N58° 58' 29.3" E5° 59' 32.6"]** zwischen zwei Seen.

Hinter KVALVÅG vereinigen sich die beiden 13er Straßen wieder, 1,5 km später kommt die Abzweigung zur Preikestolen-Stichstraße. Fährt man daran vorbei, so sind es noch 3,5 km bis JØRPELAND. Dort findet man im Hafenbereich spezielle **WOMO-Übernachtungsplätze [81: N59° 01' 02.7" E6° 02' 38.2"]** gegen Gebühr (100 NOK), Wasserhähne, Dusche und Waschmaschine.

Nur 800 m nach Beginn der Preikestolen-Stichstraße liegt rechts der **Preikestolen-Campingplatz [N58° 59' 57.0" E6° 05' 32.2"]**.

Sie haben geruhsam genächtigt? Dann lassen Sie uns die berühmteste Aussichtskanzel Norwegens angehen!

Wir folgen von der >13< dem braunen Wegweiser **Preikestolen** nach rechts in die 5-km-Stichstraße zum **Wanderparkplatz [N58° 59' 29.7" E6° 08' 18.2"]**. Auf angenehm breiter Bahn und meist nur mäßig bergauf durch schütteren Kiefern- und Birkenwald steigen wir ins Gebirge.

Am Ende der Stichstraße löhnen wir am Automaten (Münzen + Kreditkarte) 80 NOK Parkplatzgebühr. Der Rucksack ist bereits gepackt (u. a. mit Badeutensilien!), die Bergstiefel stehen bereit, 10 min. später ist Abmarsch.

Ein wurzeldurchsetzter Stolperpfad führt sacht den Hang hinauf zu einem ersten Aussichtspunkt mit Tischen und Bänken auf großen Felsplatten, dann queren wir auf bequemen Laufbohlen eine moorige Fläche, turnen schließlich über Felstrümmer, wie überdimensionale Schotterberge zwischen die Felswände geschüttet – wahrlich eine Piste für gut durchtrainierte Leute wie Sie!

Der Pfad ist mit roten Strichen markiert und so weit ausgetreten, dass man kaum fehlgehen kann. Immer weiter reicht unser Blick, weit hinaus über die Fjorde im Westen, die Inselwelt und die Großstadt STAVANGER. Je länger wir wandern, desto mehr wird uns klar: Den Weg zum göttlichen Blick von der Predigtkanzel hat der Teufel mit Steinen gepflastert! Genau nach einer Stunde, wir haben die Hälfte des Weges

hinter uns, erreichen wir über einem steilen Geröllhang ein Plateau mit Tischen, Bänken und einem ersten Blick auf einen Zipfel des Lysefjords im Südosten. Kurz darauf folgt eine kleine Klettereinlage, deren Ergebnis gleich drei "ah" verdient hat: Tief unten der türkisblaue Fjord, direkt vor uns wieder Tische und Bänke zum Rasten und daneben zwei Seen, in denen Wanderer fröhlich planschen – also an Badezeug und Handtuch denken!

Wie in einem dramatischen Film wird der Höhepunkt der Wanderung so lange hinausgezögert, bis die Spannung kaum noch erträglich ist. Der Fjord verschwindet hinter dem Felshang, den wir nun hinaufschniefen. Oben stehen wir

wie geblendet: Steil unter uns der Fjord im Farbenspiel – und dann brauchen wir nur noch den Blick nach rechts zu wenden, zur Hauptattraktion, dem absoluten Nonplusultra: eine Steinsäule, zwar innig mit der übrigen Felswand verbunden und doch kühn vorgestreckt, mit einer wie mit der Axt geschlagenen, senkrechten Abbruch-kante, die auch 600 m weiter unten, am Wasserspiegel, nicht endet, sondern weiter in die bodenlose Tiefe führt.

Wir sind nicht die einzigen hier, das Plateau ist gut besucht, sogar an der Kante sitzen einige ganz Verrückte und lassen die Beine über der Tiefe baumeln, als würden sie auf ihrem Gartenmäuerchen hokken. Wir nähern uns dem Abgrund nur auf allen Vieren, riskieren

das verächtliche Grinsen der "Helden" und haben doch beim Blick hinab das Gefühl, als würde der Schwerpunkt unseres Körpers immer weiter nach vorne wandern, als würden wir gleich das Übergewicht verlieren.

Wir vespern, genießen die unglaubliche Fernsicht, lassen die weißen Ausflugsschiffchen zu unseren Füßen vorbeiziehen...

Auf dem Rückweg haben wir etwas mehr Muße, uns der Botanik des Wanderweges zu widmen· In den Moorflächen stehen Unmengen von Binsenbüscheln, vereinzelt Birken, Wacholder und Krüppelkiefern, aus den triefenden Moorpolstern strahlen die lilafarbene Glokkenheide und die goldgelben, walzenförmigen Trauben der Moorlilie. Wollgras, Heidekraut, Krähenbeeren- und Heidelbeerbüsche gehören sozusagen zur "Standardausrüstung".

Der Hinweg dauerte 100 Minuten; den Rückweg hätten wir locker in 90 Minuten schaffen können, wenn wir nicht eine ganze Weile zwischen den strotzenden Heidelbeerbüschen gehockt hätten ....

Nachdem wir die Bergstiefel von den matten Füßen gezogen haben, gönnen wir uns zunächst einen "Belohnungskaffee" und rollen dann hinab bis zum WOMO-Stellplatz im Hafen von JØRPELAND, wo wir uns gemütlich in die Rundsitzgruppe kuscheln und faul den Schiffchen beim Schaukeln zuschauen, bis der **Idsefjord** im Blau der Nacht versinkt.

TOUR 7 (400 km / 3-4 Tage)

Årdal – Sand – Haugesund – Åkrehamn – Vike-bygd – Ølen – Latefoss – Buarbreen – Odda

Freie Übernachtung: Kuvika, Årdal, Hetlandsvatn, Sand, Notaflåt, Visnes, Åkre-hamn, Haugesund, Lie, Skjeljavika, Etne, Odda.

Campingplätze: Preikestolen, Tysdalsvatn, Sandeid, Åkrehamn, Haugesund.

Ver-/Entsorgung: u. a. Årdal, Haugesund, Skudeneshavn, Ølensvåg, Odda.

Besichtigungen: Sand (Lachsstudio, Museum), Skjoldastraumen (Salzwas-serschleuse), Avaldsnes (Olavskirche, Visnes), Haugesund (Haraldshaug), Langfoss, Latefoss, Buarbreen.

Baden: Kuvika, Hetlandsvatn, Notaflåt, Åkrehamn, Kvalsvik, Lie.

Wandern: Buarbreen.

KARTE TOUR 7

Wir kehren zurück zur >13<, biegen dort links Richtung SAND, rollen auf der neuen, breiten Straße entlang des rechten Ufers des **Idsefjords** flott dahin. Nach 4,5 km sichten wir links den **Camping Solvik** [N59° 01' 26.9" E5° 58' 45.8"], schön in Wiesenterrassen über dem Meer, 2,5 km später werden die **Felszeichnungen** von SOLBAKK angekündigt, die gleiche Abzweigung führt zum **Badeplatz** von KUVIKA – ein Grund mehr, uns dort mal umzuschauen!

Zu den Felsrit-zungen sind es von der Haupt-straße aus nur 100 m.
Man parkt rechts des Fahrweges und stapft 20 Schritte Rich-tung Meer: Eine

Felskante, die zum Ufer hinabfällt, ist über und über mit Schiffen verschiedener Bauart verziert. Manche sind leer, andere, bereit zum Auslaufen, mit 20-25 Mann besetzt.

Der **Badeplatz**, 900 m weiter, ist mit seinem Kiesstrand sicher nur zweite Wahl, aber er hat **Toiletten** und liegt ruhig (Camping verboten). Außerdem kann man auf der Liegewiese zwischen schattigen und sonnigen Plätzen wählen, und manchem wird es nach der Preikestolen-Wanderung schon ein Genuss sein, die müden Füße ins Wasser hängen zu lassen ....

(82) WOMO-Badeplatz: Kuvika

GPS: N59° 01' 33.5" E5° 57' 04.6"   **max. WOMOs:** 3-4.
Ausstattung/Lage: Bademöglichkeit 100 m, Liegewiese, Klo/außerorts.
Zufahrt: Von JØRPELAND 7 km Richtung Sand, dann links 1000 m.

Bereits 3,5 km später liegt am Ortsende von TAU ein weiterer **Badeplatz** direkt an der Straße, sehr bequem für einen Badestopp. Kurz darauf verlässt unsere >13< an einem Kreisverkehr nach rechts den Fjord. Wir brauchen ihm aber nicht nachzuweinen, denn als "Ersatz" begleitet uns rechts der **Bjørheimsvatn**; baden kann man auf der Höhe von HOLTA [N59° 04' 11.1" E6° 00' 14.0"].

Mächtig schieben sich nun Bergriesen ins Blickfeld, zwischen sich haben sie den **Tysdalsvatn** eingeklemmt, gönnen unserer Straße an seinem linken Ufer gerade einen schmalen Streifen. Je nach vorwitzigem Felsvorsprung oder zurückweichendem Hang hat die Fahrbahn unterschiedliche Breite. In der Regel muss man auf diesen Straßen permanent bremsbereit sein, bereits jeder entgegenkommende PKW muss langsam und zentimetergenau passiert werden (Tunnel im Bau).

Der einzige **Badeplatz** am **Tysdalsvatn** liegt genau an seinem Ende und wird vom **Campingplatz Tysdal** [N59° 06' 14.8" E6° 10' 00.0"] besetzt. Wir verlassen den See, schauen eine Weile den weidenden Schafen an den steilen Hängen zu, die trotz der mühsamen Futtersuche runde Bäuche haben, da taucht linkerhand der nächste Fjord, der **Årdalsfjord** auf.

Es dauert ein paar Minuten, bis wir zu ihm und dem Örtchen ÅRDAL hinabgedüst sind. Am Ortsrand passieren wir eine xy-Tankstelle mit WOMO-Entsorgung [N59° 09' 03.8" E6° 10' 43.5"]. Stellplätze am Fjordufer findet man, wenn man 800 m später nach links von der >13< abbiegt und noch 500 m bis zum Ufer fährt.

(83) WOMO-Stellplatz: Årdal

GPS: N59° 09' 01.7" E6° 09' 30.4" max. WOMOs: 2-3.
Ausstattung/Lage: Bademöglichkeit (Badeleiter)/Ortsrand.
Zufahrt: In **Årdal** links 500 m bis zur Feuerwehr.

Schon verlassen wir den Fjord wieder, setzen das "Norwegen-Küsten-Spielchen" fort, denn kaum haben wir den Fjord aus den Augen verloren, erscheinen flugs als "Süßwasserersatz" ein, zwei Seen, diesmal mit Namen **Riskadalsvatn** und **Hetlandsvatn**, natürlich erst, nachdem wir den Rücken der abgeschnittenen Halbinsel zwischen zwei Fjorden erklommen haben.

Am zweiten See liegen zwei kleine, idyllische, versteckte und deshalb einsame **Badeplätze**. Sie bieten keine Attraktionen, außer Ruhe, schönem Blick und recht warmem Wasser – reicht das?

Man biegt ab Richtung FISTER, rollt immer am Nordufer des **Hetlandsvatn** entlang. Nach 4,1 km liegt das erste Plätzchen links im Fichtenwald (kein Hinweisschild!).

(84) WOMO-Stellplatz: Hetlandsvatn

GPS: N59° 10' 12.8" E6° 05' 18.9" **max. WOMOs:** 2-3.
Ausstattung/Lage: Kiesstrand, Zelte und Wohnwagen verboten/außerorts.
Zufahrt: Von der >13< links nach Fister. Nach 4,1 km links (unbeschildert).

Zum zweiten Plätzchen am Ende des Sees sind es noch 800 m:

(85) WOMO-Wanderparkplatz: Hetlandsvatn/Stemmen

GPS: N59° 10' 06.0" E6° 04' 28.6" **max. WOMOs:** 2-3.
Ausstattung/Lage: Wandertafel, Rundwanderwege, Camping verboten/außerorts.
Zufahrt: Von der >13< links nach Fister. Nach 5 km links.

Weiter führt die Straße hinab nach FISTER mit gleichnamigem Fjord und **Campingplatz** [N59° 10' 40.5" E6° 04' 04.2"]. Wir rollen am rechten Fjordrand unter steilen Felsen weiter nach Norden, bis wir hinter VIGA wieder auf die >13< stoßen. Nun geht es am **Garsundsfjord** entlang, den wir mit unserer nächsten Fähre von HJELMELAND nach NESVIK überqueren werden.

Am Fähranleger von HJELMELAND wird Service groß geschrieben: Kiosk mit Babywickelraum, Trampelpfad nach links zu einem kleinen **Sandstrand**. Wer am Fähranleger rechts vorbei 1000 m bis hinters Rathaus kurvt, der findet dort einen **Stellplatz** [**86:** N59° 14' 13.7" E6° 10' 44.0"] mit Dusche, WC und Wasserhahn.

Sie wollen nicht schon wieder baden, Ihnen ist mehr nach Essen zumute? Dann pflücken Sie sich Ihr Abendessen!

Nein, nicht schon wieder Heidelbeeren. Steigen Sie mit Gummistiefeln oder Badeschuhen ins Wasser, und ernten Sie von den großen Miesmuscheln, die hier in langen Bänken wachsen (Miesmuschelrezepte und viele andere in unserem **Allgemeinen Wohnmobil Kochbuch**!).

Das **Fährschiff Hjelmeland** baggert uns in zehn Minuten auf die andere Fjordseite nach NESVIK, dort können wir auf der >13< unseren Weg nach SAND fortsetzen, zunächst am linken Ufer des **Jøsenfjords**. Auch hier hat die Natur kaum Platz für den Straßenbau gelassen, an manchen Stellen fallen die Felswände wie mit dem Lot gemessen senkrecht ins Wasser.

Beim Picknickplatz im Hafen von Erfjord

Wer weiß, wie tief sie in den Fjord hinabragen, bis sie seinen Grund erreicht haben. Die Regel gilt: Meist geht es tiefer ins Wasser hinab als die Berge an seinen Ufern hoch sind!

Tunnel auf Tunnel sind hier zu durchqueren. Ungefähr in der Mitte des Fjords hat die Straße genug von den Tunnelröhren und schwingt sich den Hang hinauf – um auf der anderen Seite wieder zum **Erfjord** hinabzuturnen. Der gleichnamige Ort hat einen kleinen Jachthafen, wo man fein **picknicken, angeln** und auch ruhig übernachten kann.

(87) WOMO-Picknickplatz: Erfjord/Hafen

GPS: N59° 20' 50.1" E6° 14' 15.8"; Hålandsosen.   **max. WOMOs:** 2-3.
Ausstg./Lage: Tisch & Bank, Wasserhahn, Supermarkt/Ortsrand.
Zufahrt: Auf der >13< bis Erfjord. Dort links zum Hafen.

Die nördliche Spitze des **Erfjords**, den **Tyssefjord**, schneiden wir mit einer gewaltigen Hängebrücke ab, die Sie sich in Ruhe von dem **Rastplatz** davor begucken können.

600 m nach dem Brückenende biegen wir links nach ERØY mit seinem **Badeplatz Habn** [**88:** N59° 20' 43.4" E6° 12' 13.4"]. Das Parkareal des Badeplätzchens ist ideal für eine ruhige Übernachtung; zum eigentlichen Badeplatz (mit Klo und Wasserhahn) muss man 120 Schritte steil hinabstapfen.

Unten am Badeplatz von Habn

Der Fjord endet, ein See taucht auf, der nächste Fjord, der **Sandsfjord**, wird mit Selbstverständlichkeit zur Kenntnis genommen – norwegische Fahrtroutine! Beim Blick hinab entdecken wir das idyllischste Wochenendgrundstück Norwegens – auf einem Inselchen mitten im Wasser.

Idyllisches Wochenendgrundstück im Regen

Bald erreichen wir die Region Suldal, durch die der **Suldalslå-gen** fließt, ein bei Lachsen besonders beliebter Laichfluss. Dort, wo er bei SAND in den **Sandsfjord** mündet, beginnen die geschlechtsreifen Lachse ihre mühsame Reise bis zum sauer-stoffreichen Oberlauf des Flusses, um abzulaichen. Vorher haben sie sich einen trefflichen Reiseproviant angefuttert, werden zu dieser Zeit deshalb besonders gern geangelt. Zu sehen bekommt sie also nur der glückliche Petri-Jünger, der sie am Haken aus den Fluten zieht, oder?

Kurz vor SAND verlassen wir die >13< nach links (an der Gabelung **Entsorgung** bei "xy" [N59° 28' 32.9" E6° 17' 20.6"]), überqueren den lachsreichen **Suldalslågen** und biegen unmit-telbar dahinter links, Wegweiser: **Sandsfossen/Laksestudio**. 700 m später können wir links der Straße auf einen langen Parkstreifen einschwenken, an einer Engstelle schäumt der Fluss als **Katarakt** hinab – stets eine besondere Mühsal für die Fische. Parallel zum brodelnden Fluss hat man deshalb **Lachstreppen** erbaut, stufig angeordnete Becken, die die

Sand, beim Laksestudio

muskulösen Fische, eines nach dem anderen, mühelos hinauf-springen können. In zwei dieser Becken wurden Glasfenster eingesetzt, so dass man einen "Studioblick" auf die wandern-den Lachse hat – wenn sie gerade wandern!

Laut Öffnungszeiten scheint dies von 11-20 Uhr zu sein und wir haben schon weit nach 21 Uhr. So wippen wir, sicher langsa-mer als Lachse, über zwei "Fartsdempere", wellenförmige Geschwindigkeitsbremsen, bis ins Zentrum von SAND, stellen uns in die Reihe der Wartenden für die Fähre über den **Sandsfjord**.

Ein ruhiges Übernachtungsplätzchen in SAND gefällig? Dann rollen Sie vor dem Fähranleger rechts, dem Wegweiser zum **Ryfylkemuseet** (offen: 9-16 Uhr) folgend. Auf seinem Park-platz [N59° 29' 6.1" E6° 14' 49.2"] mit Tisch, Bank und WC stehen Sie direkt am Fjordufer ...

(89) WOMO-Picknickplatz: Sand/Ryfylkemuseet

GPS: N59° 29' 06.1" E6° 14' 49.2"; Nordenden.   **max. WOMOs:** 2-3.
Ausstg./Lage: Sandstrand, Tisch & Bank, WC, Museum/Ortsrand.
Zufahrt: Auf der >13< bis Sand. Dort rechts zum Museum (ausgeschildert).

Auf der anderen Seite des Fjords setzen wir unseren Weg auf der >46< fort Richtung VIKEDAL/SANDEID. Das Spiel wieder-holt sich von neuem: Wir verlassen den Fjord, rechts und links

tauchen Seen auf, an ihren Ufern warten lauschige **Pick-nickplätze**. Manche von ih-nen sind angekündigt durch das Tisch-Baum-Symbol, an-dere tauchen völlig unverhofft auf, z. B. nach genau 10 km an einem kleinen See [N59° 29' 03.4" E6° 04' 31.3"]!

„Verderben eigentlich Miesmuscheln besonders schnell, Herr Biologe?"

Finden Sie nicht auch, lieber Leser, dass mein geliebtes Weib eine besonders zarte Art und Weise hat, meine Kilometerfresserei zu beenden?

Ich rolle nach 18 km in eine Seitenstraße (2,0 km nach der Abzweigung zur Kirche von IMSLAND) und erspähe dabei einen 500 m langen Schotterweg mit Tischen und Bänken, der sich, versteckt durch Buschreihen und Felsen, parallel der Straße hinzieht [N59° 29' 10.7" E5° 57' 09.3"]. Er eignet sich prächtig zum Picknicken und Übernachten – und geht in die Geschichte des WOMO-Verlages als "Miesmuschelplatz" ein (inzwischen verwahrlost).

Am nächsten Morgen kurven wir zum **Sandeidfjord** hinab, im Scheitelpunkt liegt, auf einen flachen Hang hingestreut, SANDEID. Man findet viele praktische **Picknickplätze** [90:](Gebühr 100 NOK), wenn man hinter der Tankstelle links zum Fjord und wieder links zum Jachthafen mit Tisch & Bank, Strom und Wasserhahn rollt.

(90) WOMO-Picknickplatz: Sandeid/Jachthafen

GPS: N59° 32' 26.7" E5° 52' 09.5"   **max. WOMOs:** 3-4.
Ausstg./Lage: Tisch & Bank, WC, Strom, Wasserhahn, Gebühr 100 NOK/Ortsrand.
Zufahrt: Auf der >46< bis Sandeid. Dort 2x links zum Jachthafen.

Hinter SANDEID folgen wir nicht der breiter wirkenden >514< nach ØLEN, sondern halten weiter auf der >46< auf HAUGESUND zu. Einen Badeplatz hat das schöne SANDEID nicht; falls Sie Ihre Füße ins Wasser hängen wollen, müssen Sie bis zum bald folgenden **Gjerdesdalsvatn** warten, dort liegt ein **Picknickplatz** direkt zwischen See und Straße. Falls es Ihnen jedoch zu viel Mühe bereitet, auf die linke Straßenseite hinüberzuwechseln, dann warten Sie einfach bis zum nächsten See, dem **Vatsvatn**. Der liegt rechts – und natürlich auch der dazu gehörige **Picknickplatz**.

Kurz darauf stoßen wir auf die >E134<, die wir in SAULAND (nach der Besichtigung der Stabkirche von HEDDAL) verlassen hatten, halten nach links, auf HAUGESUND zu.

Lassen Sie sich nicht vom riesigen Badeplatzwegweiser **Otertong** verführen! Die Kette der Wegweiser zu ihm würde Sie, weit von der Straße entfernt, auf einen riesigen, völlig leeren Parkplatz in idyllischer Einsamkeit locken – von dem ein

Fußweg fast 400 m bis zum Badeplatz führt. Wir finden: Mehr etwas für Jogging-Fans.

Trotzdem sollten Sie am ersten dieser Badewegweiser mit uns von der >E134< auf die >513< zur Halbinsel TYSVÆR Richtung NEDSTRAND abzweigen – es gibt etwas zu begucken! Zunächst landen wir in SKJOLDASTRAUMEN, dort biegen wir nach rechts in die >515< nach HAUGESUND ein und halten sofort wieder auf dem Gelände der BEST-Tankstelle.

Unmittelbar dahinter entdecken wir eine alte Drehbrücke und die einzige **Salzwasserschleuse** Norwegens. Sie stammt aus dem Jahre 1908 und ist noch immer in Betrieb (auch wenn sie bei unserem Besuch nicht diesen Eindruck erweckte).

Durch die Schleuse wird der Wasserstand im inneren Teil des **Skjoldafjords** hochgehalten, so dass ihn auch Schiffe mit mehr Tiefgang befahren können.

Hinter der Schleuse biegt links ein Fahrweg zum **Badeplatz Notaflåt** ab. Es sind nur 300 m bis zum ruhigen Parkplatz direkt hinter der Liegewiese mit Kies-/Sandstrand.

(91) WOMO-Badeplatz: Notaflåt

GPS: N59° 25' 36.4" E5° 37' 08.7"

max. WOMOs: 3-4.

Ausstattung/Lage: Kies-Sand-strand, Toilette, Liegewiese, Tisch & Bank/außerorts.

Zufahrt: Von der >E 134< auf die >513< bis Skjoldastraumen, dort rechts auf die >515<.

Weiter führt die >515<, an der schönen, weißen Holzkirche des Ortes vorbei, nach Westen. 10 km später, in GRINDE, stoßen wir wieder auf die breite >E 134<, die uns nach links bis HAUGESUND tragen soll. 500 m vorher führt eine Stichstraße rechts zu

Bautasteine in Grinde

sieben Bautasteinen, die in der Steinzeit zum Andenken an Verblichene errichtet wurden.

An der >E 134< vor HAUGESUNG (Höhe Industriegebiet Raglamyr) **Entsorgung** bei Esso [N59° 23' 49.9" E5° 19' 52.9"]. 2 km weiter, am zweiten Kreisverkehr vor HAUGESUND biegen wir im 90-Grad-Winkel nach links auf die >47< nach

SKUDENESHAVN an der Südspitze der **Insel Karmøy**.

Bereits nach 2 km verlassen wir auf der **Karmsund bru**, einer gewaltigen Synthese aus Stahl und Beton – 184 m lang, 60 m hoch – das Festland.

Am Ortsschild von AVALDSNES links **Entsorgung** bei Esso [N59° 21' 29.5" E5° 16' 39.5"].

Hinter den ersten Häusern, auf einer grasigen Hügelkuppe, erhebt sich die steinern-gedrungene **Olavskirche**. Håkon Håkonsen IV. ließ sie 1250 bauen, seitdem hat sie ihr ursprüngliches Aussehen fast unverändert erhalten. Wir folgen nach links dem Wegweiser zur Kirche, denn dort bekommen wir eine wichtige, ja **die** existentielle Frage beantwortet: „Wie lange dauert es noch bis zum Jüngsten Gericht?"

Wir betreten den Friedhof, schreiten links um die Kirche herum. Das Mirakel, ein langer und schmaler, 6 1/2 m hoher Monolith, lehnt fast am dritten Fenster des Längsschiffs: Die "Nähnadel der Jungfrau Maria". Die Sage prophezeit, dass der Jüngste Tag angebrochen ist, wenn er die Kirchenwand berührt – und er senkt sich wirklich immer weiter ....

Bei näherem Studium werden Sie übrigens feststellen, dass man die oberste Spitze bereits einmal abgebrochen hat (vor 1830). So kann man natürlich auch das Jüngste Gericht hinauszögern!

Vor dem Eingang zum Friedhof steht ein norwegisches Vorratshaus, ein **Stabburet**. In ihm wurde ein kleines Museum eingerichtet, das die Geschichte von AVALDSNES und Umgebung belegt (Museum in ständiger Erweiterung zum "Historiesenter").

Zur Geschichte AVALDSNES und Karmøys gehören der älteste Königssitz Norwegens, der Kupferbergbau (hätten Sie gedacht, dass das Metall für die amerikanische Freiheitsstatue in Karmøy gefördert wurde?) und das Meer – der Weg zum rekonstruierten Königshof ist am kürzesten:

Wir marschieren vor der Kirche rechts hinab (nach Osten). Es ist ein schöner Spaziergang zur Insel Bukkøy, wo möglichst originalgetreu das Langhaus eines Wikingerkönigs (und eine Reihe weiterer Gebäude) errichtet wurde. Sie erkennen es gleich, denn es ähnelt verblüffend einem umgedrehten Boot. Auch die Einrichtungsgegenstände entsprechen so exakt wie nur möglich dem archäologischen Material – lassen Sie sich überraschen (offen: Mo-Fr 11-15 Uhr, So 12-18 Uhr)!

Kehrt man zur >47< zurück, überquert sie und rollt 3,8 km nach Westen, so kommt man nach VISNES mit dem Visnes Grubenmuseum (offen: Mo-Fr 11-17 Uhr, So 13-17 Uhr), der Visnes Natursammlung, der Visnes Heide-Ausstellung und der Visnes Friluftsområde mit schönen Stellplätzen, Kinderspielplatz, Wanderwegen und einer kleinen Freiheitsstatue (zur Erinnerung an das Visnes-Kupfer am Original):

(92) WOMO-Picknickplatz: Visnes

GPS: N59° 21' 10.6" E5° 13' 10.1"; Visnesvegen.
max. WOMOs: 3-4.
Ausstattung./Lage: Toilette, Liegewiese, Tisch & Bank, Grillstelle/außerorts. **Zufahrt:** s.Text.

Picknickplatz Visnes

Die >47< führt uns auf der Ostseite Karmøys weiter nach Süden bis KOPERVIK. Ins Deutsche übersetzt bedeutet der Name "Kupferbucht" und erinnert an den Kupferabbau auf der Insel. Dort queren wir mit unserer >47< hinüber zur Westküste der Insel, erreichen ÅKREHAMN.

100 m nach der modernen Kirche (links) biegen wir rechts, Wegweiser: **Åkrasanden**. Kurz darauf stehen wir auf einem großen Asphaltplatz, von dem es direkt hinab geht zu einem blendend weißen, endlosen Sandstrand – bei schönem Wetter wirklich nahezu "Südseeatmosphäre". Der Parkplatz selbst jedoch ist öde und ungemütlich.

(93) WOMO-Badeplatz: Åkrasanden (Kirche)

GPS: N59° 15' 10.7" E5° 11' 21.9"; Stongvegen 62.   **max. WOMOs:** 3-4.
Ausstattung/Lage: herrlicher Sandstrand, Mülleimer/Ortsrand.
Zufahrt: In Åkrehamn 100 m nach der Kirche rechts.

Aber **Åkrasanden** gibt es nicht nur einmal! 350 m weiter nach Süden folgt schon die nächste Zufahrt (Sandavegen). Dort steht man schon etwas gemütlicher auf einem großen Wiesengelände hinter der "Südsee". Nochmals 250 m später kommt die dritte Abzweigung nach **Åkrasanden**. Dieser Platz hat Klohäuschen, Rettungsring, eine Telefonzelle und – ein Camping-verboten-Schild.

Den nächsten Badetraum finden wir 2 km weiter im Süden. Dort nimmt man die Abzweigung nach **Ferkingstadhamn**. Auch von dieser Zufahrt führt nach 500 m rechts eine Schotterpiste direkt zu einem großen **Badeparkplatz** [**94:** N59° 13' 58.2" E5° 11' 08.4"] oberhalb des feinen Sandstrandes.

Nebenan liegt der kleine Fischereihafen von FERKINGSTAD-HAMN mit **Wasserhahn** [N59° 13' 54.3" E5° 10' 49.2"].

3,5 km südlich findet man in Sandhaland auch einen kleinen Campingplatz [N59° 11' 34.0" E5° 10' 51.3"].

Allen Plätzen ist gemeinsam der wunderschöne, fast silberne Riesensandstrand – und eine feine, permanente Brise, die, wen wundert's, längst die norwegischen Surf-Fans angelockt hat. Wann zischen Sie mit Ihnen um die Wette über die Wellenkämme? Falls Ihnen unsere Platzauswahl nicht zusagt – weiter im Süden der Insel setzen sich die Strandangebote fort. Den optischen Knaller entdecken Sie, wenn Sie 3 km vor SKUDENESHAVN rechts zum **Sandvesanden** vor SYRE abbiegen. Der Schotterplatz, umgeben von Wiesenflächen liegt hinter einer einmaligen Strandatmosphäre aus Sand, Fels und Wiese:

(95) WOMO-Badeplatz: Sandvesanden

GPS: N59° 10' 16.1" E5° 11' 54.0"; Mjølhusvegen.   **max. WOMOs:** 2-3.
Ausstattung/Lage: herrlicher Sandstrand, Toilette, Wasserhahn; Camping verboten/ außerorts.
Zufahrt: 3 km vor Skudeneshavn Richtung Syre, nach 300 m rechts.

Wir runden unseren Abstecher in die "Südsee" mit einem Bummel durch den alten, gemütlichen Stadtkern von SKUDE-NESHAVN ab (**Entsorgung** bei Shell [N59° 09' 16.9" E5° 14' 39.2"]; bequem parken kann man rechts des Fähranlegers nach STAVANGER [N59° 08' 48.6" E5° 15' 55.6"]). Dann rollen wir auf der Ostseite der Insel wieder nach Norden. Diese hat keine Südseestrände abbekommen, dafür besticht sie mit typisch norwegische Schären, Heidelandschaft mit Wacholderbüschen, Wollgras und Heidekraut zwischen Moorlöchern. Nach genau 7,8 km kann man rechts zu einer großen **Frilufts-**

område mit großem Parkplatz abzweigen; Wegweiser: Leirplass (Zeltlagerplatz). Einen Badeplatz für "harte Männer" findet man, wenn man über das Gelände bis zur Küste fährt.

---

(96) WOMO-Stellplatz: Leirplass

GPS: N59° 12' 05.1" E5° 18' 45.7"   **max. WOMOs:** > 5.
Ausstattung/Lage: Bademöglichkeit, Liegewiese/außerorts.
Zufahrt: Von Skudeneshavn 7,8 km an der Ostküste nach Norden, dann rechts.

Über AVALDNES und die Karmsund-Brücke kehren wir zurück nach HAUGESUND. Die bedeutende Handelsstadt blickt auf eine lange, ereignisreiche Vergangenheit zurück, hat ihr ein Denkmal gesetzt.

Rollt man auf der >47<, am Zentrum der Stadt vorbei, nach Norden, so kann man Historie mit Badefreuden verbinden. Gleichzeitig weisen nämlich drei Wegweiser nach links: **Campingplatz, Haraldshaugen** und **Badeplatz Kvalsvik**.

Kvalsvik, Haraldshügel

Erst kommen wir am **Haraldshügel** vorbei, einem **National-denkmal** über dem Grab von Harald Hårfager (Schönhaar), gewidmet dem ersten König Norwegens, der das Land zu einem Reich vereint hatte.

Die Saga berichtet: „Am Haugesund steht eine Kirche, aber am Kirchhof im Nordwesten ist der Grabhügel Harald Hårfagers. Westlich der Kirche liegt der Stein, der über seinem Lager im Hügel gelegen hat. Er ist dreizehnein-halb Fuß lang und fast zwei Ellen breit."
Die Kirche, von der die Geschichte berichtet, verfiel bereits im Mittelalter. Reste waren aber noch vorhanden, als man an ihrer Stelle 1872 das Haralddenkmal errichtete (zum 1000jährigen Jubiläum der ersten Reichs-einheit Norwegens). Der 17 m hohe Granitobelisk auf dem 5 m hohen Erdsockel ist umgeben von 29 Steinblöcken. Sie symbolisieren die unter-worfenen Fürsten und ihre Ländereien, auf ihnen sind die alten Bezirksna-men eingehauen. Der in der Sage beschriebene Stein liegt am Fuße des Denkmals, an der Nordwestseite. 100 m links vom Haraldshügel entdeckt man Krosshaugen mit einem frühchristlichen Steinkreuz.

Der **Badeplatz** liegt 1600 m von der Abzweigung entfernt. Es ist ein natürliches Meerwasserschwimmbecken, hineinge-schmiegt in die felsige Fjordküste. Alle Einrichtungen sind vorhanden, ruhige, betonierte Parkplätze – statt Sandstrand jedoch nur glattgeschliffene Felsen.

(97) WOMO-Badeplatz: Kvalsvik
GPS: N59° 26' 06.2" E5° 14' 38.7"; Kvalsvikvegen.   **max. WOMOs:** 2-3.
Ausstattung/Lage: Bademöglichkeit, Toilette, Tisch & Bank, Liegewiese/außerorts.
Zufahrt: s.Text.

Wir kehren auf die >47< zurück, fahren am Zentrum von HAUGESUND vorbei (gemütlicher Stadt- und Hafenbummel gefällig?) und schwenken am fünften (!) Kreisverkehr wieder nach links in die >E 134< ein so, als wollten wir nach OSLO oder STAVANGER fahren. 4,5 km hinter GRINDE verlässt uns die >E 39< nach BERGEN, 4,5 km später taucht bei »km 12,3« überraschend ein **Badeplatzzeichen** auf (Wegweiser: **LIE**). Man biegt links ab, unterquert die Hauptstraße und kurvt 900 m steil zum Strand am **Grindefjord** hinab:

(98) WOMO-Badeplatz: Lie

GPS: N59° 28' 30.2" E5° 32' 26.8"   **max. WOMOs:** 2-3.

Ausstattung/Lage: Schattiges Wiesengelände, Toilette mit Wasserhahn und Waschbecken an der Außenwand, betonierter Badesteg – ein absolut ruhiger Bade-, Picknick- und Übernachtungsplatz/außerorts.

Zufahrt: Auf der >134< bis »km 12,3« (Abfahrt Lie), dort links.

4 km nach dem Lie-Abstecher verlassen wir die >E 134< für einen "kleinen Umweg" Richtung UTBJOA. Das Sträßchen durchkurvt Weiden, die durch Kiefern- und Birkengruppen unterteilt sind, ein kleiner See, dann dichter Wald. Nach 7 km ziehen wir am Ufer des Ålfjords entlang, bis wir bei »km 9,1« zum Badeplatz Skjeljavika abbiegen können.

(99) WOMO-Badeplatz: Skjeljavika

GPS: N59° 34' 14.0" E5° 33' 59.3"   **max. WOMOs:** 2-3.

Ausstattung/Lage: Zweigeteilter Badeplatz (Schären + Sandstrand), Toilette, Sprungbretter, Liegewiese/außerorts.

Zufahrt: Von der >134< nach links Richtung Utbjoa, nach 9,1 km links.

In VIKEBYGD werfen wir einen Blick auf die schöne Kirche mit dem geschweiften, spitzen Kupferdach. Fährt man vor ihr links, so kommt man am kleinen Jachthafen zu einem Picknickplatz [N59° 35' 29.8" E5° 35' 00.3"] mit Sandsträndchen, Tisch & Bank, Wasserhahn am weißen Häuschen, und Kinderspielplatz (die Sandelsachen liegen griffbereit in einer großen Plastikkiste).

Die Straße hält nun Abstand zur Küste, zum Trost werden uns Seen und ein Wasserfall geboten. Kurz vor der Nordspitze der Halbinsel sichten wir wieder den Fjord und sofort auch ein

Bademännchen, das uns links zum **Badeplatz Gardavikjo** [**100:** N59° 40' 02.4" E5° 34' 32.0"] leitet. Nach 800 m muss man das WOMO auf einem schrägen Waldparkplatz abstellen und - zu Fuß - über eine Wiese 200 Schritte zum Badeplatz marschieren.

Ja, das war's auf unserem Umweg. In ØLENSVÅG kehren wir auf die >E 134< zurück, passieren eine WOMO-Entsorgung bei Statoil [N59° 35' 50.7" E5° 44' 39.0"].

In ØLEN stößt die >514< auf "unsere" >E 134<. Hier treffen wir mit den Lesern zusammen, die direkt von SANDEID, ohne HAUGESUND-Abstecher, nach Norden fahren wollen; als nächste Ziele an der >E 134< sind ODDA und HAUKELIGREND angezeigt.

Am Ortsbeginn von ETNE biegen wir links zum **Badeplatz von Osnes**. Das schmale Sträßchen führt am Ufer des **Etnefjords** entlang und nach 1700 m oberhalb des Badeplatzes vorbei. Der Parkplatz ist eine Ausbuchtung links des Weges:

(101) WOMO-Badeplatz: Etne/Osnes

GPS: N 59° 39' 26.7" E5° 54' 27.4"
Max. WOMOs: 1-2.
Ausstattung/Lage: Kiesstrand, Toilette, Tisch & Bank, Liegewiese/außerorts.

Hinter ETNE passieren wir den **Camping** [N59° 39' 38.5" E5° 57' 21.7"] des Ortes, kurz darauf geht es wieder ins Gebirge. Rechterhand schäumt uns ein grünlich schimmernder Fluss entgegen, der Abfluss des **St-**

ordalsvatn, an dessen linkem Ufer wir kurz darauf entlangkurven; am Beginn des Sees wartet ein Picknickplatz, schön eingerichtet (mit WC und **WOMO-Spezial-Entsorgung**.

WOMO-Entsorgungstopf

Während anfangs sanfte Wiesenhänge seine Ufer säumen, richten sich jetzt wieder steile, kahle, dunkle Berghänge auf. Auch ohne Karte hätten wir inzwischen darauf gewettet: Kaum verschwindet linkerhand der See, blinkt links ein neuer Fjord auf, der **Åkrafjord**.

Tief führt unsere Straße zu ihm hinab, und wenn unser WOMO ein U-Boot wäre, könnten wir noch 630 m weiter in die Tiefe tauchen. Wir aber wenden unseren Blick in attraktive Höhen, denn vor uns tauchen die ersten schneebedeckten Berghänge auf – wir nähern uns der Hochebene **Hardangervidda** mit den sie umgebenden Gebirgskämmen und Gletschermassen.

Bereits zwei namenlose Wasserfälle, die am Beifahrerfenster vorbei in die Tiefe stürzten, haben wir im Vorbeifahren registriert – in Deutschland würde man einen hohen Zaun bauen und Eintritt kassieren, da erspähe ich in der Ferne das weiße Band des **Langfoss** (?) den Berg hinuntergleiten.

400 m hinter dem **Langfoss-Tunnel** schwenken wir nach links auf einen **Aussichts-Parkplatz** [N59° 50' 48.6" E6° 20' 28.4"], denn neben uns schäumt die gewaltige Flut des **Langfoss-Wasserfalls** den Hang hinab. Sofort erkenne ich: Das ist nicht das schmale Wasserband, das ich von der Ferne erspäht hatte; dies ist ein gewaltiger Strom, der sich über mehrere Felskanten 600 m hinabstürzt, um schließlich unter der Straße hindurch in den Fjord zu fließen – ein gewaltiges Schauspiel, dessen Urgewalt uns schon deshalb zum Schweigen bringt, weil sein Donnergetöse jedes menschliche Wort übertönt.

Die eiligen Gäste sind des Lobes voll über die bequeme Straße mit den vielen Tunnelpassagen – allerdings weniger begeistert über die **Bomstasjon** 600 m später....

FLÅTO liegt am Ende des Fjords. Hier sprudelt in einem **Katarakt** ebenfalls eine gewaltige Wassermenge in die Meeresbucht, wird malerisch überragt von senkrechten, zerfurchten Felsmauern.

Der **Rullestadvatn** löst unseren Fjord ab, zwei Wasserfälle stürzen in ihn hinein, an seinem Ende liegt der **Camping Rullestadjuvet** [N59° 52' 32.7" E6° 25' 30.0"]. Dahinter verschwinden wir wieder in einem Tunnel, kurven dann hinauf ins **Sørdal**. Der Fluss, der sich hier Bahn gebrochen hat, beeilt sich ebenfalls, rauschend, ja kochend in den See hineinzustürzen. An manchen Stellen presst er sich durch eine nur meterschmale Rinne, dann rauscht er wieder, sechs Meter breit, über eine Felskante. Jetzt fließt er eine Weile ruhig, geradezu unschuldig dahin, um kurz darauf wieder zornig aufzubrausen.

Im eigentlichen **Sørdal**, einem beliebten Freizeitrevier, hat sich jeder Stuga-Besitzer eine eigene Eigenbau-Hängebrücke gebastelt, mit der er den breiten Fluss überqueren kann. Aber auch der WOMO-Urlauber findet rechts und links der Straße Stellen, von denen er in Ruhe die Pracht der Natur genießen kann, denn sinnvollerweise sind gebogene Abschnitte der alten Straße erhalten und zu **Picknickplätzen** umgestaltet worden.

Am Ende des **Sørdals** verschwindet die >E 134< in einem Tunnel – und aus lauter Anhänglichkeit der Fluss parallel dazu in einem **Flusstunnel**. An dieser Stelle biegen wir links auf die >13<, der wir in SAND so untreu geworden waren und halten auf ODDA zu. Ihre liebste Beifahrerin kann jetzt, während Sie die nächsten Serpentinen hinabturnen, scharf nach rechts zurückschauen. Da sieht sie, wie der Fluss aus seinem Tunnel wieder herauspurzelt und den Hang hinabschäumt. Unten im Tale stürzt ihm der nächste Fluss durch eine schmale Schlucht entgegen und vereinigt sich mit ihm zu einem sprudelnden Strudel, dessen felsigem Bett wir ins Tal folgen. Schließlich sprühen die Wogen sogar über die Straße hinweg; das schäumende Inferno strebt jedoch einem doppelten Höhepunkt entgegen – dem **Latefoss**!

Machen Sie rechtzeitig die Seitenscheiben zu und schalten Sie die Scheibenwischer ein, denn hier tost ein **Zwillingswasserfall** zu Tale, überschüttet die Straße mit seinem Wasserstaub. Haben Sie das "lokale Unwetter" durchfahren, entdecken Sie dahinter links der Straße reichlich **Parkraum** [N59° 56' 53.3" E6° 35' 01.5"].

Latefoss

Nun dröhnt schon ein gewaltiger Fluss neben unserer Straße, milchig blau-weiß sein Inhalt, wie Eis, das sich in Bewegung gesetzt hat, einem erwachten Gletscher gleich – und zu unserem ersten Gletscher ist es auch nicht mehr weit!

Kaum schenken wir noch dem **Vidfoss** einen Blick, der weiter unten im Tal seine weißen Wassermassen über die Hänge schüttet; Schwall für Schwall prallt rhythmisch auf die Felsplatten, stürzt weiter hinab in unseren Fluss, ihn noch mehr zu vergrößern. Fast einen Kilometer rollen wir nun, während die Felswände auseinanderweichen, der Fluss strömt ruhig dahin, verbreitert sich zum **Sandvinvatn**.

300 m nach dem Ortsschild von ODDA biegen wir links Richtung "BUER 6 km". 600 m nach der Abzweigung passieren wir den **Campingplatz** [N60° 03' 15.6" E6° 32' 41.6"], dann fahren wir, am Westufer des Sees, ein Stück nach Süden zurück, schwenken im rechten Winkel vom See weg, halten direkt auf gewaltige Eismassen zu – der **Buarbreen**, ein Ausläufer des **Folgefonn-Gletschers**, liegt direkt vor, besser gesagt über uns. Eigentlich sollten wir aber nicht die Augen himmelwärts verdrehen, sondern uns auf die "Straße" konzentrieren, denn der Schotterweg hat gerade noch die Breite unseres WOMOs. Ich brauche nicht extra zu erwähnen, dass links neben unserer Piste das Schmelzwasser des Gletschers in solcher Fülle zu Tale strömt, dass man Angst um das Bestehen der Eismassen bekommt.

Bei der Gehöftegruppe BUAR endet der Fahrweg nach 5,5 km mit breiten Parkstreifen [N60° 02' 40.2" E6° 28' 38.0"] oberhalb des dröhnenden Flusses. Die Uhr zeigt zwar bereits 19 Uhr, aber wir haben schon längst eine "nordische Uhr" in unserem Körper, haben uns an die lange Sonnenscheindauer gewöhnt.

Schnell schnüren wir die Bergstiefel, hängen die Fotoapparate um, sicherheitshalber binden wir uns noch eine Windjacke um die Hüften. Rote T führen uns auf einem Wiesenweg an einem der Gehöfte vorbei. Wir marschieren in einem idyllischen Talgrund, rechts und links hängen die Äste von Erlen, Eschen und Hainbuchen zu uns hinab – heimische Stimmung. Die Idylle paart sich aber nicht mit Ruhe, denn der Gletscherbach rauscht und dröhnt neben uns.

Der Weg wird zum Pfad, steigt zwischen Felsbrocken bergan. Unser dröhnender Fluss wird aus zwei Bächen gespeist, der rechte poltert vom Folgefonn-Hauptgletscher herab, zu dem noch 4 Std. zu wandern wären, wir folgen dem linken zum Buarbreen-Ausläufer. Still und starr liegt der steinerne Tiefkühlmarmor, und doch quellen unaufhörlich brüllende Wassermassen aus ihm heraus – ein Eishauch weht uns entgegen.

Aber seine Majestät der Gletscher möchte heute keine Besucher empfangen! Gerade haben wir ein Bächlein durchquert, sind über Steine gehüpft, haben uns über wankende Brückchen gewagt, sind mit weichen Knien über eine Hängebrücke gewackelt, hängen nun an einem Seil, um uns einen Steilhang emporzuhangeln, da schickt er uns seinen flüssigen Bruder, den Regen! Der malt erst schwarze Punkte auf die Steine, die schließlich zu dunklen, rutschigen, glitschigen Flächen zerfließen. Unsere Stiefelsohlen greifen prüfend zu, wir nehmen die Herausforderung an. Weiter stapfen und rutschen wir, obwohl uns der Schweiß in die Augen und der Regen ins Genick rinnt. Der einzige, trockene Teil von uns sind die Kameras in ihren dichten Taschen unter den Windjacken.

Da haben wir den Gletscher erreicht, berühren die kalte Pracht sicherheitshalber mit den Händen, brechen uns ein Stück uraltes Eis heraus, lutschen daran wie die Kinder – wir sind Sieger!

Aber gerade der Rückweg hat es in sich, rutschige Partien sind bergauf immer einfacher! Doch so, als hätte er aufgegeben, ziehen die "Hilfstruppen" des Gletschers ab; gemütlich stapfen wir hinab, begegnen einem einsamen Wanderer, den es noch kurz vor 21 Uhr hinauf zum ewigen Eis zieht.

Genau 21.30 Uhr sind wir zurück am WOMO – eine 2 1/2-Stunden-Tour ohne große Pausen ist zu Ende, ein Marsch, der uns wegen der "Herausforderung" der Elemente unvergesslich bleiben wird: Unser erster Gletscher!

Beim Ausziehen der immer noch triefnassen Klamotten und Stiefel merken wir erst, wie schlapp wir sind. Da reichen die Kräfte gerade noch, um das WOMO nach ODDA hinabrollen zu lassen (die Übernachtung auf dem Wanderparkplatz können wir wegen der Lärmbelästigung nicht empfehlen!). In ODDA gabelt sich die Straße. Fährt man auf der >550< links 1600 m Richtung UTNE, so findet man einen großen Parkplatz links oberhalb der Straße:

(102) WOMO-Wanderparkplatz: Odda/Folgefonn

GPS: N60° 04' 46.5" E6° 31' 43.9"; >550</Eitrheimsvegen.
Max. WOMOs: 3-4.
Ausstattung/Lage: Tisch & Bank, WC, Wasser (kalt/warm), Wanderweg/außerorts.
Hinweis: Die Wanderung zur Holmaskjär-Hütte am Gletscher dauert hin 5 h, zurück 3,5 h.

Biegt man am Fjord rechts, so sieht man sofort links die weiße Holzkirche. Hinter der Kirche liegen Parkplätze, weitere direkt am Fjord rechts der Busstation mit V/E und WC.

(103) WOMO-Stellplatz: Odda/Busstation

GPS: N60° 04' 15.3" E6° 32' 53.4"   **Max. WOMOs:** > 5.
Ausstattung/Lage: V/E, WC, Pizzabude, zeitweise lauter (!) Jugendtreff/Ortsrand.
Zufahrt: In Odda schwenkt die >13< am Fjord rechts, nach 150 m wieder links.

TOUR 8 (370 km / 3-4 Tage)

Odda – Kinsarvik – Eidfjord – Hardangervidda – Ålvik – Øystese – Osøyro – Lysekloster – Bergen – Dale – Hamlagrøvatn

Freie Übernachtung: Kinsarvik (Husedal), Hardangervidda, Vøringfoss, Ålvik, Rolvsvåg, Osøyro, Fana, Stanghelle, Hamlagrøvatn.

Campingplätze: Kinsarvik, Øvre Eidfjord, Ulvik, Kvanndal, Bergen (Bobil-P).

Ver-/Entsorgung: Kinsarvik, Øystese, Bergen.

Besichtigungen: u.a. Tveitafoss, Hardangervidda mit Valurfoss, Vøringfoss, Steindalsfoss, Lysekloster, Bergen (Edvard Grieg, Brygge).

Baden: Fitjadal, Rolvsvåg, Fana (2x), nördl. Bergen, Stanghelle.

Wandern: Ringedalsvatn, Lofthus, Kinsarvik, Hardangervidda, Fitjadal.

KARTE TOUR 8

ODDAs Banken liegen im Zentrum, unmittelbar an der Durchfahrtsstraße in der Nähe des großen Einkaufszentrum "Coop"; so bieten sich Nachschub für den Geldbeutel und Gelegenheit, das Geld wieder auszugeben, in idealer Nachbarschaft.
Weiter geht es auf der >13< nach Norden, immer am rechten Rand des steilen, schmalen, langen **Sørfjords** entlang, dessen stiller Wasserspiegel, meist weit unterhalb der Straße, die Felshänge und Wasserfälle des gegenüberliegenden Ufers

widerspiegelt; jede Rinne scheint ihren eigenen Wasserfall zu besitzen.

Wir durchrauschen den langen **Tyssedal-Tunnel**; unmittelbar dahinter biegen wir rechts zur Kirche von TYSSEDAL und SKJEGGEDALEN (4 km).

Entlang des Hanges einer gewaltigen Schlucht mit dem 160 m hohen **Skjeggedalsfoss** qualmen wir 7 km hinauf zum **Ringe-dalsvatn**, einem Stausee der Elektrizitätsgesellschaft; die Straße ist steil, schmal, aber ausgezeichnet unterhalten und mit Felsbrocken zum Abgrund hin gesichert.

An den Kraftwerksgebäuden links des Sees sichten wir die Talstation der **Mågelitopp-Bahn**, deren zwei kleine Schienen-wägelchen sich, an einem gemeinsamen Seil mit Umlenkrolle hängend, in 13 Minuten gegenseitig auf die 985 m höhere Hochebene der **Hardangervidda** ziehen. Wanderer müssen aber die Höhe per pedes gewinnen – das Bähnle ist inzwischen fürs Publikum gesperrt.

Aber auch am Ende der Teerstraße, neben dem Damm des **Ringedalsvatn**, einem der größten Staudämme Norwegens, kann man fein picknicken und wandern.

(104) WOMO-Wanderparkplätze: Ringedalsvatn
GPS: N60° 07' 58.0" E6° 37' 35.5"; N60° 07' 43.6" E6° 38' 26.5" **Max. WOMOs:** je 2-3.
Ausstattung/Lage: WC, Dusche (warm), Wanderwege/außerorts.   **Zufahrt:** s.Text.

Wir bremsen das schwere WOMO die 7 km Steilhang wieder hinab, wobei wir leider nicht die Dieselmenge zurückerhalten, die wir bergauf verbraucht haben, obwohl uns unser Physikleh-rer solches (oder zumindest ähnliches) mal weiszumachen versuchte, kurven weiter am **Sørefjord** nach Norden.

Ein weiterer Ausläufer des **Folgefonn-Gletschers** füllt ein gegenüberlie-gendes Seitental, auch aus ihm quillt Eiswasser, ergießt sich weißschäu-mend über den Hang. Nun verbreitert sich der Fjord etwas. Besonders auf unserer Seite wird der Hang flacher, und wenn man den Blick von den eisigen Gletschern und Schneefeldern löst, entdeckt man beidseits der Straße Apfel-, Birnen- und Kirschbäume, der warme Golfstrom macht's möglich. Überall, wo am Straßenrand eine Parkgelegenheit ist, sind Ver-kaufsstände aufgebaut: Ein Tisch, ein Sonnenschirm und einige Körbchen mit prallroten Kirschen.

Auf der Höhe von HOVLAND liegt ein schöner **Picknickplatz**, mit Rosen-büschen, Tischen und Bänken und herrlichem Blick auf den See. Hier zelebrieren wir das lukullischste Mahl unserer gesamten Norwegen-Tour: Die Dame des Hauses reicht Räucherlachs (aber nicht ein paar Scheiben, sondern eine ganze Lachshälfte), Meerrettichsahne und Vollkornbrot, zum Nachtisch gibt es frische Kirschen. Wir schwelgen wie die Fürsten, nein, wie die Könige und behalten doch noch ein Stück der rosafarbenen Köstlichkeit fürs Abendessen übrig.

Der Anblick weiß gischtender Wasserfälle wird uns langsam zur Gewohn-heit, meist sieht man sie aus großer Entfernung auf der gegenüberliegen-den Fjordseite. Um so erschrockener ist man, wenn unverhofft unmittelbar neben der Beifahrertür ein tosender Wasserstrom herunterprasselt.

In LOFTHUS biegen wir noch vor der Ullensvang-Kirche rechts (Wegweiser Hordatun) und parken vor dem Opo-Bach, einen zweiten Parkplatz findet man (hinter der Brücke = Dalsbrua rechts halten) beim Kinderspielplatz.

(105) WOMO-Wanderparkplätze: Lofthus/Elvadal

GPS: N60° 19' 8.6" E6° 39' 40.4"; N60° 19' 9.8" E6° 40' 12.1"   **Max. WOMOs:** je 2-3.
Ausstattung/Lage: Wandertafel, Wanderwege/außerorts.   **Zufahrt:** s.Text.

Die Wanderung ins Elvatal ist ein gemütlicher Spaziergang von 1 - 1 1/2 Std. Ihr Beginn an der Dalsbrua ist aber berühmt, denn hier hat Edvard Grieg, dem Donnergetöse der im Frühjahrs-

hochwasser hinabrollenden Felsklötze lauschend, sich zu seiner Komposition "Våren = Frühling" inspirieren lassen. Seine bescheidene Komponierhütte kann man besichtigen, wenn man 1,5 km weiter auf der >13< freundlich an der Rezeption des Hotels "Ullensvag" nachfragt (bitte grüßen Sie von uns).

Ab KINSARVIK (Entsorgung bei Esso [N60° 22' 26.6" E6° 42' 53.3"], Internet im Info-Büro) nutzen wir die zweite Möglichkeit, mit der **Hardangervidda** Bekanntschaft zu machen. 500 m hinter der Esso-Station biegen wir rechts ins **Husedal**. Nach 2500 m kommen wir vor einer Brücke zu einem ruhig gelegenen **Wanderparkplatz** (dahinter geht's sehr schmal auf Schotter weiter; nach nochmals 1500 m endet das Sträßchen beim Kraftwerk neben dem **Tveitafoss**, dort geringer Parkraum).

(106) WOMO-Wanderparkplatz: Kinsarvik/Husedal

GPS: N60° 21' 48.3" E6° 44' 37.7"   **Max. WOMOs:** 2-3.
Ausstattung/Lage: Wanderweg/außerorts.   **Zufahrt:** s.Text.
Unser Tipp: Am Wanderparkplatz das WOMO abstellen (evtl. übernachten) und bis zum Tveitafoss oder weiter bis auf die Hardangervidda wandern.

Die **Hardangervidda** ist mit 7400 qkm das größte Gebirgsplateau Europas, 1981 wurde die knappe Hälfte davon, genau 3422 qkm, zum **Nationalpark** erklärt (Saarland: 2569 qkm).
Auf diesem Fjell ist alles geboten, was man sich unter "nordischen Erlebnissen" vorstellen kann: Bergheiden, ja Ödland im Osten und große Gletschergebiete im Norden. Stark wechselnde geologische und klimatische Verhältnisse bieten Raum für ein breites Spektrum an seltenen Pflanzen und Tieren, in der endlosen Einsamkeit der Landschaft weidet die größte europäische Wildrentier-Population, wohl über 40000 Tiere. Polarfuchs, Schnee-Eule, Sumpfohreule, Rauhfußbussard oder Alpenschneehuhn, dies sind optische Höhepunkte für geduldige, fachkundige Ornithologen. Der Laie erfreut sich an dem Wechselspiel der farbenprächtigen Bodenflora, die er in Ruhe studieren kann.

Haben wir Sie neugierig gemacht?

Dann wollen wir Sie zu einem Platz führen, von dem aus Sie große oder kleine Wanderungen auf dem Fjell der Hardangervidda machen können oder bereits vom Parkplatz aus bei einem kleinen Spaziergang diese Naturpracht genießen können!

Der **Sørfjord**, der südlichste Zipfel des **Hardangerfjords**, endet bei KINSARVIK (Vergnügungspark, **Campingplätze**, Picknickplätze), wir folgen nun dem nach Osten führenden Finger, dem **Eidfjord**. Auch RINGØY hat einen **Campingplatz** [N60° 26' 27.6" E6° 46' 46.6"] auf einer grünen Wiese, die zum Fjord hin abfällt, umgeben von Kirschbäumen.

Wir registrieren im Vorbeifahren die Großbaustelle der riesigen Brücke über den Eidfjord sowie BRIMNES, eine Hand voll Häuser und eine Fährstation, die Sie, nach Ihrem Hardangervidda-Abstecher vielleicht schon nicht mehr zur Weiterfahrt nach BERGEN benutzen werden. Hier endet die >13<, unser Weg nach Osten heißt plötzlich >7<, die Wegweiser zeigen GEILO an.

Den östlichsten Zipfel der Fjordausläufer des **Hardangerfjords** markiert EIDFJORD. Wir drehen eine Runde am Yachthafen und besuchen die Touristeninformation (Wanderkarte Hardangervidda, Internet fürs Publikum). Dann rauschen wir ins bzw. durchs tunneldurchbohrte Gebirge nach ØVRE EIDFJORD am östlichen Ende des **Eidfjordvatn**. Rings um die lieblichen Ufer türmen sich steile Gebirgswände. Genau auf der Höhe des Campingplatzes klafft eine Spalte zwischen zwei Steilwänden; hier hinein führt unser Weg Richtung HJØLMO. 1900 m später sollte man halten und sich die Aufschrift eines großen Schildes nicht nur durchlesen, sondern dem Text auch Glauben schenken:

> *Bergstraße. Achtung!*
> *Enge Straße, scharfe Kurven, starke Steigung.*
> *Vorsichtig fahren.*
> *Nur für Kleinkraftfahrzeuge ohne Anhänger!*

Wir ziehen den Sicherheitsgurt fester, los geht's!

1800 m weiter hört der Teerbelag auf, Waschbrettwellen garnieren manche Abschnitte der Erdpiste, das WOMO schüttelt sich wie ein nasser Hund nach dem Bade. Eine Weile geht es noch im Talgrund dahin, so dass auch der Fahrer an der gegenüberliegenden Wand den freien Fall der langen, schmalen Bänder des **Vedalsfoss** begucken kann. Aber unser Hang hat einen eigenen Sturzbach, neben dem sich die Piste nun in unaufhörlichen Serpentinen emporschraubt. Der Straßenbauer schien als Maß aller Dinge allerdings einen Fiat Ducato mit langem Radstand benutzt zu haben: Ich muss zwar stets das Lenkrad, wenn ich den Scheitelpunkt der Kurve erreicht habe, bis zum Anschlag einschlagen, jedoch nicht ein einziges Mal zurückstoßen – und ins Rutschen kommt der Vorderradantrieb auch nur einmal.

Nach 5000 m Schotter stehen wir auf einem großen Parkplatz neben dem Oberlauf des Sturzbaches[N60° 22' 45.1" E7° 09' 42.6"].

Hier kann man die in den Wanderführern beschriebenen Wanderungen zum Beispiel zur nahegelegenen **Viveli-Hütte**, zur **Hedlo-Hütte** und zum **Valurfoss** beginnen, den wir zum Ziel unseres kleinen Hardangervidda-Spaziergangs machen wollen:

Wir überqueren den Bach (Wegweiser: Valurfoss, Loftet, Hadlaskar), stapfen am kleinen Åsdalen-Café vorbei, Birkenwald nimmt uns auf, rote T-Markierungen zeigen uns den Weg. Nach 20 Minuten gabelt sich der Weg, "Valurfoss 1 Std." zeigt nach rechts. Der lichte Wald, im Wechsel mit Moorgebieten und Heideflächen, bleibt hinter uns zurück, wir federn über weiche Torfpolster, bereits nach weiteren 45 Minuten haben wir den wuchtigen Katarakt unter uns. Wir setzen uns auf grünen Flechtenstein, lassen uns eine Weile volldröhnen wie in der Disco, fragen uns, wie lange die grünlich schäumenden Wassermassen wohl brauchen werden, bis sie den großen Felsklotz, der ihren Fall umlenkt, "abgesägt" haben.

Moltebeeren, die gleichzeitig weiß blühen und von orangerot bis gelb fruchten, haben wir gesehen und probiert, die **Heidelbeeren** sind hier oben noch nicht ganz reif. Dazwischen nicken die rosafarbenen Glöckchen der **Rosmarinheide**, deren Blätter eher Tannennadeln ähneln. Der Boden unter den Birken ist zugewuchert von einem Teppich kleiner, purpurschwarzer Blümchen mit vier auffälligen, weißen, herzförmigen Hüllblättern, dem **Schwedischen Hartriegel** *(Cornus suecia)*.

Hin- und Rückweg unser Hardangervidda-Einstimmungstour dauerten, mit Pausen, noch nicht einmal 2 1/2 Stunden, ein optisches Vergnügen, dass man sich auch noch am frühen Abend gönnen kann.

Der Bach am Parkplatz rauscht und brodelt; wesentlich ruhiger steht und übernachtet man 2000 m entfernt, wenn man weiter bergauf kurvt und schließlich die Hochebene erreicht hat. Dort endet (derzeit) die Piste hinter einer Brücke, Parkgelegenheiten gibt es reichlich rechts und links des Weges und wer mehr Zeit mitbringt als wir, kann auch von hier aus zu erlebnisreichen Wanderungen aufbrechen (Wegweiser: "Hedlo" und "Viveli"). Genauere Auskunft gibt die Wanderkarte im Maßstab 1 : 50.000 Nr. 1415 IV Eidfjord.

(107) WOMO-Wanderparkplatz: Hardangervidda

GPS: N60° 22' 19.2" E7° 10' 12.3"; 851 m.   **Max. WOMOs:** > 5.
Ausstattung/Lage: Wanderwege/außerorts.
Zufahrt: In Øvreeidfjord beim Campingplatz rechts Richtung Hjølmo.

Recht früh am nächsten Morgen starten wir zum Rückzug von der **Hardangervidda**! Der Gedanke, uns könne auf der Serpentinenstrecke ein Fahrzeug entgegenkommen, verdirbt uns den Frühstücksappetit. Gilt doch in ganz Norwegen die Regel: „Bergverkehr hat Vorfahrt!"

Die Eile lohnt sich, wir sind die Einzigen, können den Blick hinab über die Serpentinen genießen, Fotopausen einlegen und kurz hinter der Abzweigung nach HJØLMO, diesmal in Ruhe, den Zwillingswasserfall **Vedalsfoss** begucken.

Piste hinab von der Hardangervidda

In ØVRE EIDFJORD, an der >7<, müssen uns die Kurzzeit-Urlauber verlassen; nach rechts können sie, einen weiten Bogen über GEILO und GOL schlagend, nach OSLO und zur Fähre zurückkehren. Dabei erleben sie jedoch ein einmaliges Straßenstück:

Die >7< muss ja auch die **Hardangervidda** überqueren, eine steile Hangkante erklimmen. Ob man sich wohl an "Spiralen" in DRAMMEN erinnert hat? Jedenfalls kurvt die >7< in abenteuerlichen Kurven am Hang entlang, entschließt sich sogar zu einer 360-Grad-Kurve im Berg. Nach 10 km kann man auf einen großen Parkplatz beim **Vøringfoss** (mit 182 m freiem Fall einer der beeindruckendsten Wasserfälle Norwegens) abbiegen:

(108) WOMO-Stellplatz: Vøringfoss

GPS: N60° 25' 27.1" E7° 14' 58.5"
Max. WOMOs: > 5.
Ausstattung/Lage: Verkaufsbuden, besserer Blick 200 m vorher/außerorts.
Zufahrt: Der offizielle Parkplatz ist ausgeschildert, besser steht man 200 m weiter.

Hinweis: Den optimalen Blick auf den Wasserfall hat man vom Hotel Fossli aus; 1 km später links. Dort wird aber sogar für das Kurzzeitparken Gebühr verlangt.

Wir halten uns in ØVRE EIDFJORD links (wobei wir aber nicht das tolle Hardangervidda Nasjonalpark Senter übersehen), fahren auf unseren Spuren zurück bis zur Fährstation BRIMNES, wo wir den **Eidfjord** nach BRURAVIK überqueren. Dort schwenken wir sofort auf die >7< Richtung BERGEN, nach rechts führt die >572< über ULVIK (**Campingplatz** [N60° 33' 59.2" E6° 56' 30.7"] beim Sportplatz; **Badeplatz**, mit Wasserhahn, bei der Kirche) ebenfalls nach BERGEN, ein malerischer Umweg von 20 km. Unsere kürzere Strecke nutzt den neuen, 7700 m langen **Vallavik-Tunnel** (mit Kreisverkehr im Berg zur Anbindung der Brückenverbindung!).

Aufpassen! Unmittelbar hinter dem Tunnel, man hat sich noch nicht wieder an das grelle Licht gewöhnt, soll man erneut seine Fahrtroute nach BERGEN wählen! Links sind es 127 km über die >7<, rechts 128 km über die >13< und die >E 16<.

Uns fällt die "linke Wahl" nicht schwer, da unsere Bergen-Visite ein Abstecher ist und wir die nördliche Route ohnehin noch kennenlernen werden. Folglich eilen wir wieder an Verästelungen des **Hardangerfjords** entlang, der innerste Zipfel heißt **Granvinfjord**: Rechts steigen die Wände steil bis in 1200 m Höhe, links fallen sie senkrecht ins Wasser und dann noch 800 m weiter in die Tiefe. Wir passieren die Fährstation KVANNDAL. Hier käme man von KINSARVIK herüber, wenn man den Hardangervidda-Ausflug auslassen möchte.

"Unsere" 7 ist breiter als die meisten Fjordstraßen Norwegens, doch an schwierigen Geländepassagen ist sie auch nur einspurig, die Tunnels sind bei Gegenverkehr nicht zu befahren. Da ich an solchen Streckenabschnitten ohnehin keine Muße habe, die Landschaft zu begucken, entwickle ich eine "Allgemeine WOMO-Fjordstraßen-Vorsichtsregel":

* Mittelstriche auf der Straße – Entwarnung (problemlos, ungefährlich).
* Kein Mittelstrich – vorsichtig fahren, Gegenverkehr kann Probleme geben.
* Viele Bremsspuren auf der Straße – gefährlich, langsam fahren; jede Kurve besonders bedächtig angehen.

Hinter ÅLVIK (am Ortsbeginn links schönes **Picknickplätz-chen** [**109**: N60° 25' 57.4" E6° 26' 36.1"]) mit Toilette über-quert unsere Straße zwei mächtige Druckrohre, die das Was-ser vom **Bjølvegrøvatn** zu den Turbinen des Kraftwerks leiten. Beneidenswert das Land, dass seine Einwohner so umweltfreundlich mit Energie versorgen kann.

Genau 10 km nach ÅLVIK ein weiterer **Picknickplatz** [N60° 23' 48.2" E6° 18' 48.1"], genau so schön angelegt, ebenfalls mit WC und Wasserhahn.

Auch im **Indre Samlafjord**, der den **Granvinfjord** abge-löst hat, hängen die runden Drahtkäfige, in denen Zucht-lachse aufgepäppelt werden. Wir überqueren die elegan-te, ja filigranartige **Hängebrü-cke** über den **Fyksesund**, die **Fyksesund brua**, deren schma-les Teerband durch Ampelverkehr geregelt wird. Ein kleiner **Parkplatz** links hinter der Brücke eignet sich als Stopp für den Fototermin, bequemer steht man auf dem **Picknickplatz** 2 km später, ebenfalls mit schönem Blick über den Fjord.

ØYSTESE hat einen großen **Parkplatz** [N60° 23' 11.5" E6° 12' 06.1"] direkt hinter der Kirche links am Wasser. Genau gegen-

über machen wir einen Abstecher ins Fitjadal, denn dort kann man am Beginn des Sees [N60° 24' 21.4" E6° 10' 11:0"] nicht nur fein wandern und wenige Meter weiter ural-te Fischerhütten begu-cken, sondern findet an seinem Ende einen idylli-schen **Picknickplatz**.

(110) WOMO-Pick-nickplatz: Fitjadalen
GPS: N60° 25' 35.1" E6° 10' 20.0"
Max. WOMOs: 2-3.
Ausstattung/Lage: Über-dachte Grillhütte, Klo/außer-orts.
Zufahrt: In Oystese rechts 6 km bis zum rechten Ende des Fitjadalsvatn.

Am Ortsende von ØYSTESE nutzen wir die feine, saubere Entsorgungsstation bei Esso [N60° 22' 53.6" E6° 11' 52.7"]. In NORHEIMSUND verlässt die >7< die Küste. Die schöne Kirche, auf einem Hügel oberhalb der Stadt, bietet nicht nur einen letzten, schönen Blick über den Fjord, sondern auch einen großen, ruhigen **Stellplatz** [**111:** N 60° 22' 08.4" E6° 08' 33.6"]. Interessiert? Hinter der Esso-Station geht es links hinauf (max. 3,5 to)!

1,5 km westlich von NORHEIMSUND rauscht der **Steinsdals-foss** rechts der Straße; er ist (für norwegische Verhältnisse) nicht besonders groß. Wir, inzwischen Wasserfallprofis, würden ihm kaum mehr als einen Blick gönnen, wenn er nicht − auch von hinten zu begucken wäre!

Ein kurzer Fußweg führt vom Parkplatz an der Straße zum Fall und **hinter** ihm, zwischen Felswand und hinabschießendem Wasserband, vorbei. Man braucht weder Schutzbekleidung noch einen Regenschirm, kaum ein Tropfen fällt auf die hin- und hereilenden Video-Filmer, die schier ausflippen wegen der problematischen Lichtverhältnisse. Etwas weiter hinten endet der Fußweg an einer kleinen Aussichtskanzel, von der aus man den schönsten Blick hat: von der Seite, vor und hinter dem Sturzbach vorbei.

Hinter KVAMSKOGEN gruppiert sich eine ganze Familie von Campingplätzen um einige Skilifte − wir sind im Wintersportgebiet von BERGEN; wie auf Kommando erinnert uns der Wettergott daran, dass wir uns der norwegischen Stadt mit der höchsten Niederschlagsmenge nähern und öffnet seine Wolkenschleusen.

Ein Fluss, mal reißender Gebirgsbach, mal stiller See, begleitet uns durch eine Schlucht hinab zum Ende des **Samnanger-fjords**. Seine schönste Passage als **Katarakt** kann man bei der Abzweigung nach HØYSETER von einem malerischen **Picknickplatz** aus in Ruhe bewundern; als sehenswerte Zugabe bekommt man nebenan noch die alte **Natursteinbrücke** aus dem Jahre 1899.

(112) WOMO-Picknickplatz: Høyseter
GPS: N60° 23' 27.8" E5° 50' 29.4"   **Max. WOMOs:** 2-3.
Ausstattung/Lage: Tisch & Bank, WC mit Wasserhähnen außen/außerorts.
Zufahrt: siehe Text.

Das letzte Wegstück zum Fjord bricht uns der **Hagaå-Tunnel**. Während die breite 7 bald darauf nach Norden zieht, um sich mit der E 16 zu vereinigen, wollen wir weitere 35 km dem Fjord bis OSØYRO nach Süden folgen. Wenn wir dort auf die E 39 treffen und von Süden nach BERGEN einfallen, können wir, bequem am Wegrand, einige Sehenswürdigkeiten "mitnehmen".

Wir preschen noch durch den **Raunekleiv-Tunnel**, biegen **vor** dem nächsten dann nach links, Wegweiser: OS(ØYRO)/ ROLVSVÅG.

Unsere Fjordstrecke ist absolut verkehrsarm und viel breiter, als das dünne, rote Fädchen auf der Autokarte suggeriert, in manchen Abschnitten wurde ihr sogar die Ehre eines Mittelstrichs zuteil – und das will in Norwegen etwas heißen!

Nach 9 km folgen wir in ROLVSVÅG dem Badeplatzwegweiser zur Friluftsområde:

(113) WOMO-Badeplatz: Rolfsvåg

GPS: N60° 19' 14.1" E5° 37' 31.6"
Max. WOMOs: 3-4.
Ausstg./Lage: Kiesstrand, Liegewiese, Tisch & Bank, Grillstelle/außerorts.
Zufahrt: siehe Text.

Weitere Picknick- oder gar Badeplätzchen am Ufer gibt es nicht, das Ufer ist viel zu steil. Der letzte Wegabschnitt meidet gar den Küstenbereich, zieht durchs **Hegglandsdal**, das dem Schwarzwald zur Ehre gereichen würde. Am Ende des Tales treffen wir auf die >552<, die links von der Fährstation HATVIK heraufzieht und uns nach rechts bis OSØYRO geleitet.

Hier entdecken wir zunächst am äußersten linken Rand des Hafenbeckens ein kleines Stellplätzchen mit Badegelegenheit [N 60° 10' 53.7" E 5° 28' 26.0"]. Beim abendlichen Bummel durch das verschlafene Örtchen beschließen wir aber, unser Haupt unterhalb der Schule zu betten, zumal dieser **Stellplatz** [**114:** N60° 11' 16.0" E5° 28' 16.3"] auch noch mit romantischen Bänken am Fluss aufwarten kann...

Am nächsten Morgen rollen wir auf der >E 39< ein Stück nach Norden, auf BERGEN zu. Bereits nach 2 km verlassen wir sie wieder nach links Richtung HAGAVIK, genau 1 km später schwenken wir nach rechts Richtung SØRSTRAUMEN und bekommen kurz darauf endlich mal ein paar norwegische Soldaten zu sehen, die auf einem großen Übungsgelände den Ernstfall – gegen wen auch immer – proben. An der nächsten Straßengabelung ist zum ersten Mal unser Ziel, das **Lysekloster** [N60° 13' 38.3" E5° 24' 18.6"] angezeigt.

Die Ruinen des Klosters, das im Jahre 1146 gegründet wurde, liegen idyllisch in einem leise rauschenden Hain. Die 1930 restaurierten Mauerreste von Norwegens ältestem Zisterzienserkloster sind brust- bis mannshoch; eine Bronzetafel nahe des Eingangs schafft Übersicht über das Areal. Besonders gut erhalten sind einige Bögen des Kreuzganges. In der nördlichen Kapelle, links neben dem Chor, hat man einige Grabmäler vor dem weiteren Verfall durch ein Holzdach geschützt, daneben wurden in einer Ausstellungshalle kleinere Gemäuerreste untergebracht.

Fein kann man durch die Stille schlendern. Zisterzienser aus dem englischen York bemühten sich hier um das Seelenheil der wilden Wikinger. Ob sie wohl erfolgreich waren? Konnten sie die tief sitzenden, heidnischen Bräuche in christliche Bahnen lenken?

Vom **Lysekloster** rollen wir weiter Richtung FANA.
Nach 1400 m streifen wir kurz den **Lysefjord.** Dort, direkt am Ufer, finden sich die bequemen **Stellplätze [115: N60° 13' 08.1" E5° 23' 07.7"]**, die Sie vielleicht vor dem Lysekloster vermisst haben.

So wenig hoch die Berge hier sind, so sind sie doch zerklüftet wie richtige Gebirge im Landesinneren, an der höchsten Stelle der Straße liegt FANASETER mit Aussichtspunkt, Berghof, Heimatmuseum, Streichelzoo (z. Zt. geschlossen) – und einem riesigen Parkplatz rechts der (lauten) Straße:

(116) WOMO-Stellplatz: Fanaseter

GPS: N60° 15' 26.1" E5° 21' 51.8"
Ausstattung/Lage: keine/außerorts.
Max. WOMOs: >5.
Zufahrt: siehe Text.

Dann geht es steil hinab nach FANA mit seiner 800 Jahre alten **Kirche** (rechts der Straße, etwas versteckt). Dort stoßen wir auf die >546< Richtung BERGEN.

Wichtiger Hinweis: Die Parkplatzsituation in BERGEN kann man nur als katastrophal bezeichnen. Wir haben deshalb ab hier nach Plätzen gesucht, wo Sie mit öffentlichen Verkehrsmitteln regelmäßig nach BERGEN fahren können.

Zu einem ersten Plätzchen biegen Sie 50 m nach der Kirche links in den **Krokeidevegen**, wo Sie bereits nach 1,4 km rechterhand ein kleines **Badeplätzchen [117:** N60° 15' 24.1" E5° 19' 51.6"] mit Bushaltestelle finden.
1,7 km später zweigt links der **Hordnesveien** ab (Wegweiser: Hordamuseet). Dort findet man nicht nur reichlich Parkraum, sondern auch einen gut ausgestatteten Badeplatz und eine Bushaltestelle. Am ruhigsten steht man an der Mole.

(118) WOMO-Badeplatz: Hordamuseum
GPS: N60° 16' 09.5" E5° 19' 32.8"; Hordnesveien. **Max. WOMOs:** 3-4.
Ausstg./Lage: Sandstrand, WC, Liegewiese, Tisch & Bank/außerorts.
Zufahrt: siehe Text.

Die Bebauung wird dichter, wir folgen weiter der >553<.
Wenn Sie aufpassen, entdecken Sie bald das Hinweisschild **Troldhaugen** [N60° 19' 23.1" E5° 20' 03.5"], dem wir nach rechts folgen:

Ein großer, norwegischer Künstler hat es besonders verstanden, die Gefühle seiner Landsleute, die Stimmungen der Landschaften, die Sagen aus der Welt der nordischen Zwerge und Trolle musikalisch auszudrücken: **Edvard Grieg**. Er wurde 1843 in BERGEN geboren, schuf dort die meisten seiner Meisterwerke, starb auch dort, hochgeehrt, im Jahre 1907.
Wie lebte der bedeutendste skandinavische Komponist, wie arbeitete er?
Edvard Griegs Heim, genannt **Troldhaugen**, liegt am Südrand BERGENS am **Nordås-See**. Es ist als Museum (Gebühr) jedermann von 9.30-17.30 Uhr zugänglich!
Durch eine schattige Buchenallee wälzt sich ein Besucherstrom, die Gesprächsfetzen, die ich auffange, stammen aus aller Herren Länder – Grieg hat Verehrer auf der ganzen Welt!

Ein liebevoll gepflegter, jedoch weitestgehend naturbelassener Park, in dem Rhododendren dominieren, ein bescheidenes Holzhaus, aber mit herrlicher Aussicht über die Fjordlandschaft und weiter unten im Park, fast

am Wasser die Komponistenhütte, so eingerichtet, als hätte der Meister sie nie verlassen ....
Auf einem Felsen vor der Hütte träumt ein junges Mädchen in den Tag, walkman-hörend. Ob sie wohl Solvejgs Lied aus der Peer Gynt-Suite lauscht – oder eher den Scorpions?

Wir kehren zur >553< zurück, setzen unseren Weg nach BERGEN fort. Links der Chaussee plötzlich gepflegte Anlagen, Rhododendron-Büsche, eine hohe Mauer, darüber die Türmchen einer kleinen Burg, **Gamlehaugen**, die Residenz des Königs bei BERGEN-Besuchen. Der Park ums Schloss kann besichtigt werden (Mo-Fr von 10-13 Uhr).

Ein zweiter Kreisverkehr, ein dritter, immer weiter auf der >553<, ein vierter, wir passieren mal wieder eine **Bomstasjon**. Jetzt kann man den Wegweisern zum Sentrum und denen zum **Fährhafen Internasjonal** folgen (oder der >582</Sotra).

Erst dort, wo Sie das Wasser von **Vågen** erblicken, den Hafen von BERGEN, schwenken Sie rechts auf die >555<. Folgt man ihr durch den Nygards-Tunnel und über die Puddefjord-Brücke, so entdeckt man darunter das neue **Bergen Bobilsenter** [**119: N60° 22' 56.2" E5° 19' 03.6"**] im Damgårdsveien 99, wo man für 200 NOK nächtigen darf (V/E, Dusche, Strom).

Bergen, Bobilsenter

Schwenkt man an der gleichen Stelle von der >E 39< halblinks, so kommt man zum südwestlichen **Strandkaien**, in dessen Verlängerung Sie, zumal im Bereich der **Nykirke**, der neuen Kirche, nach 18 Uhr (und am Wochenende) vielleicht (!) leere Parkplätze [N60° 23' 56.8" E5° 18' 39.1"] vorfinden werden. Von hier aus sehen Sie, am gegenüberliegenden, nördlichen Ufer, bereits die bedeutendsten Wahrzeichen der ehemaligen Hansestadt: **Bryggen**, die Handelshäuser der **Deutschen Brücke**, links dahinter die **Mariakirke** und weiter links, wieder vorn am Ufer, die **Håkonshalle** neben dem **Rosenkrantztårn**, dem **Rosenkrantzturm**.

Wir schlendern am Yachthafen vorbei, um **Vågen** herum zur **Brygge**. Gleich eines der ersten Gebäude auf der Nordseite ist das **Hanseatische Museum**, eines der ältesten Holzhäuser der Stadt, eingerichtet als Handelshaus im Stil des 18. Jahrhunderts; es spiegelt das kaufmännische Leben und Treiben zur Zeit der Hanse wider (offen: tägl. 9-17 Uhr).

Wir spazieren an der **Brygge**, der berühmten Giebelfront der Handelshäuser entlang, die jede zweite Ansichtskarte von BERGEN ziert und machen auch Abstecher in die schmalen Gassen dazwischen; denn dort liegen die Lagerhäuser mit den typischen Lastenaufzügen. In ihnen findet man heute Gaststätten, Andenkenläden und die Werkstätten verschiedener Kunsthandwerker, an der historischen Architektur, die unter dem Schutz der UNESCO steht, wurde jedoch nichts verändert.

Spaziert man weiter am Kai entlang, so kommt man schließlich zum **Rosenkrantz-turm**. Er wurde im 16. Jahrhundert vom Schlosshauptmann zu Bergenhus, Erik Rosenkrantz, als kombinierter Festungs- und Wohnturm errichtet, zwei ältere Anlagen wurden integriert. Gleich dahinter liegt die würdige **Håkons-halle**, der größte und stattlichste Bau im ehemaligen Königshof von Bergen, gebaut für König Håkon Håkonsson zwischen 1247 und 1261 (10-16 Uhr).

Zwischen der Giebelfront der **Brygge** und dem **Rosenkrantzturm** führt ein kurzes Straßenstück zur **Mariakirke**, dem ältesten Gebäude BERGENs und einer der schönsten romanischen Kirchen Norwegens überhaupt. Als "Kirche der Hansekaufleute" war für ihre reiche Ausschmückung bestens gesorgt, die Kanzel gar ist eine der prächtigsten Barockarbeiten überhaupt (offen: wochentags 11-16 Uhr).

Hinter der Kirche halten wir uns rechts und marschieren die **Øvregate** nach Südosten, parallel zur **Brygge**. Von hier aus kann man nochmals einen Blick in die historischen Lagerhäuser hineinwerfen und landet am Ende der **Øvregate** an der Talstation der **Fløibane**. Dies ist eine Standseilbahn, die Sie in 10 Minuten auf den 320 m hohen **Fløyen-Berg** hinaufhievt. Dieser ist nicht nur der schönste Aussichtspunkt über Bergen und seine reiche Fjord- und Insellandschaft, Sie können sich auch im "Folkerestaurant Fløyen" zu keineswegs volkstümlichen Preisen verwöhnen lassen (Steak mit Zwiebeln - Biff med løk, 145 NKr). Völlig kostenlos jedoch kann man von dort aus auf Wegen und Pfaden durch unberührte Wald-, Berg- und Seenlandschaft wandern und den Weg hinab zur Stadt zu Fuß zurücklegen. Wir wenden der Bahnstation den Rücken zu und kehren wieder zum Hafen und zum WOMO zurück.

Unser letztes Ziel in BERGEN ist das berühmte **Akvariet**, das Aquarium, eines der modernsten und umfangreichsten in Europa. Sie finden es nur wenige hundert Meter weiter nach Nordwesten, ab der **Nyekirke**: Strandgaten – Nordnesgaten – Nordnesbakken. Von 9-19 Uhr können Sie

Wir verlassen BERGEN unterirdisch, erst hinter dem Fløyfjelltunnel erblicken wir wieder das Tageslicht. 2,5 km später verlassen wir die >E16/E39< nach rechts (Wegweiser: Eidvågsneset). Nach weiteren 1,5 km sichten wir das Hinweisschild zum Badeplatz Helleneset:

(120) WOMO-Badeplatz: Helleneset-Friluftsområde
GPS: N60° 26' 02.9" E5° 16' 57.2"; Hellebacken.   **Max. WOMOs:** >5.
Ausstattung/Lage: Tolle Parkanlage, Liegewiese, Kiesstrand, Meerwasserschwimmbecken, Duschen, Tisch & Bank, Grillstelle, Toiletten/Ortsrand.
Hinweis: Die nächste Bushaltestelle am Helleveien ist nur 5 min. entfernt!

Wir umrunden die Halbinsel Eidvågsneset weiter und werden automatisch zur >E16/E39< zurückgeführt. Diese schlägt einen weiten Bogen um das gebirgige Hinterland von BERGEN, zunächst nach Norden, Osten (hier macht sich die >E 39< nach Norden davon), Südosten, Süden, wo in einem Fjordzipfel das Örtchen ARNA liegt. Dort, beim Bahnhof, findet man viele **Parkplätze** [N60° 25' 11.9" E5° 28' 00.6"] und wäre mit dem Zug in wenigen Minuten im Zentrum von BERGEN!
Schließlich schwenken wir in unsere Hauptrichtung Nordosten, der **Sørfjord** begleitet uns linkerhand, eine elegante Hängebrücke überspannt ihn zur Insel **Osterøy**; VOSS ist als nächste größere Ortschaft angezeigt.   5.8.14
Ein Tunnel nach dem anderen wird dröhnend durchquert, dazwischen schnell ein Blick auf die Natur im Tageslicht. Ab und zu sichten wir neben uns auch noch die Bahnlinie, aber meist ist sie gerade in einer Tunnelstrecke, wenn wir im Freien fahren – oder umgekehrt.
Eine Pause tut Not! Hinter dem **Stanghelle-Tunnel** schwenken wir links nach STANGHELLE, halten geradeaus auf "STANGHELLE Vest" zu. Biegt man hinter der Brücke über den **Dalevåg** links, so landet man an einem kleinen geteerten Parkplatz vor dem lauschigen **Badeplatz** von STANGHELLE. So klein der Parkplatz ist – der Badeplatz ist ein Idyll:

(121) WOMO-Badepl.: Stanghelle
GPS: N60° 33' 05.6" E5° 43' 57.9"
Max. WOMOs: 1-2.
Ausstattung/Lage: Ausgedehnte Liegewiese, umgeben von malerischen Felsen mit einem Birkenwäldchen; Tische und Bänke, Rutschbahn am Kies/Sandstrand, warmes und kaltes Wasser in der Toilette am Parkplatz/außerorts.

Gestärkt kehren wir zur >E 16< zurück, wo sich die "Tunnelpartie" fortsetzt.

Nach dem 30. oder 40. Tunnel (oder waren es erst 20?), haben wir "die Schnauze voll". Da gibt es doch noch die alte Bergstrekke übers **Kjerringa-Fjell**!?

Vor der Kirche von DALE biegen wir rechts (Richtung DALE-Zentrum/Bergsdalen) in unsere Ausweichstrecke ein.

„Das geht ja gut los!" Unmittelbar neben der Kirche verschwindet auch die alte Straße in einem Tunnel (Hinweisschild: 2,80 m Höhe; inzwischen auf 3,60 m erhöht).

Die Bergstraße geht sofort voll zur Sache, ist schmal, führt oberhalb eines Sturzbaches steil bergan. Eine in den Berg geschlagene **Galerie** (Höhe: 3,80 m) passieren wir noch, dann erreichen wir nach 4,5 km den **Picknick- und Aussichtsplatz** [N60° 34' 45.0" E5° 51' 52.4"] oberhalb der Staumauer des **Storefoss**. Er ist der vierte von einer Kette von Seen, die durch Druckrohre miteinander verbunden sind.

Die Weiler FOSSE und ØYE werden durchquert: Beim Ortsendeschild von ØYE rechts unterhalb der Straße ein schönes **Wiesenplätzchen** am Fluss [N60° 34' 17.9" E5° 54' 35.7"],

erreichbar nur für VW-Bus-Piloten.

Gebrechliche Hängebrücken überqueren das Flüsschen neben der Straße zu einsam gelegenen Ferienhütten. Wanderer mit schwerem Gepäck nähern sich aus der Wildnis einer einsamen Bushaltestelle, über uns haben die Bergkuppen weiße Hüte auf.

LID heißt der nächste Weiler; seine kleine Kirche, natursteingemauert, mit quadratischen Schieferplatten auf dem Dach, steht ganz alleine für sich auf einer grünen Wiese.

Es wird langsam Abend, die Suche nach einem ruhigen Übernachtungsplatz beginnt: Eine Weile rollen wir durch menschenleere Wildnis, dann beginnt der zweite See. Wir ziehen am linken Seeufer entlang, ein Wasserfall wird kurz registriert, BERGE wird angezeigt; 100 m hinter dem Ortsschild ein **Stellplatz** [**122:**N60° 33' 38.0" E5° 59' 45.2"] am See (mit gefährlichem Wasserstrudel) !

HATTLESTAD wird durchquert, dann passieren wir das Kraftwerk von KALDESTAD mit einem **Rastplatz** an den **Kaskaden** des Baches.

Nun wird die Landschaft wieder belebter, im Gebiet von RØD-

LAND scheint hinter jeder Birke eine "Hytta" zu stehen. Kühe trotten die Straße entlang, ein Schäfchen kaut versonnen und guckt uns nach. Wie schön, dass man hier eine neue Hütten-siedlung angelegt hat! An der Zufahrt, vor der Brücke, wurde deshalb ein großer Parkplatz angelegt.

(123) WOMO-Stellplatz: Rødland/Vierdalen

GPS: N60° 32' 18.0" E6° 03' 44.4" **Max. WOMOs:** > 5.
Ausstattung/Lage: keine/außerorts.
Zufahrt: siehe Text.

Dann haben wir den obersten, den größten See, den **Hamlag-røvatn** erreicht, rollen an seinem langen, linken Ufer entlang. Ein einziger Parkplatz wartet auf weiter Flur, weit oberhalb des Wasserspiegels, mit Info-Tafeln, Tisch & Bank sind verschwun-den ...

Wir nehmen deshalb, genau 7,2 km später, nach rechts die kurze Stichstraße Richtung HODNABERG. Bereits nach 500 m haben wir, fern jeglichen Durchgangsverkehrs, unser heutiges **Übernachtungsplätzchen** rechts des Sträßchens gefunden:

(124) WOMO-Stellplatz: Hodnaberg

GPS: N60° 33' 43.3" E6° 11' 59.0"
Max. WOMOs: 1-2.
Ausstattung/Lage: keine/außerorts.
Hinweis: Wer die Stichstraße bis zu ih-rem Ende fährt, findet weitere, umfang-reiche Stellplätze am See beim kleinen Kraftwerk [N60° 33' 27.8" E6° 12' 38.2"].

TOUR 9 (220 km / 2-4 Tage)

Voss – Stalheimskleiva – Undredal – Flåm – Aurland – Lærdal – Borgund – Kaupanger – Eide

Freie Übernachtung: Flåmtal, Fjellparkplätze, vor Borgund, Eide.

Campingplätze: Voss, Tvindefoss, Gudvangen, Flåm, Undredal, Kaupanger.

Ver-/Entsorgung: Voss, Gudvangen.

Besichtigungen: Bordalsgjel, Tvinnefoss, Stalheimskleiva, Flåmbahn, Flåm-tal, Aurlandsfjell, Wildlachs-Center, Stabkirchen Borgund und Kaupanger.

Wandern: Bordalsgjel, Stalheimskleiva, Aurlandsfjell, Flåmtal.

Kaum sind wir von unserem Übernachtungsplätzchen am **Hamlagrøvatn** zur Bergstraße übers **Kjerringafjell** zurückge-kehrt und rechts eingebogen, haben wir die höchste Stelle der Gebirgsstrecke erreicht und rollen wieder abwärts, an zwei kleinen Seen vorbei. Langsam wird das Gefälle steiler, am Rande einer schmalen Schlucht turnen wir hinab, eine **Galerie** nimmt uns auf – alles einspurig. Erst im Tal hatten die Straßen-bauer mehr Platz und nutzten ihn auch gleich aus. Noch ein paar Kilometer, ein kurzes Tunnelstück, dann überqueren wir den Fluss und schwenken wieder in die >E 16< nach VOSS ein.

Unsere Gebirgsalternative hat uns die gewünschte Abwechslung gebracht und einen ruhigen Übernachtungsplatz geschenkt. Wie zeitaufwendig diese Strecke jedoch ist, merken wir, als wir jetzt mit erlaubter Höchstgeschwindigkeit auf der breiten Allee dahinfegen. VOSS (2 km vor dem Ort schöner **Picknickplatz**) liegt schön am Ende des **Vangsvatn** und am Beginn des **Lønavatn**. Es gibt mehrere Gründe, hier einen Stopp einzulegen!

Folgt man nach der Kirche dem Wegweiser zum Campingplatz, so kommt man zu großen Parkplätzen zwischen Friedhof, Sporthalle und **Campingplatz** [N60° 37' 28.9" E6° 25' 21.6"]. Dieser liegt schön im Kiefernwald am Beginn einer Halbinselnase (Prestegardsmoen) im **Vangsvatn**, die von romantischen Spazierwegen durchzogen ist.

Rollt man an der Kirche vorbei und folgt an der Ampel nicht der >E 16< nach links, sondern fährt geradeaus (Richtung Gjernes) über den Fluss und dahinter sofort wieder rechts, so kommt man nach genau 2 km zur Brücke über eine Schlucht (dahinter links **Parkplatz** [N60° 36' 46.4" E6° 25' 22.7"]).

Die **Schlucht Bordalsgjel** entstand während der letzten Eiszeit, als sich Gletscherwasser unter dem Eis hindurchpresste und die weichen Tonschieferschichten mit harten Gesteinbrocken zunächste anbohrte und schließlich wegriss.

Info für Gasbedürftige: Fährt man hinter der Brücke geradeaus und nach 900 m rechts Richtung VOSS Handelspark, so findet man bei VOSS Gas eine LPG-Station [N60° 38' 04.0" E6° 27' 38.7"].

Wir verlassen VOSS auf der >E 16< nach Norden; nach 3,5 km **Entsorgung** bei der xy-Tankstelle [N60° 39' 23.9" E6° 26' 15.5"]. Falls Sie mal wieder ein paar Wasserfälle sehen möchten: Von den Steilhängen links des **Lønavatn** stürzt eine ganze Serie herab.

Der **Lønavatn** wird vom **Strondaelva** abgelöst, der uns im typischen Wechselspiel von breitem Strom und sprudelnden **Kaskaden** begleitet. Wir zwängen uns links auf den kleinen **Parkplatz** (daneben Campingplatz) vor dem Wasserfall **Tvindefoss**: Breit gefächert stürzt der Wasserstrom über mehrere

Felsstufen, die er mit schwarzen Algen überzogen hat.

2000 m später, auf der linken Straßenseite, wartet ein schöner **Picknickplatz** [N60° 44' 31.2" E6° 29' 21.4"] an den wild schäumenden **Kaskaden** des Flusses. Hier herrscht wesentlich weniger Andrang als zu Füßen des Wasserfalles.

Unser Kaskadenfluss führt uns nun steiler hinauf ins Gebirge, eine Schlucht nimmt uns auf, die ersten Schneefelder blitzen am gegenüberliegenden Hang, als sich vor uns der **Oppheimsvatn** ausbreitet; zu seinem Beginn, links der Straße, ein großer **Picknickplatz**; ein zweiter, an seinem Ende rechts, noch schöner gelegen.

Wir verabschieden den See und rollen zwischen gemütlich dahockenden Gebirgsklößen dahin. Der See markiert den höchsten Teil der E 16 zwischen BERGEN und GUDVANGEN. Von BERGEN bis zum **Oppheimsvatn** brauchte die Straße dafür 125 km, nun soll sie in 20 km wieder auf Meeresniveau hinabführen. Die modernen Straßenbauer bevorzugen gleichmäßiges Gefälle, bauen Tunnel und Brücken. Wie so oft gibt es aber auch noch das alte, das "Profilsträßle", das Serpentine auf Serpentine das Geländeprofil hinauf- oder hinabkurvt.

Vorteil – Nachteil?

Der Urlauber, der Zeit hat, möchte ja die Vielfalt der Natur erleben, "etwas sehen", Tunnel aber sehen immer gleich aus! Folglich werden wir jetzt mit Ihnen ein "Profilsträßle" fahren, das Sie Ihr Leben lang nicht mehr vergessen werden, denn eine der schönsten Schluchten liegt vor uns, die **Stalheimskleiva**. Normalerweise würden Sie unter ihr, neben ihr, auf jeden Fall so an ihr vorbeifahren, dass Sie sie nicht zu Gesicht bekommen. Um das zu ändern, gibt es drei Möglichkeiten:

* Sie biegen vor, d. h. oberhalb der Schlucht Richtung STALHEIM ab und fahren bis zum **Stalheim-Hotel**. Dort steigen alle aus bis auf den Fahrer. Dieser arme (?) Mensch fährt zurück zur >E 16<, durchrollt die Tunnelstrecke und wartet am unteren Ende der Stalheim-Schlucht auf Sie, denn der Rest der WOMO-Mannschaft wandert das Schluchtsträßle zu Fuß hinab.

* Falls die Mannschaft zu faul zum Laufen ist, muss der Fahrer selbst das abenteuerliche Gefälle und die kühnen Serpentinen

Abwärts in der Stalheimskleiva

meistern – und sich dabei keinesfalls von den Begeisterungs-
rufen seiner Mannschaft ablenken lassen (Gegenverkehr gibt
es dank Einbahnstraßenregelung nicht!).
* Sie rollen gemeinsam auf der >E 16< weiter, durchbrausen
zwei Tunnel, den ersten mit einer langgezogenen S-Kurve,
dann kommt ein sekundenkurzer Blick ins Freie, ein zweiter
Tunnel nimmt Sie auf, und an seinem Ende sind Sie am unteren
Ende der Schlucht, wo Sie rechts zur **Stalheimskleiva** abbiegen. Kurz hinter dieser Abzweigung können Sie rechts parken,
ein Stück die **20 % Steigung** hinaufstapfen, Blicke in die
wunderschöne Schlucht mit ihren Wasserfällen werfend.
Die >E 16< verlässt **Hordaland**; die nächste Fylke heißt **Sogn
og Fjordane**. Unmittelbar vor der "Grenze" finden Sie rechts
einen großen **Picknickplatz** [N60° 50' 38.2" E6° 43' 17.9"] mit
Klo zwischen den Natursteinbrücken des alten Straßenver-
laufs.
Rechts und links der Straße türmen sich die Berge immer
höher, werden die Hänge immer steiler, Wasserfälle rauschen
herab – ein Fjord bereitet sich vor, der **Nærøyfjord**. Eine
Steilwand liegt vor uns, zerfurcht, nahezu vegetationslos, und
ein Wasserfall neben dem anderen stürzt sich hinab, eine
unbeschreibliche Kulisse, in der mittendrin in GUDVANGEN
der **Vang-Camping** [N60° 52' 17.4" E6° 49' 45.0"] liegt.
Kurz darauf zweigte bis vor kurzem die >E 16< nach links ab,
endete am Fjord, kapitulierte vor der gewaltigen Landschaft,
vertraute sich bis LÆRDAL den Fährschiffen an. Jetzt ist die
Verbindung über FLÅM und AURLAND bis LÆRDAL fertiggestellt, von den ca. 50 km sind über 40 km Tunnelstrecke, einer
ist mit 24 km der längste Festlandstunnel der Welt!
Wir halten weiter geradeaus Richtung AURLAND und verschwinden im **Gudvangen-Tunnel** (unmittelbar davor links

Fähre Kaupanger–Gudvangen 2 1/4 Std ★★★★

Shell mit **Entsorgung** [N60° 52' 46.0" E6° 50' 36.8"]) und, etwas abseits, schöner **Picknickplatz**), der mit einer Länge von 11400 m nahezu das ganze Gebirgsmassiv bis zum **Aurlandsfjord** durchbohrt. Am Tunnelende kann man sofort rechts auf einen **Parkplatz** rollen und sich wieder ans Tageslicht gewöhnen.

600 m später biegt die >601< links nach UNDREDAL ab. Diese schmale Stichstraße nehmen wir wegen der Stabkirche von UNDREDAL, aber auch die Strecke selbst ist "eine Reise wert": Sofort nach der Abzweigung notieren wir einen großen geschotterten **Stellplatz** [**125:** N60° 54' 02.2" E7° 03' 27.8"], der sich gut für eine Übernachtung eignet.

Rechts begleitet uns ein Sturzbach, links schießt ein Wasserfall hinab, rauscht dann unter einem Schneefeld hindurch, dann folgt eine ganze Herde von Wasserfällen, flankiert unsere Fahrstraße rechts und links wie die "weißen Mäuse" einen Staatsgast. 3400 m nach der Abzweigung liegt ein weiteres **Rastplätzchen** rechts unten am Fluss.

Am Ortsbeginn von UNDREDAL parken wir rechts auf dem **Parkplatz**, von hier sind's nur wenige Schritte bis zur Kirche. Wer sich mehr für den Blick auf den Fjord und einen Rundgang durch das Fischerdörfchen interessiert, rollt in den Ort hinein und findet reichlich **Parkraum** und einen kleinen **Campingplatz** [N60° 57' 03.0" E7° 06' 19.5"] dort, wo der Sturzbach in den Fjord mündet (Ziegenkäse und -salami im Dorfladen – lecker!).

Vermutlich ist die Kirche von UNDREDAL eine der ältesten von Norwegen (und gleichzeitig die kleinste, die noch benutzt wird); bei der Dachreparatur fand man die Jahreszahl 1147.
1722 wurde sie jedoch zu ihrer heutigen Gestalt umgebaut, ihre Herkunft als Stabkirche ist deshalb nur noch im Inneren zu erkennen. Von der Inneneinrichtung besonders sehenswert ist ein Leuchter mit fünf geschnitzten Rehköpfen und die Kanzel aus dem Jahre 1696. Die Ministranten jedenfalls hatten's gut: Sie brauchten zum Läuten nicht in den Glockenturm zu klettern, denn die Seile hängen bis in den Vorraum der kleinen Kirche hinab. Bei der letzten Restaurierung im Jahre 1962 musste man drei Farbschichten entfernen, um auf die ursprüngliche zu stoßen. Jetzt kommen Sie in den Genuss der ältesten Malerei auf den Holzwänden und an der Tonnendecke: Sterne, Engel, Baum- und Blumenmuster deuten auf ihre mittelalterliche Herkunft.

Wir kehren zur Abzweigung von der >E 16< zurück, die mit uns sofort wieder in einem Tunnel, dem 5000 m langen **Flenja-Tunnel** verschwindet. Wir blinzeln an seinem Ende in ein kreisförmiges, von hohen Bergen umgebenes Tal, in das wie mit der Axt hineingeschlagen der letzte Zipfel des **Aurlandsfjords** hineinragt.

Statt Idylle erblickt man an seinem Ende eine Bahnstation, die eher zu einer Großstadt gehören könnte als zu dem Dörfchen FLÅM. Aber von der Eisenbahn geht in Norwegen ein besonderer Zauber aus. Dies liegt daran, dass die zerklüftete Landschaft geradezu abenteuerliche Konstruktionen für die Schienenwege erzwang, die jede Bahnfahrt zu einem besonderen Erlebnis machen. Die Flåm-Bahn, ein Abstecher der Strecke OSLO-BERGEN, turnt von der Bergstation MYRDAL in 865 m Höhe in 20 km bis auf Meeresniveau hinab, der steilste Teil hat ein von Gefälle von 1 : 18 und sinkt wie in einer Achterbahn aus 20 Tunnels, die teils am, teils im Berg liegen, in die Tiefe. Eilig hat es der Lok-Führer nicht, denn die meisten Fahrgäste sind Touristen. Folglich wird an den markantesten Punkten entsprechend langsam gefahren und am **Kjosfoss** wird gar angehalten – wir freuen uns auf die Fahrt mit der Flåm-Bahn!

Im Bahnhofsbereich steht ein riesiges Parkareal zur Verfügung, und es wird auch gut benutzt. Außerdem findet man im Talrund Banken, Gaststätten, Picknickplätze (mit Campingverbotsschildern), ein Info-Büro (davor Internetzugang) und einen empfehlenswerten **Campingplatz** [N60° 51' 46.0" E7° 06' 36.0"].
Zwischen 8.35 Uhr und 19.45 Uhr gibt es neunzehn Abfahrten, eine Fahrt dauert runde 50 Minuten und kostet (rauf und runter) 350 NOK (bis 15 J. 240 NOK, Familienkarte 850 NOK).
Wir sind bis MYRDAL hinaufgekurvt und wieder hinab, haben alles ange-

guckt, waren begeistert – und haben eine ganze Reihe von Fehlern gemacht, die wir das nächste Mal vermeiden werden: Das **Flåmsdal**, durch das wir fuhren, bietet eine herrliche Naturkulisse, ein schöneres Wandergebiet kann man sich nicht vorstellen.

Was stört jedoch bei Bergtouren? Der Aufstieg!

Und genau den – und nur den – sollte man deshalb mit der Bahn machen, nicht mehr und nicht weniger.

Die fast 100-jährige **Baustraße der Flåmbahn** durchzieht die gleiche Strecke wie die Bahntrasse, von MYRDAL bis hinab nach FLÅM sind es rund vier Stunden zu Fuß, auf bequemem Weg, übrigens auch geeignet für

Bahnhalt am Kjosfoss

Radfahrer (wobei das unterste Teilstück geteert und langweiliger ist).

Deshalb unser Tipp (den wir inzwischen mit viel Freude selbst ausprobiert haben): Lassen Sie FLÅM mit seinem Bahnhofstrubel links liegen und folgen Sie der Bahntrasse (Wegweiser: **Flåmsdal**). Bereits nach 1000 m passiert man den zweiten Bahnhof (LUNDEN [**126:** N60° 51' 02.6" E7° 06' 49.7"], mit ruhigen **Parkplätzen** rechts der Straße. Nach 2600 m ist man unterhalb des Bahnhofes von HÅREINA [**127:** N60° 50' 22.0" E7° 07' 22.7"], ebenfalls **Parkmöglichkeiten**.

Könnte man immer noch weiter fahren? Nach weiteren 7200 m auf sehr schmaler (**?**) Bahn (not suitable for camping vehicles!) steht man auf dem großen **Parkplatz** des Bahnhofs BEREKVAM mit **Toiletten** und genauem Fahrplan (kurz davor schön angelegter **Picknickplatz** [**128:** N60° 47' 18.9" E7° 05' 48.4"]).

Dort übernachten wir ungestört (denn nachts fährt kein Zug), lösen am nächsten Morgen im Zug (nur der 1. Zug hält hier!) eine einfache Fahrt bis VATNAHALSEN, der letzten Station vor MYRDAL. Bis dahin ist man das aufregendste Stück bergauf gefahren, hat am **Kjosfoss-Wasserfall** angehalten, der Rückmarsch führt durch den schönsten, wildromantischen Teil des **Flåmstals** – und dauert nur zwei Stunden!

Wer sich die Fahrtkosten ersparen möchte, wandert von BEREKVAM aus 1 Std. bergauf und 1 Std. wieder zurück – und erlebt ebenfalls den schönsten Teil des Tales! Keinesfalls aber sollte man eine Rückfahrkarte lösen, den besonderen Reiz der Landschaft erlebt man nur zu Fuß!

Hinweis: Bis BEREKVAM, wenn überhaupt, nur spät abends fahren, sonst viel Gegenverkehr von Radfahrern.

Wir haben das **Flåmstal** in vollen Zügen genossen, rollen am rechten Ufer des **Aurlandsfjords** 8 km bis AURLAND (vor dem 24-km-Tunnel verlassen wir die >E 16< nach links, folgen dem Wegweiser: Aurlandsfjellet). Wir verschmähen den Tunnel, wollen über das Fjell nach LÆRDAL kurven! Ungefähr 8 km braucht das schmale Sträßchen, bis es sich die senkrechte Wand emporgehangelt hat, dabei bieten sich (für den Beifahrer) phantastische Blicke auf den nach unten versinkenden **Aurlandsfjord**; der Fahrer zirkelt um die Serpentinen herum und achtet auf den Gegenverkehr! Aber nach 7 km kommt auch für ihn die Aussichtsbelohnung in Form des **Stegastein-Parkplatzes** [N60° 54' 29.2" E7° 12' 45.2"] mit einer verglasten Aussichtskanzel. Ein besonderer Clou ist die

Damentoilette mit Aussichts-Sitzplatz über den Fjord.

Oben, auf der Hochebene, wird die Straße wesentlich breiter, man kommt wieder bequem aneinander vorbei.

Bald haben wir die Baumgrenze über-

schritten, eine freie Sicht in alle Richtungen tut sich auf; wildes, einsames Land durchqueren wir; die einzigen nichtmotorisierten Lebewesen, denen wir begegnen, sind Schafe. Wir passieren nach 11,5 km die rotweiße Schranke, ab der die Straße im Winter gesperrt ist, davor große **Parkplätze** [N60° 55' 28.4" E7° 16' 15.9"]; immer weiter, noch weiter kurvt die Straße durch die Tundralandschaft – da fängt der Winter an!

Ab 1200 m Höhe beginnen sich Schneefelder rechts und links der Straße auszudehnen, zusammenzuwachsen, immer höher zu werden, bis schließlich schneeweiße Wände die Straße begleiten, als hätten sie sich in der Jahreszeit geirrt.

Haben Sie genug Heizgas dabei? Dann dürfen wir Ihnen nach 15,5 km den **Parkplatz** auf dem Pass in 1306 m Höhe zum Übernachten empfehlen – er ist riesengroß und menschenleer!

(129) WOMO-Stellplatz: Aurlandsfjell »km 15,5«
GPS: N60° 55' 28.4" E7° 18' 23.3"; 1306 m.   **Max. WOMOs:** 3-4.
Ausstattung/Lage: keine/außerorts.   **Zufahrt:** Von Aurlandsfjord 15,5 km aufs Fjell.

Langsam begreifen wir: Hier oben wohnt der Winter, hier lässt er sich auch im Sommer nicht vertreiben! In den Seen treiben im August Eisberge, man will kaum glauben, dass zur gleichen Zeit unten am Fjord reife Kirschen an den Bäumen hängen. Und trotzdem wagt sich an den häufiger sonnenbeschienenen Hängen eine Minivegetation aus Gräsern und Flechten aus dem Boden, Polsterpflänzchen beginnen zu blühen, ein gelbes Hornveilchen guckt trotzig auf nur einen Meter entfernte Eisbrocken.

Schön ist auch der Wanderparkplatz Flotane nach 27 km. Der Kubus beherbergt ein WC mit "Solarantrieb". Ob wohl die Klobrille beheizt wird?

(130) WOMO-Wanderparkplatz: Aurlandsfjell/Flotane

GPS: N61° 00' 27.0" E7° 19' 51.5"; 1212 m.
Max. WOMOs: 3-4.
Ausstattung/Lage: WC, Bank, Wanderwege/außerorts.
Zufahrt: Von Aurlandsfjord 27 km aufs Fjell.

Kaum haben wir einige Höhenmeter verloren, tauchen die ersten Sennhütten auf, zwischen den Schneefeldern weiden Schafe, Büsche und Bäume beleben wieder das Bild. So, wie wir zum Lærdalsfjord hinabsteigen, kehren Frühling und Sommer zurück.

Vom nächsten Wanderparkplatz Vedahaugane haben wir bereits einen prächtigen Blick hinab in den Lærdalsfjord.

(131) WOMO-Wanderparkplatz: Aurlandsfjell/Vedahaugane

GPS: N61° 01' 53.9" E7° 19' 39.3"; 1021 m.   **Max. WOMOs:** 3-4.
Ausstattung/Lage: WC, Bank, Wanderwege/außerorts.
Zufahrt: Von Aurlandsfjord 31 km aufs Fjell.

Im letzten Stück sind wieder 8 % Gefälle angezeigt, und wie aus einem Wintertraum erwachend tauchen wir ein in das sommerliche Grün. Um uns herum rauscht und braust all das, was weiter oben still und starr in den Armen des Winters lag, munter zu Tal. Die Rinnsale vereinigen sich schließlich zu zwei grandiosen Wasserfällen, gemeinsam bilden sie einen dicken, breiten, schäumenden Sturzbach, der uns lautstark begleitet.

Noch ein paar Serpentinen, und wir haben den **Lærdalsfjord** vor uns. An seinem Ufer angekommen, biegen wir rechts Richtung LÆRDAL. Bereits nach 600 m schön angelegter Picknickplatz links der Straße:

(132) WOMO-Picknickplatz: Lærdalsfjord

GPS: N61° 06' 12.2" E7° 25' 53.0"
Max. WOMOs: 3-4.
Ausstattung/Lage: Tisch & Bank, ruhig/außerorts.
Zufahrt: Vom Aurlandsfjell hinab zum Fjord. Dort nach rechts 800 m.

Nach 3 km, am Ortsbeginn von LÆRDAL, umrunden wir einen Kreisverkehr. Eigentlich müssten wir hier links Richtung KAU-PANGER/SOGNDAL abbiegen. Die besterhaltene Stabkirche Norwegens, die von BORGUND, können wir aber keinesfalls auslassen! Also fahren wir geradeaus weiter Richtung OSLO/BERGEN. Der Fjord endet, der **Lærdalselva** jedoch ist ein guter Ersatz.

Das breite **Lærdal** hat einen ebenen, fruchtbaren Talgrund, in dem Obst und Gemüse gedeihen. Die Felder liegen, vor den Unbilden der Winde geschützt, zwischen steilen, fast vegeta-tionslosen Felswänden; an der Hangkante leuchten bereits Schneefelder; aus ihnen stürzen Wasserfälle, die den Talgrund bewässern. Auf den letzten Kilometern vor der Stabkirche verengt sich das Tal zusehends, wird zur Schlucht, zur Klamm; kaum blieb mehr Platz für Straße und Fluss.

Eine Neubaustrecke, bestehend fast nur aus Tunneln, löste das Problem. Wir schwenken vor dem ersten (Selta-)Tunnel in die alte Trasse (historische Route) ein!

Bereits nach 400 m haben wir rechts der Straße einen ersten **Picknickplatz** [**133:** N61° 03' 13.8" E7° 43' 21.1"] mit Klo rechts der Straße. Bereits 1000 m später der nächste **Picknickplatz** [**134:** N61° 03' 33.8" E7° 43' 42.8"], diesmal links der Straße und ohne Klo, dafür mit Wasserfall **Sjurhaugsfoss** und Aus-sicht auf einen verlassenen Hof (Hausmannsplatz Galdane).

Bei allem Respekt vor den in den Weg ragenden Felsen sollte man einen Blick über den Fluss werfen. Dort schlängelt sich der antike Handelsweg oberhalb des Wassers entlang, auch als **Königsstraße** bezeichnet, wurde sie doch bereits im Jahre 1023 von König Olav dem Heiligen benutzt.

Wir berühren kurz die Neubaustrecke, bevor sie wieder in einem Tunnel verschwindet

Vindhella steht auf dem nächsten Hinweisschild: Während man dort besonders gut erhaltene Teile des alten Königsweges

besichtigt, entdeckt man auch einen Gedenkstein an den ersten Automo-biltouristen, der Norwegen im Jahre 1901 bereiste – bereits 878 Jahre nach Olav dem Heiligen!

Die Stabkirche von BORGUND [N61° 02' 49.0" E7° 48' 45.9"] ist wirklich schön, sie mag sogar die schönste von ganz Norwegen sein! Deshalb hier die genauen Öffnungszeiten (Mai - September 10-17 Uhr, 11.6.-21.8. 8-20 Uhr). Nebenan lohnt sich ein Be-such im **Stabkirchenmuseum.**

Zurück in LÆRDAL (diemal haben wir die Schnellstraße benutzt), besuchen wir hinter dem Kreisverkehr rechts das **Norwegische Wildlachscenter** (offen: 9-19 (21) Uhr).

Dort erfahren Sie alles über das Leben und Lieben der Lachse, den Gefahren, denen sie durch Angler und Parasiten ausgesetzt sind – und können den Prachtburschen auch von Angesicht zu Angesicht gegenüberstehen: Eine Stromschnelle, Lachsgumpen und die Lachstreppe sind durch unterirdische Fenster oder vom Freigelände aus zu beobachten. Filmvorführungen (auch in deutsch) über die Lachswanderungen und den Lachsfang runden das Programm ab. Die riesigen Parkplätze [N61° 05' 57.9" E7° 28' 55.2"] sind mit den uns bereits bekannten Verbotsschildern garniert, denn gegenüber wartet der **Campingplatz** auf großzügig zahlende Kunden. Dann schauen wir doch lieber wieder in die Röhre!

Nein, nicht in den mobilen 12-V-Farb-TV, sondern in die des 6600 m langen **Fodnes-Tunnels**. 1500 m nach seinem Ende sind wir bereits an der Fährstation FODNES, lassen uns über den Beginn des Årdalsfjords nach MANHELLER schippern. Genießen Sie die Aussicht, denn unmittelbar nach dem Ausschiffen verschwinden wir bereits in der nächsten Röhre, die uns erst oberhalb KAUPANGERS wieder ausspuckt.

Nach 4,5 km geht's scharf rechts hinab in den Ort; sofort nach dem Ortsschild biegen wir in einen Schotterweg zur 200 m entfernten **Stabkirche** von KAUPANGER, zu einer der größten

6.8.14.

Stabkirchen überhaupt. 1862 wurde sie außen weiß angestrichen, nach der letzten Restaurierung hat sie ihr altes, naturbraunes Aussehen zurückerhalten. Schmückende Stilelemente am Baukörper lässt sie vermissen; wir können über den Friedhof spazieren, die Kirche von allen Seiten begucken, ohne dass uns ein Zaun oder gar ein Kassenhäuschen daran hindern würde (Kirche geöffnet: 10-16 Uhr; Gebühr).

Für den geruhsamen Nachtschlaf dürfen wir auch mal wieder einen "Campingplatz" empfehlen!

Rollt man hinab in den Ort, vorbei am **Sognefjordbåt-Museum** und der Fährstation nach GUDVANGEN und noch 1000 m am Fjord entlang, so kommt man zum **Badeplatz** und zum **Selbstbedienungs-Campingplatz "Amlasanden"** [N61° 10' 37.0" E7° 15' 54.0"]. *bildschön + einfach & ar 100 NOK*

Wir rauschen noch 3,8 km weiter auf der >5< Richtung SOGNDAL, nehmen dann nach links das Sträßchen (Wegweiser: FIMREITE), das uns hinab zum **Sogndalsfjord** führt. Immer dem Schwimmersymbol folgend, kommen wir nach 1500 m an den goldgelben Sandstrand von EIDE.

(135) WOMO-Badeplatz: Sogndalsfjord/Eide

GPS: N61° 12' 08.4" E7° 10' 21.3"   Max. WOMOs: 2-3.
Ausstattung/Lage: Sandstrand, WC, Waschbecken, Camping verboten/außerorts.
Zufahrt: 3,8 km hinter Kaupanger von der >5< nach links, ausgeschildert.

TOUR 10 (290 km / 3-4 Tage)

Eide – Sogndal – Solvorn – Gaupne – Nigardsbreen – Skjolden – Jotunheimen

Freie Übernachtung:	Molden (W-Parkplatz), nördl. Nigardsbreen, Fabergstøls-breen, Mørkrid, Sognefjell, Leirdal, Jotunheimen.
Campingplätze:	u.a. Gaupne, Nigardsbreen, Skjolden, Bøverdalen.
Ver-/Entsorgung:	Sogndal, hinter Solvorn.
Besichtigungen:	Stabkirche Urnes, Jostedalsbreen, Saga-Säule, Sognefjell.
Baden:	Eide, Solvorn, Skjolden.
Wandern:	Molden (1118 m), Jostedalsbreen, Galdhøppigen (2469 m).

KARTE TOUR 10

Wir kurven von unserem Badeplätzchen wieder hinauf zur >5<. Diese übersteigt den Höhenrücken zum **Sogndalsfjord**. SOGNDAL liegt an der Brücke, die die Engstelle zwischen dem **Sogndalsfjord** und dem **Barsnesfjord** überspannt. Hinter dieser Brücke halten wir uns rechts nach GAUPNE/LOM, tauschen also die >5< gegen die >55< ein (**Entsorgung** hinter der Brücke gegenüber Statoil [N61° 13' 58.0" E7° 07' 09.7"], 700 m später rechts **Picknickplatz**).

Kaum haben wir das linke Ufer des **Barsnesfjords** verlassen, zieht die Straße bergan – Tunnel! Zwischen der ersten und der zweiten Röhre rechts und nach der zweiten links je ein **Picknickplatz**, der zweite schöner am kleinen **Hafslovatn**, beide jedoch direkt an der Straße!

An der xy-Station oberhalb von HAFSLO suchen wir eine Weile nach der angekündigten **Entsorgungsstation** [N61° 18' 07.1" E7° 12' 30.2"]. Schließlich entdecken wir sie an der rechten Gebäudeseite: Eine Art Regenfallrohr mit Deckel - wir sind begeistert über den Einfallsreichtum.

Sie könnten einen Schlafplatz gebrauchen, einen ruhigen? Den suchen wir für Sie, wenn's geht, nicht gerade an einer Hauptstraße!

Während unter uns der **Hafslovatn** im Abendlicht schimmert, bringt uns das Hinweisschild: **"Stabkirche URNES 4 km"** auf die passende Übernachtungsidee. 250 m nach der xy-Station schwenken wir nach rechts in die 3 km kurze Stichstraße, die nach SOLVORN am **Lustrafjord** hinabkurvt.

Die Stabkirche von URNES, wohl die schönste überhaupt, liegt jedoch auf der anderen Fjordseite. Üblich ist es, das Fahrzeug in SOLVORN stehen zu lassen, überzusetzen und die 20 Minuten zur Kirche zu Fuß zu gehen. SOLVORN hat also genug Parkraum, auch für Wohnmobile. Die erste Fähre legt 7 Uhr (So 10 Uhr) ab, die letzte 18.30 Uhr an – also könnte kein Verkehr den Nachtschlaf stören. Geht man nach links am Ufer entlang, so findet man einen kleinen **Badeplatz** mit Sandstrand und Schwimminsel. Das wäre doch ein Übernachtungstip, oder!? Leider haben die geplagten Solvorner inzwischen überall **Camping-Verbotsschilder** aufgestellt, so dass wir nach einem Ausweichplätzchen gesucht haben!

Fährt man an der Abzweigung nach SOLVORN vorbei, so entdeckt man 4800 m später rechts die Wegweiser Mollandsmarki/Molden in einen bequem geschotterten Fahrweg, der durch den Wald aufwärts nach 2,4 km zum idyllisch gelegenen **Molden-Wanderparkplatz** führt:

(136) WOMO-Wanderparkplatz: Molden
GPS: N61° 19' 59.9" E7° 16' 16.4" **Max. WOMOs:** 3-4.
Ausstattung/Lage: Mülleimer, Toieltte mit Waschbecken, Wanderweg auf den Molden (nachmittags ist der beste Foto-Termin!)/außerorts.
Zufahrt: 4,8 km nach der Abzweigung Solvorn von der >55< nach rechts 2,4 km.

Außer ruhigem Nachtschlaf könnten wir Ihnen von dort aus folgendes Abenteuer-Arrangement anbieten:

Schlafen bis 1 Uhr, dann Wanderung bis 4 Uhr auf den Molden (1118 m) mit Blick auf die hinter den Jotunheimengipfeln aufgehende Sonne (der Wanderweg beginnt 100 m hinter dem Parkplatz nach links).

Und da Sie gerade so schön am Wandern sind – geht's am nächsten Morgen zu unserer zweiten Gletschertour!

Der **Jostedalsbreen** (eine seiner 24 Zungen ist der leicht zu erwandernde **Nigardsbreen)**, ist mit seinen 470 qkm der größte des europäischen Festlands.

Wir kehren zur >55< zurück, setzen unseren Weg nach rechts Richtung GAUPNE/LOM fort, rollen hinab zum **Lustrafjord**, besser gesagt seiner westlichen Nase, dem **Gaupnefjord**. Der Fjordkontakt ist nur kurz, bereits 400 m nach dem Ortsschild von GAUPNE biegen wir links auf die >604< ins **Jostedal** zum 37 km entfernten **Nigardsbreen**, einer Zunge des **Jostedalsbreen**. Das **Jostedal** wird beherrscht vom **Jostedalselva**, der milchigweiß mit bläulichem Stich im Talgrund dahinrollt. Jetzt, in der Sommerzeit, liegen breite, weiß schimmernde Schotterbänke frei, zeugen von der wilden Flut, die sich während der Schneeschmelze hindurchwälzt. Schöner **Picknickplatz** links bei »km 12,5« [N61° 29' 35.3" E7° 16' 12.7"], auch zum Fluss kann man gegenüber hinabrollen...

Gemütlich schlendert die Straße am Flusslauf entlang; wir lassen uns erschrecken von einer einspurigen Tunnelröhre, aus der mit warnendem Hupen ein Sattelschlepper herausdröhnt. Wir warten, wagen uns hinein – und lenken unseren dicken Kasten um einem PKW herum, der sich ängstlich in eine Nische gedrückt hat.

Nach knapp 34 km verlassen wir die >604<, biegen links zum **Nigardsbreen**. Und da ist er schon: Wie ausgeschüttetes Milchpulver quillt die weiße Masse zwischen zwei Felsklammern zum Talgrund hinab. Versäumen Sie nicht, an der Abzweigung links die Ausstellung im **Breheim-Senter** zu besuchen, das man nach dem Brand 2011 sicher wieder aufgebaut hat.

Liebevoll und trotzdem hochmodern präsentiert, erzählt sie alles Wissenswerte über Gletscherentstehung und -veränderung, Flora und Fauna (kostenloser Internetzugang im Eintrittspreis inbegriffen, Übernachtung erlaubt).

Dem "Original" darf man sich auf der Privatstraße erst nähern, nachdem man 500 m weiter seinen "Bompenger" entrichtet hat (vor der Mautstation **Campingplatz**; Sparsame marschieren durch eine abwechslungsreiche Landschaft – oder radeln – vom Breeheim-Senter aus zum Gletscher!). Die Stichstraße führt 2,5 km zwischen grünen Birken und blühenden

Weidenröschen auf das ewige Eis zu, kaum einen Blick schenken wir den vielen **Picknickplätzchen** (Camping verboten) am Wegrand. Am Ende der Straße freilich liegt ein großer **Wanderparkplatz** [N61° 40' 22.8" E7° 14' 02.5"], trotzdem drängen sich die Gletscher-Touristen-Autos wie Heringe.

Der Fußweg zur Gletscherzunge ist eine lustige Kletterei über die glattgeschliffenen Felsen des Berghanges, allerdings sollte man auch bei trockenem Wetter griffiges Schuhwerk tragen. Schon deshalb, weil auch die Ausläufer von zwei Wasserfällen auf Wackelsteinen zu durchqueren sind. Der Anblick der glitzernden Eismassen ist bei Sonnenschein natürlich besonders schön. Aus der Ferne wirkt die Oberfläche zunächst hässlich grauweiß von den jahrelangen Ablagerungen, aber in den Sprüngen und Falten tritt ein blendendes Weiß zu Tage, das an den dünnsten Stellen von einem strahlenden Blau abgelöst wird.

Wanderer bringen kein Geld in die Kasse, sagte man sich am **Nigardsbreen** und richtete flugs einen Bootspendelverkehr ein, der über den Gletschersee den Fußweg von 35 auf 15 Minuten abkürzt (die Strecke ändert sich allerdings ständig, da der Gletscher wächst oder abschmilzt).

Wer den Gletscher nicht nur begucken, sondern auch erwandern möchte, kann, ja sollte sich einer geführten Tour anschließen. Die Menschenkette mit der Sicherheitsleine sieht zwar aus, als würde gerade ein Sklaventransport übers Eis getrieben – aber Sicherheit geht vor (denken Sie an **Ötzi**, der lag hunderte von Jahren im Eis).

Ein Gletscherspaziergang würde Ihnen gefallen – aber ohne Menschentrauben (und einen praktischen Übernachtungsplatz vermissen Sie auch noch?).

Gemach, gemach, jetzt kommt das Insiderprogramm:

Wir rollen an der Abzweigung zum **Nigardsbreen** vorbei (»km 0«), überqueren den Gletscherfluss, passieren bei »km 3,3« den Weiler FÅBERG und präsentieren Ihnen bei »km 3,6«

rechts den großen, idyllischen, von Birken umgebenen ersten **Übernachtungsplatz** [**137**:N61° 40' 16.7" E7° 19' 09.7"]. Bei »km 6,0« durchqueren wir einen Tunnel und bei »km 8,6« haben Sie den Wanderparkplatz für Ihren Privat-Gletscher, den **Fåbergstølsbreen**, erreicht:

(138) WOMO-Wanderparkplatz: Fåbergstølsbreen

GPS: N61° 42' 24.8" E7° 20' 12.4"; 472 m.   **Max. WOMOs:** >5.
Ausstattung/Lage: Wanderweg zum Fåbergstølsbreen, Hinweg 45 - 90 min, Rückweg 40 - 90 min. (je nach Witterung, Wegzustand usw.)/außerorts.

Hinweis: Die gemütliche Wanderung zum Fåbergstølsbreen führt auf einem Schotter-kiesgeröllfelspfad, mit Steinmännchen markiert, nur mäßig steil rechts des Gletscherbaches bergan. Erst nach der Hälfte der Tour sieht man die Gletscherzunge. Die Vegetation beschränkt sich auf Zwergweiden und Krüppelbirken. Wir waren bei unserem Besuch die einzigen Gäste! Jahreszeitlich bedingt kann der Weg unpassierbar sein.

Aber das **Jostedal** ist noch nicht zu Ende! Bald sichten wir die nächste Gletscherzunge. Dann schwenkt der Fahrweg nach rechts, steigt steiler an und endet nach 20 km unterhalb der Staumauer des **Styggevatn**.

(139) WOMO-Wanderparkplatz: Styggevatn

GPS: N61° 45' 43.2" E7° 28' 00.4"; 1159 m.   **Max. WOMOs:** >5.
Ausstg./Lage: Wanderweg über die Staumauer 20 min./außerorts.

Hier können Sie parken, so lange Sie Gas für Ihre Heizung haben und den gigantischen Blick hinab ins obere Jostedal genießen oder mit uns einen 20-min.-Spaziergang über die Staumauer machen mit herrlichem Blick auf den **Austdals-breen**, eine der nördlichsten Zungen des Jostedalsbreen
Ein zweites Mal bestaunen wir das **Jostedal**, biegen in GAUP-NE in die >55< ein, überqueren den **Jostedalselva**; dahinter links haben Sie in den Supermärkten letztmals die Gelegenheit, sich mit der Wanderkarte "1 : 50.000 Nr. 1518 II Galdhøpiggen" einzudecken, denn unser nächstes Ziel ist das größte, das erhabenste, was wir Ihnen in Norwegen bieten können:

Vom 2469 m hohen **Galdhøpiggen** können Sie auf alles in Norwegen hinabblicken – wir besteigen mit Ihnen den höchsten Berg des Landes!
Ein paar Höhenmeter soll uns aber das WOMO abnehmen, schließlich sind wir in GAUPNE auf Meeresniveau! Auf dieser Höhe bleiben wir auch noch eine Weile, rollen gemütlich am **Lustrafjord** entlang. Zwei **Picknickplätze** warten gleich am Anfang, rechts neben der Straße, bei LUSTER gar ein kleiner **Badeplatz** neben der Straße, weitere **Picknickplätze** verteilen sich auf den

Rest des Fjords, rechtzeitig durch entsprechene Symbole angekündigt. Unbedingt sollte man einen Blick auf die Dale-Kirche von LUSTER aus dem Jahre 1250 werfen.

Am besten hat uns der letzte **Picknickplatz** gefallen, dort, wo der Fjord endet: Ein Wiesenstück, Tische und Bänke, Bademöglichkeit – und auf der anderen Straßenseite ein Bolzplatz! In SKJOLDEN zweigt nach links ein Sträßchen nach MØRKRID ab. Vorbei am **Camping Bolstad** [N61° 29' 38.6" E7° 36' 12.5"] winden wir uns ins Tal, zunächst auf Asphalt, dann als Naturbahn. Nach 8 km endet die Piste bei einem großen **Wanderparkplatz** [140: N61 32 59.8 E7 37 21.0]. 7.8.14

Ab SKJOLDEN beginnt der Aufstieg der >55< zum **Sognefjell**, einer Hochebene, die die günstigsten Einstiegsmöglichkeiten ins **Jotunheim-Massiv** bietet, in dem die bizarrsten und höchsten Gipfel Norwegens beisammenstehen, als hätten sie Wichtiges zu besprechen.

Falls Sie Ihr WOMO bis vor die Stabkirche von URNES fahren möchten, müssten Sie nun, ab SKJOLDEN, auf der Südseite des Fjordes 31 km zurückrollen.

Die >55< passiert den türkisfarbenen Eidsvatn (am Beginn Campingplatz), dahinter rauscht eine breite Wasserfahne den schwarzen Fels hinab, eine zweite stürzt in mehreren Stufen zu Tale. Dann, ab FORTUN, steht das Gebirge wie ein Klotz vor der Straße. Serpentine auf Serpentine nimmt sie die Herausforderung an, folgt dabei, wie üblich, dem Wege eines Sturzbaches. Einige mächtige, stumpfe Kegel schieben sich als Vorhut ins Blickfeld, lauter Zweitausender.

Am Hotel **"Turtagrø"** (gegenüber großer **Wanderparkplatz** [**141:** N61° 30' 14.9" E7° 48' 11.1"; 896 m]) macht die Straße einen Rechtsknick, die ersten schroffen, so hohen Zacken, dass Gletscher sie nie erreichen und abschleifen konnten, blicken hochnäsig auf uns hinab.

„Wartet nur!" denke ich.

Am Rande eines breiten Trogtales, das die Eiszeitgletscher wie eine Schüssel ausgeschliffen haben, ziehen wir weiter hinauf. 1000 m über dem Meer sind erreicht und immer noch kein Ende. Längst haben wir die letzten Bäume zurückgelassen, in schattigen Mulden lagert noch der Schnee vom letzten oder vorletzten Winter. 1100 m, 1200 m, die Straße (und mit ihr das WOMO) verschnaufen eine Weile auf einer Hochfläche. Bei 1155 Meter der **Picknickplatz Oscarshaug** [**142:** N61° 30' 33.8" E7° 49' 09.7"] (mit Toilette) – das Außenthermometer zeigt 6,8°C.

In 1400 m Höhe hat der Winter die Landschaft wieder voll im Griff, Schneeflächen bedecken über die Hälfte des Bodens, rechts und links der Fahrstraße türmen sich meterhohe Schnee-

berge, auf den blauschwarzen Seen schwimmen Eisberge. Am **Picknickplatz Kammerherren** [N61° 33' 31.7" E7° 57' 19.4"] haben wir die 1400-m-Marke überschritten. Hier erfroren 1813 sechs Reiter, Henrik Ibsen kam offensichtlich bei besserem Wetter vorbei. Ein ausgesägter Felsklotz und eine moderne Berg-Peil-Anlage ergänzen das eisige Freizeitangebot.

Kurz nachdem wir die Grenze zur **Opplandsfylke** überschritten haben – nomen est omen – haben wir bei 1434 m die höchste Stelle der Bergstraße erreicht, den **Fantestein-Pass** [N61° 33' 57.3" E8° 00' 23.6"] – näher kann ein motorisierter Urlauber den Berggöttern von **Jotunheimen** nicht kommen! Neben der Straße folgen einige Skifahrer, mit freiem Oberkörper, einer schmalen Loipenspur. Warum haben Sie keine Skier dabei?

Schon kündigt sich der Abstieg an! Einige Serpentinen, 8 % Gefälle, im **Breiseterdal** ist schon wieder Frühling! Wasserfälle schießen rauschend unter unserer Straße hindurch, zwischen den Weidenbüschen kauen Kühe und Schafe, massenhaft **Picknickplätze** in gewaltiger Umgebung, kaum besucht. Nochmals sinkt die Straße, 7% Gefälle, in Schleifen bergab. Uns ist nicht wohl dabei – das müssen wir alles, zu Fuß, wieder hinauf!? 7./8.8.'14

Wir erreichen das **Leirdal**, bereits dicht bewaldet. Auch hier malerische **Rastplätze** am rauschenden Fluss. Besonders schön im Wald versteckt ein **Picknickplatz** [**143:** N61° 40' 47.3" E8° 13' 38.5"], die Bäume zum Schutz mit Seilen umwickelt (oder will man die zu breiten WOMOs schützen?).

Bei der Häusergruppe **Elveseter** legen wir einen kurzen Stopp ein. Neben den alten, gepflegten Gebäuden steht die riesige **Saga-Säule** [N61° 42' 12.3" E8° 17' 10.7"], einst zur Erinnerung an die Reichseinheit Norwegens gefertigt und wegen politischer Querelen nicht in OSLO, sondern hier (privat) aufgestellt.

Die Straße **"Galdhøpiggvegen"** zum Galdhøpiggen-Sommerski-Senter zweigt 4400 m später rechts ab. Bitte merken Sie sich diese Stelle genau, wir kommen aus wichtigem Grund nochmals auf sie zu sprechen!

Jetzt müssen wir aufpassen! Genau 4 km später zeigen zwei Schilder nach rechts. **Visdalen** und "Gaststätte-Restaurant-Hotel Spiterstulen 18 km" lesen wir und biegen ab in eine Schotterstraße. Die 15 km bis zum **Restaurant Spiterstulen** kosten 100 NOK Maut und für die Übernachtung im Hotelbereich verlangt man nochmals "Campinggebühr"! *vor alter Brücke schöner SP*

Erstmals wird abends der Wecker gestellt, die Bergstiefel werden dick eingefettet, die Grödel (Spikes für die Bergschuhe) werden ausgepackt und angepasst, Proviant wird gerichtet und verstaut – wir nehmen den **Galdhøpiggen** ernst!

Genau um 6.15 Uhr überqueren wir den **Visabach** auf dem schmalen Holzbrückchen, kurz darauf geht es hinauf, steil, fast senkrecht, im Zickzack, 1 1/2 Stunden lang. Wir sind nicht gerade Anfänger, wollen keinen Rekord aufstellen, gehen die Sache bedächtig an – aber wer hier nicht ins Schnaufen kommt ....

Ein erstes Plateau ist erklommen, dieses ist völlig verschneit. Die Spuren der letzten Wanderer sind jedoch als tiefe, schmutzbraune Rinne zu

erkennen. Ein heller Schimmer zieht über den Horizont – die Sonne erwacht zwischen den Bergen. Nach 30 Minuten haben wir das Schneefeld durchquert (der Schnee ist so kalt und trocken, dass die Stiefel keinerlei Nässespuren zeigen), kraxeln über eine Geröllhalde, die zum **Svellnosi** (2053 m) hinaufführt. 40 Minuten später haben wir eine Abbruchkante erreicht, vor der wir schaudernd zurückweichen, in respektvollem Abstand geht es weiter, sehr steil bergauf, wieder ein Schneefeld, wieder ein Geröllband. Seltsam die runde Schleifspur im Schneehang, sie hat genau die Form eines menschlichen Gesäßes....

Nun geht es fast eben auf der Kuppe der **Keilhausspitze** (2351 m) weiter, dann sinkt die Spur steil hinab zum **Piggletscher**, einem Sattel, der uns noch von unserem Ziel trennt. Der Abstieg ist total vereist; jetzt bewähren sich die kleinen Kegelspitzen der Grödel, die sich schnell anschnallen und wieder ablegen lassen. Der Sattel, lockerer Schnee, wieder hinauf, steil noch einmal, sehr steil, dann, nach insgesamt vier Stunden und zehn Minuten, stehen wir auf dem König der norwegischen Berge, sind die ersten am 17.7.1992.

Stolz schauen wir in die Runde, blicken über die Zacken von hunderten von schneebedeckten Bergen. Wir haben ein "würdiges Wetter" für diesen erhabenen Augenblick: Kein noch so kleiner Dunstschleier trübt den Blick, mühelos erkennen wir durch das Peilrohr auf der Orientierungsscheibe den 100 km entfernten **Snøhetta** im **Dovrefjell**, **Rondslottet** im **Rondane-Massiv** und natürlich den nur wenige Meter kleineren Nachbarberg, den vergletscherten **Glittertinden**.

Neben dem Gipfel, ins Geröll geschmiegt, liegt die **Volehytta**, eine Schutzhütte, in der man von 12-18 Uhr auch einkehren kann. Kaffee, Limo, Brühe gefällig oder eher ein Galdhøpiggen-T-Shirt? Ein Gipfelbesteigungs-Zertifikat?

Wir schießen unsere Erinnerungsfotos vom einsamen Gipfel, rechtzeitig, bevor die lange Schlange tschechoslowakischer Bergfreunde ihn überflutet, die mit uns im Tal übernachtet hatten.

Da kommt wirklich ein Paar aus Norden auf den Gipfel zu! Locker schlendern sie herbei, müssen die eine Kondition haben!? *„Wir kommen von der* **Juvasshytta** *beim* **Sommerskicenter***, haben den* **Styggebreen-Gletscher** *überquert; für die 600 Höhenmeter braucht man knapp 2 1/2 Stunden....“*

Gletscherhahnenfuß *(Ranunculus glacialis)*

Wir sind sprachlos über so viel Dummheit (von uns!). Warum sind wir nicht gleich zum **Galdhøpiggen-Sommerski-Senter** abgebogen? Die sehr steile 14-km-Zufahrt ist zwar auch mautpflichtig, aber preiswerte Parkplätze [N61° 39'53.5" E 8° 21'45.7"] gibt es direkt vor der **Juvasshytta** (1840 m).

Nun, Sie wissen es jetzt – wählen Sie selbst. Wir werden das nächste Mal vom **Sognefjell** aus losmarschieren!

Falls Sie Bedenken wegen des Gletscherfeldes haben: Uns wurde es als völlig harmlos beschrieben. Von der **Juvasshytta** werden aber jeden Tag (10.00 und 11.30 Uhr) geführte Überquerungen durchgeführt, logischerweise rät man von einer Tour ohne Führer dringend ab.

Unser Rückmarsch ist auch keine Kleinigkeit! Viele Passagen sind so steil, dass die Knie beim schnellen Lauf ins Zittern kommen. Die Gesäßpur am steilen Schneehang haben wir natürlich auch ausprobiert. Ob es daran lag, dass wir für den Rückmarsch "nur" 3 Std. und 55 Minuten gebraucht haben?

WOMO-Tipp: An der Abzweigung zum Sommerskisenter liegt linkerhand **Galdesand Camping** (an das Bøverdalen Vandrerhjem angeschlossen). Hier kann man in den Bus Nr. 564 einsteigen und sich zum Wandern hochfahren lassen.

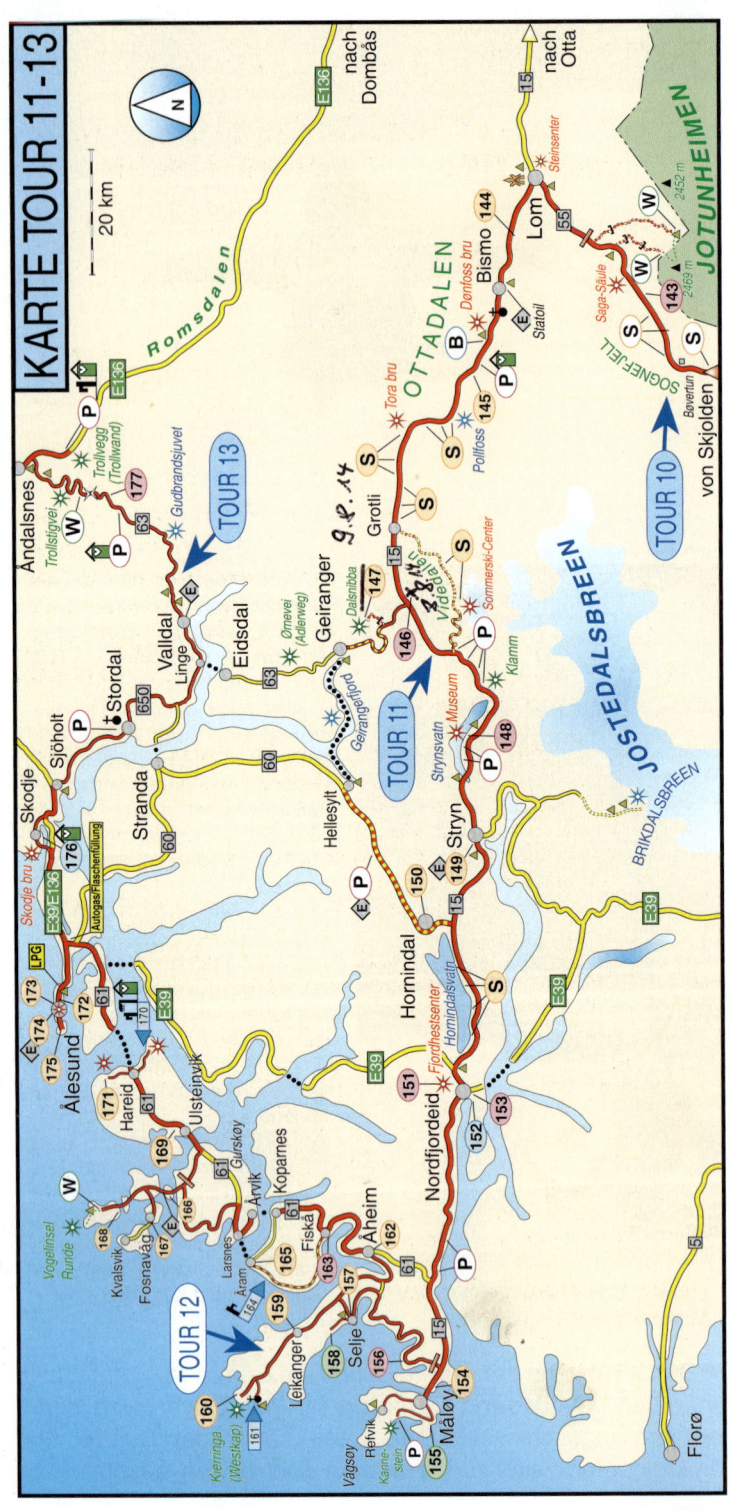

KARTE TOUR 11-13

Lom – Ottadal – (Videdal, Geirangerfjord) – Stryn – Nordfjordeid – Måløy – Kannestein – Refvik

Freie Übernachtung:	Ottadal, Videdal, Dalsnibba, Stryn, (Hornindal), Nordfjordeid, Måløy, Vågsvåg.
Campingplätze:	Lom, Ottadal, Strynsvatn, Stryn, Nordfjordeid, Refvik.
Ver-/Entsorgung:	Bismo, Stryn, hinter Hellesylt.
Besichtigungen:	Lom (Stabkirche, Steinsenter), Dønfoss bru, (Geirangerfjord), Strynsvatn (Museum), Vågsøy (Kannestein).
Baden:	Dønfoss bru, Nordfjordeid, Refviksand.

Voll der herrlichen Gebirgseindrücke holpern wir zurück zur >55<, biegen dort rechts, rollen durchs **Bøverdal** hinab nach LOM, rechts neben uns wälzt sich der breite **Bøvra** zwischen Sandbänken dahin. Schöne Picknickplätze bietet der Straßenabschnitt nicht, nur zwei Parkplätze ohne jegliche Einrichtungen, etwa auf gleicher Höhe rechts und links der Straße; sämtliche Zufahrten zum Fluss sind verbarrikadiert – vielleicht gibt es hier Schotterdiebe?

Unser erster Weg führt mich in LOM zum **Touristenkontor** (am Kreisverkehr links und gleich wieder links, kostenloses Internet). Außer einem informativen Stadtplan erhalte ich die Auskunft, dass man am Ortsbeginn, bei der zentralen **Bushaltestelle** [N61° 50' 13.6" E8° 33' 59.9"], sein WOMO abstellen kann, um mit dem Bus zum Sommerskisenter (Linie 564) oder nach Spiterstulen (Linie 565) fahren kann (je 21.6. - 15.8.).

Zunächst fahren wir am Kreisverkehr rechts und kommen nach 500 m zum Steinmuseum (offen 10-17 Uhr).

Das „Steinsenter" mit dem **Steinmuseum** ist eine Idee von Torgeir T. Garmo. Er verband gucken und kaufen zu einer für Touristen und Verkäufer gleichermaßen befriedigenden Synthese. Auch wir durchqueren zunächst ohne Aufenthalt den Verkaufsraum, lassen uns blenden von der reichen Sammlung, einer der größten Privatsammlungen Norwegens, die auch noch kostenlos zu besichtigen ist. Herr Garmo hat sie aus der näheren Umgebung, aus Norwegen ja der ganzen Welt zusammengetragen.

Dann statten wir der "Verkstad" einen Besuch ab. Wir bekommen gezeigt und erklärt, wie die Funde gesägt und stundenlang geschliffen werden müssen, um ihre Schönheit erst richtig zu entfalten.

„Darf ich auch meine eigenen Funde bringen?" interviewe ich kurz darauf Herrn Garmo. *„Sicher, wir führen Steinschnitte auch für Kunden durch, ein Steinschnitt*

kostet zwischen 5 € und 10 €.
sammlung, was hier in der Um-
sich!" 
Bescheiden reicht er mir ein
tur- und Kulturführer von
besten Fundorte für Mine-
anderen Attraktionen der
schrieben sind – lesens-
Bei unserem zweiten
wir schon "alte Freun-
gerne eingeladen
sich gut, dass Herr
hat, dem das be-
heim Turisthotell" ge-
12.30 - 15.30 Uhr nor-
reicht, ein umfangreiches,
fet, das wahrlich alle nor-
Rentierschinken über diver-

Schauen Sie in meiner Regional-
gebung zu finden ist, es lohnt

kleines Büchlein, den "Na-
Lom", in dem nicht nur die
ralien, sondern auch alle
Region und des Ortes be-
wert.
Besuch in LOM sind
de", die natürlich auch
werden. Da trifft es
Garmo einen Bruder
nachbarte "Foss-
hört. Dort wird von
wegischer Lunch ge-
kalt-warmes Brunchbuf-
wegischen Spezialitäten vom
se Lachsspezialitäten bis zu Nach-

tischdelikatessen reicht. In ihnen kann man bis zum Abwinken schwelgen.
Habe ich Ihnen den Mund wässrig gemacht? Dann folgen Sie der Einladung
der Brüder Garmo, die Ihnen Schmuck und Lunch beim Vorzeigen des

WOMO-Führers mit 10
% Rabatt anbieten (grü-
ßen Sie bitte von uns!).
Voll der herrlichen Deli-
katessen tragen wir ei-
nige schöne und gar
nicht teure Schmuckstü-
cke zum WOMO, jetzt
ist die Stabkirche dran
(am Kreisverkehr rechts
auf die 15 Richtung
STRYN, 150 m später
wieder rechts).

8.8.14

Nun haben wir bereits eine ganze Reihe von Kirchen dieses Typs bewundert, aber die von LOM ist wirklich ganz besonders sehenswert, speziell auf den herrlich geschnitzten Altar und auf die Deckenmalerei im Chor sei hingewiesen.

Neben der Kirche residiert eine lokale Handwerks- und Kunstausstellung, und Parkplätze gibt's hier auch reichlich (von 22-8 Uhr Parkverbot). Aber für den ruhigen Nachtschlaf wissen wir auch was besseres für Sie!

Wir verlassen LOM auf der >15< Richtung STRYN, unsere Straße zieht durchs weite **Ottadal**, Platz ist für viel Landwirtschaft, den gemächlich dahinströmenden **Otta-Fluss** und eine breite, schnelle Straße. Ein ruhiges Übernachtungsplätzchen jedoch kann man am Straßenrand nicht erwarten – dafür gibt es einsame Seitenstraßen!

Wo wir geschlafen haben?

Hinter LOM hatten wir zunächst den **Ottavatn** rechts neben uns, einen langgestreckten, ruhigen See, in dem sich die gegenüberliegenden Berghänge spiegeln. Am Ende des Sees, nach 11 km, biegen wir bei SKJÅK nach rechts Richtung MARLO, vor dem Fluss wieder rechts und finden nach 100 m einen riesigen Schotterplatz, birkenumringt.

(144) WOMO-Stellplatz: Ottadal/Skjåk

GPS: N61° 52' 40.1" E8° 23' 37.1" **Max. WOMOs:** > 5.
Ausstattung/Lage: Spazierweg am Fluss/außerorts.
Zufahrt: 11 km nach Lom auf der >15< rechts (Marlo), vor dem Fluss wieder rechts.

Der Weg führt immer weiter flussabwärts mit netten Plätzchen direkt an seinem Ufer.

Kurz darauf wechselt die >15< die Flussseite, der nächste Ort heißt BISMO. Er bietet dem Vorbeieilenden eine **Entsorgung** bei Statoil [N61° 53' 02.6" E8° 15' 53.2"] und dem Ruhebedürftigen den schön gelegenen

Camping Bispen [N61° 52' 52.3" E8° 16' 43.9"].

In NORDBERG legen wir neben der Kirche eine Pause auf dem großen **Wiesenparkplatz** [N61° 54' 22.4" E8° 09' 15.1"] ein (mit Infotafel unter einigen Kiefern) und haben das große Glück, einen Blick in das Kircheninnere werfen zu können.

Die "Dønfoss bru" überspannt den **Otta** neben einem schäumenden **Katarakt**, dem **Dønfoss**. Und weil diese Stelle so malerisch ist, wurde sie für den Tourismus "hergerichtet".

Es muss ein Künstler am Werk gewesen sein, der dieses gepflegte Gelände angelegt hat: Hinter der Brücke kommt zunächst ein großer **Parkplatz** mit Tischen und Bänken daneben, wo man sein WOMO tagsüber abstellen und picknicken kann, daneben liegen Kiosk und **Schwimmbad**. Aber nicht

einfach ein Badeplätzchen am Ufer, sondern ein angelegtes, pieksauberes Schwimmbecken neben dem reißenden Fluss. Um den Pool führt ein Aussichtsweg; von ihm aus kann man entweder die Badenixen, den schäumenden Katarakt oder einen tiefen "Riesentopf" begucken.

Riesentöpfe entstehen im Stru-

del, wenn das Wasser bei seinen kreisenden Bewegungen harte Steine (Reibesteine) schleifend am Flussgrund bewegt. Die größten und vor allem tiefsten Riesentöpfe liegen natürlich am weitesten unten, unser "Riesenbabytopf" ist nur während der Frühjahrsüberschwemmungen "in Betrieb".

Wer sich in das Gelände verliebt hat, sollte für die Nacht auf den **Campingplatz** [N61° 54' 58.8" E8° 05' 38.1"] hinter dem Kiosk überwechseln.

Hinter der **Dønfoss bru** (»km 0«) hört die Besiedlung des **Ottadals** schlagartig auf; statt Landwirtschaft begleitet uns lockerer Kiefernwald, die steiler werdenden Hänge sind zum größten Teil bereits kahl. Bei »km 3,5« wartet ein schöner **Rastplatz** [N61° 55' 44.9" E8° 01' 47.9"] mit Blick auf weitere Stromschnellen.

Kurz darauf erweitert sich der reißende Fluss zu einem lieblichen See – und an seinem Beginn (»km 5,1«) kann man von einem sehr schön gelegenen **Picknickplatz** [N61° 56' 26.0" E8° 01' 17.0"] (mit WC) aus den Ausblick genießen.

Genau 4 km weiter (»km 9,1«), man traut seinen Augen kaum – entdeckt man noch romantischere und ruhigere Urlaubsplätzchen:

Völlig unbeschildert führt eine Piste nach links von der Straße durch Birken- und Kieferngebüsch, verzweigte Stichsträßchen verlieren sich, fast unsichtbar, im Ufergesträuch. Da und dort schimmert WOMO- oder Wohnwagenblech, Angeln hängen im Wasser, über einem Lagerfeuer schmoren Steckerlfische – ein Idyll!

(145) WOMO-Stellplatz: Ottadal/»km 9,1«

GPS: N61° 56' 49.7" E7° 57' 05.2"   **Max. WOMOs:** 2-3.
Ausstattung/Lage: keine/außerorts.
Zufahrt: 9,1 km nach der Dønfoss bru und 4 km nach Seebeginn links.

Wieder ein Stück reißender Fluss, dann der nächste, spiegelglatte, türkisfarbene See, in dem die Berggipfel Kopfstand üben. Kleine Birkeninselchen oder -halbinselchen, ein einsamer Kahn – man müsste Kunstmaler sein!

Bis zur **Gaststätte Pollfoss**, bei der unser Fluss einen besonders gewaltigen, beeindruckenden **Katarakt** bildet, gibt es noch eine ganze Reihe von Möglichkeiten, zu den Seen hinabzufahren, aber die erste war die schönste.

Der **Pollfoss** markiert nur das östliche Ende einer Kette von schäumenden Sturzbächen, die bei unserer Weiterfahrt neben der Straße hinabtosen; eine ganze Reihe von **Picknickplätzen** bietet Rast- und Fotografiergelegenheit.

Übernachtungsgeeignet? Der Autoverkehr wird Sie sicher nicht stören, das Brausen des Flusses übertönt alle anderen Geräusche! Aber der Lärm ist nicht überall gleich stark und manche Plätze liegen an verschlungenen Wegen so weit von der Straße entfernt, dass sie lärm- und sichtgeschützt sind (zwischen **Pollfoss** und GROTLI insgesamt 18 (!) Picknickplätze).

*Ab GROTLI haben wir inzwischen auch die nur 3 km längere Alternativstrecke durchs **Videdal** ausprobiert (den Gamle Strynefjellsvegen Nr. 258). Es ist eine äußerst reizvolle, einsame, z. T. ungeteerte Gebirgsstraße, die am **Stryn Sommerskicenter** vorbeiführt. Dort kann man mit dem Sessellift fahren und auf dem Gletscher ein paar Schritte tun – oder mit gemieteten Langlaufskiern "Winter spielen". Nach dem Skicenter geht's steil hinab zum Hotel Videseter (mit dem gewaltigen Videfoss); wenig später trifft man wieder auf die >15<.*

Wer auf der Hauptstraße, der >15< bleibt, erlebt folgendes: Hinter GROTLI begleitet uns linkerhand eine Seenkette, von denen der größte der **Breidalsvatn** ist, rings um sie schneebedeckte Berge; wir rollen auf der 900-m-Höhenlinie dahin. Am Ende der Seen, vor einer gewaltigen, senkrechten Felswand, der sechste und letzte **Picknickplatz** nach GROTLI. Diesen **Picknickplatz** [146: N62° 00' 48.3" E7° 24' 08.2"; 944 m] sollten Sie unbedingt anfahren!

An der Info-Tafel erfährt man, warum auch uns der Straßenabschnitt zwischen LOM und diesem Picknickplatz so gut gefallen hat: Er erhielt 1988 vom Generaldirektor der Straßenverwaltung den Preis "Schöne Straße". Wir gratulieren hiermit dem Herrn Generaldirektor zu seiner (auch WOMO-freundlichen) Entscheidung!

Weiter sollten Sie nicht lesen, sonst vergraulen Sie sich vielleicht Ihren Aufenthalt: **Hier spukt's!**

In einer der Straßenwärterhütten am Wegrand haust ein Gespenst. Aber es soll gutmütig sein, weshalb man es dem Schutz der Autofahrer anempfohlen und wegen seiner nächtlichen Umtriebe ein Warnschild aufgestellt hat.

Also: Fahren Sie vorsichtig, vor allem zwischen 0.00 und 1.00 Uhr, Gespenster sind heutzutage auch nicht mehr so häufig wie früher!

Letzter Picknickplatz nach Grotli - hier spukt's!

200 m nach diesem **Picknick- und Informationsplatz** haben Sie die Wahl: Geradeaus, auf der >15<, im Tunnel Richtung STRYN verschwinden oder nach rechts, auf der >63<, einen Abstecher zum Aussichtspunkt **Dalsnibba** oder gar einen Umweg über den **Geirangerfjord** machen!?

Lassen Sie das Wetter entscheiden! Bei guter Sicht sollten Sie uns nach rechts Richtung GEIRANGER folgen. Wir sind nun am Beginn des **Ørnevei-en**, des **Adlerweges**, einer Bergstraße, die auf der Pariser Weltausstellung 1900 wegen ihrer genialen Technik einen Preis erhielt.

Hier, in 1000 m Höhe, herrscht Winter, die Berge sind weiß, in den Seen treiben Eisberge und neben der Straße weidet ein Rentier, ein richtiges, lebendiges Rentier! Wir reiben uns die Augen – es ist immer noch da! Allerdings angepflockt neben einem Verkaufsstand für Lappenartikel: Felle, Geweihe, Kunstgewerbe.

Nach genau 7,6 km **Ørnevei** können Sie 4,9 km zum Aussichtspunkt **Dalsnibba** hinaufserpentinen und dürfen dafür auch noch 100 NOK "Bom" berappen. *3.8.14   Dirk+Christoph per Rad!*

Der Parkplatzkreis des **Dalsnibba** liegt genau 1476 m hoch, und man kann, gutes Wetter vorausgesetzt, wirklich adlergleich die Serpentinen des **Adlerweges** bis hinab nach GEIRANGER am Fjord verfolgen. Falls Ihre Kinder dem Blick in die Tiefe nichts abgewinnen können: Steinmännchen-bauen ist hier "in", der Parkplatz ist umringt von hunderten steinerner "Erinnerungsmänner".

Übernachten hier? Warum nicht? Der Parkplatz ist riesig, Durchgangsver-kehr gibt es nicht – und wer wird schon nachts zu einem **Aussichtsplatz** [**147:** N62° 2' 52" E7° 16' 14"] fahren (Camping verboten).

Nur hinabgucken ist langweilig – und den Geirangerfjord sollte man ohnehin durchfahren haben?

Gut, dann folgen Sie uns mit 9% Gefälle hinab zum Fjord der Fjorde. Die Straße ist "top", ein älteres Stück mit dem "Knuten", einer "Höhengewin-nungsspirale", müssen Sie mit Ihrem Schiff nicht unbedingt befahren.

Kurz darauf kommt der ultimative Aussichtsplatz auf GEIRANGER: Es ist geradezu "Pflicht", von der Kanzel die Beine baumeln zu lassen.

Blick hinab auf Geiranger

Das Örtchen GEIRANGER bietet (außer einem schön gelegenen **Campingplatz** [N62° 06' 01.4" E7° 12' 13.0"]) nicht viel, es sei denn, ein Luxusliner legt an und hunderte von Urlaubern stürmen gleichzeitig die Souvenirläden. Wer lange auf die Fähre nach HELLESYLT warten mus,

dem empfehlen wir den Besuch des **Norsk Fjordsenter** mit seiner interaktiven Multimediashow „Von Berg bis Fjord".

Die Fähre Veøy braust heran und wir genießen, mehrsprachig informiert, den Blick auf die Fjordhänge mit den Wasserfällen. Die "Sieben Schwestern" weisen immer noch den "Freier" zurück, der sich mit einer Flasche zwischen den Beinen tröstet. Verlassene Bauernhöfe an Steilhängen, wo man die

Kleinkinder anbinden musste, damit sie nicht hinabpurzelten ... In HELLESYLT sind wir schnell zur >60< hinaufgebraust, die uns nach links Richtung STRYN führt. Nach 16 km passieren wir Hornindals bru, links mit Campingplatz, rechts mit **Picknickplatz** [N62° 01' 05.1" E6° 40' 51.5"] samt WC und **Entsorgung**.

IN HORNINDAL kann man vor der xy-Tankstelle links zum **Langzeitparkplatz** [150: N61 58 02.1 E6 31 36.0] abbiegen, an der Außenwand des Warteraums ein Wasserhahn. Wenig später münden wir nach rechts in die >15< Richtung NORDFJORDEID ein, sind zurück auf der Hauptroute.

Auf unserer Hauptstrecke verschwinden wir 500 m nach der Geiranger-Abzweigung in einem Tunnelloch, namenlos und doch über 4 km lang. Dahinter rechts gleich ein **Picknickplatz**, ein Stück Alm-Landschaft, dann schon der nächste 4-km-Tunnel, wieder ländliches Treiben. Das Verkehrsschild "Husdyr" braucht man wohl nicht zu übersetzen, um so mehr, als man an den vielen **Picknickplätzen** Ziegen und Schafe streicheln kann.

Der dritte Tunnelrachen gähnt uns an – diesmal sind es nur 2,5 km – und nach dieser dritten Gebirgsröhre hat man einen freien Blick über Wasserfälle und den Kaskadenbach.

Die alte Gebirgsstraße >258< (unsere Alternativstrecke) vom **Videdal** und vom **Sommerskicenter** mündet von links herein, dann schwingen wir in weiten, gut ausgebauten Serpentinen und Schleifen hinab zum **Strynsvatn** und zählen dabei weitere fünf aussichtsreiche **Picknickplätze**, von denen der dritte eine "Umwegpiste" um einen Hügel herum hat, lärm- und sichtgeschützt für die Nacht. Vom vierten, eher unauffällig links der Straße, hat man einen atemberaubenden Blick hinab in eine 80 m tiefe Klamm!

Die >15< führt links am See vorbei, zunächst durch einen Tunnel. Kaum haben wir ihn verlassen, will jemand durch unser Dachfenster einsteigen!?

Ach nein, der Fallschirmspringer hängt an einer Strippe und lässt sich über den See ziehen – Para-Gliding!

Ab der Mitte des Sees zählen wir bis zum Seende sieben **Picknickplätze**, der schönste ist vor dem **Jostedalsbreen Nasjonalparksenter** [148: N61° 54' 38.5" E7° 02' 58.3"], (offen: 9-18 Uhr). Diese Ausstellung widmet sich vorrangig der Fauna und Flora des Gletschergebietes. Während die Tiere nur ausgestopft beguckt werden können, präsentiert man die Pflanzen anschaulich in einem kleinen botanischen Garten (Foto).

Nicht ohne Grund liegt die Gletscherausstellung am **Strynsvatn**! Zwischen der Abzweigung **Dalsnibba** und STRYN führt unsere Fahrt nördlich des Gletschergebiets des riesigen **Jostedalsbreen** entlang; den **Nigardsbreen**, eine seiner südlichen Zungen, kennen wir ja bereits.

Falls Sie noch gletscherhungrig sind: Ab STRYN, 12 km weiter westlich, führt die >60< zurück nach Südosten, nach 11 km kommen Sie nach LOEN und können von dort aus bis zum Fuße des **Kjenndalsbreen** abzweigen (20 km); nach 17 km wären Sie in OLDEN, wo die Stichstraße (24 km) zum **Briksdalsbreen** beginnt ....

Wir biegen hinter dem lebhaften Städtchen STRYN (**Entsorgung** am Ortsende zwischen Esso und Stadthalle "Strynehallen" mit riesigem **Parkplatz [149: N61° 54' 14.4" E6° 42' 58.2"]**) rechts; auf unserer >15< geht's weiter Richtung MÅLOY, das Meer hat uns wieder, der **Innvikfjord** begleitet uns. Die Straße ist schnell, wir ziehen weit oberhalb des Fjordufers mit Höchstgeschwindigkeit dahin, machen einen weiten Bogen um einen Sommerskiläufer, der sich vom Verkehr nicht einschüchtern lässt.

Nun kurven wir hinüber zum **Hornindalsvatn**. Er unterscheidet sich kaum von einem "richtigen" Fjord, nur die Verbindung zum offenen Meer fehlt. So trägt er mit 514 m Tiefe wenigstens den Titel "tiefster Binnensee Europas". Eigene, umfangreiche Badewannenversuche haben bewiesen, dass ein Stein im Wasser pro Sekunde ungefähr 1 m sinkt. Dann würde er im **Hornindalsvatn** 8 1/2 Minuten bis zum Grund unterwegs sein. Welche Zeit schätzen Sie für Ihr WOMO?

Neun **Stellplätze** und vier Tunnel zählen wir am südlichen Seeufer. Die alte Straße neben den Tunnelröhren ist noch befahrbar. Dort könnte jeweils eine ganze WOMO-Karawane parken und übernachten. Gepflegt wird die alte Straße natürlich nicht! Ob sie frei ist von Steinen usw. können wir nicht garantieren – beim ersten (Kongenes-Tunnel [N61° 55' 23.7" E6° 19' 58.8"]) sah es noch gut aus...

Nur ein kleiner Hügelrücken trennt den **Hornindalsvatn** vom **Eidsfjord** und an seinem Ende liegt NORDFJORDEID.

Alle großen und kleinen Kinder: **Aufgepasst!**

Gleich sind wir beim größten **Fjordpferde-Center** Norwegens. Dort kann man Pferde streicheln, Kutsche fahren – und natürlich reiten! Genau 1 km nach dem Ortsschild

von NORDFJORDEID, dort, wo es links zum Ortszentrum geht, biegen wir am Kreisel rechts zum "Fjordhest-Senter". 1600 m später stehen wir auf dem Parkplatz vor dem großen Reitstall. Dort kann man jeden Tag (9-21 Uhr) reiten oder Kutsche fahren; gucken und Pferde streicheln ist kostenlos. Natürlich gibt es auch eine Gaststätte für wartende Eltern und einen **Übernachtungsplatz** [**151:** N61° 54' 51.4" E6° 00' 11.4"] (mit Tisch & Bank), falls Sie am Abend anreisen und am nächsten Morgen reiten wollen !

NORDFJORDEID hat zudem einen abseits und damit ruhig gelegenen **Badeplatz**, der, wenn das Wasser zu kalt ist (und wann ist es das nicht?), immer noch einen prima Übernachtungsplatz abgibt. Man fährt (vom Reitstall aus) über die >15< ins Zentrum. Die Straße endet an einem freien Platz vor dem Hafen (Einkaufsmöglichkeiten). Dort halten wir uns links, fahren immer am Ufer des Fjords entlang und entdecken nach 900 m das Hinweisschild zum **Badeplatz Osvika**:

(152) WOMO-Badeplatz: Nordfjordeid/Osvika
GPS: N61° 54' 00.5" E5° 58' 51.1"; Osvegen.   **Max. WOMOs:** 2.
Ausstg./Lage: Kiesstrand, Toilette; Camping verboten/Ortsrand.
Zufahrt: In Nordfjordeid am Hafen links und noch 900 m.

NORDFJORDEID hatte seit 1649 eine Garnison und – natürlich – einen riesigen Eksersisplass (wir fahren an ihm vorbei zum Badeplatz). Untersucht man ihn etwas genauer, dann findet man auf ihm hochinformative Infos auf vielen Tafeln mit vielen Fotos und Zeichnungen, aber auch neben ihm einen lauschigen Grillplatz mit Wasserhahn am still fließenden Fluss.

(153) WOMO-Badeplatz: Nordfjordeid/Exerzierplatz
GPS: N61 54 08.9 E5 59 28.3; Osvegen.
Max. WOMOs: > 5.   **Ausstg./Lage:** Tisch & Bank, Grillstelle/Ortsrand.
Zufahrt: In Nordfjordeid am Hafen links und nach 400 m wieder links.

Wir verlassen NORDFJORDEID auf der >15< nach Westen Richtung MÅLOY, jetzt wollen wir wieder norwegische Fjordlandschaft erleben! Wir lassen die schroffen Berge, die Schneefelder hinter uns, vor uns liegt das Meer, über uns blitzt der blaue Himmel!

Der **Eidfjord** erweitert sich zum **Nordfjord**. Wir rollen an seinem Nordufer entlang, die Straße ist breit und bequem. Wir sichten zwei **Picknickplätze** und vor dem ersten und zweiten Tunnel die Zufahrt zur alten Straße (Sie kennen ja den Trick!). Aber wir rollen weiter – der westlichste Zipfel Norwegens, das **Vestkapp** wartet auf uns!

MÅLOY kündigt sich an mit Industrie- und Schulzone. Links

zeigt ein Schild zur Nordfjordhalle. Dort entdeckt man gleich den großen, ebenen Platz oberhalb des Sportplatzes.

(154) WOMO-Stellplatz: Måløy/Nordfjordhalle

GPS: N61° 55' 06.2" E5° 10' 22.0"   **Max. WOMOs:** > 5.
Ausstattung/Lage: keine/Ortsrand.
Zufahrt: Am Ortsbeginn von Måløy ausgeschildert.

Eine elegant geschwungene Spannbetonbrücke führt uns über den **Ulvesund** hinüber zum Zentrum von MÅLOY, und damit Sie bei Ihren begeisterten Blicken nicht über das Geländer gewecht werden, haben die Brückenbauer eine elektronische Windanzeige montiert (und nicht solch einen schlaffen Windsack wie an deutschen Autobahnbrücken).

Vindstyrke	m/sek.
Orkan	over 41,0
Orkan	36,8 - 41,0
Orkan	32,6 - 36,8
Sterk storm	28,5-32,6
Full storm	24,5-28,5
Liten storm	20,8-24,5
Mindre enn	20,8

MÅLOY wird von zwei Bergen überragt, die verblüffend an ein abgelegtes Bikinioberteil erinnern. Noch auf den letzten Metern der Brücke, angesichts der Kirche, biegen wir links nach OPPEDAL, zum **Kannestein**.
Die Insel VÅGSØY hat zwei steinerne Wahrzeichen: Das eine ist **Kråkenes fyr**, der Leuchtturm an der Nordwestspitze der Insel, das andere ist der **Kannestein**.
Nur ein schmales (**?**) Sträßchen führt uns an der Südküste entlang, und wir müssen die Ausweichstellen häufig anfahren, um den Gegenverkehr vorbeizulassen. In VÅGSVÅG verlassen wir die Küste, schneiden auf einem noch schmaleren Teerwegle ein felsiges Kap ab. In OPPEDAL ist das Gekurve zu Ende.
Kurz vor Ende der Stichstraße liegt links ein netter **Picknickplatz** (Übern.verboten) [N 61° 58' 12.2" E5° 04' 08.3"] und unterhalb, an der Brandung, steht die Hauptperson, der etwa fünf Meter hohe **Kannestein**. Es ist ein von den Flutwellen und

vor allem vom hin- und her-
prasselnden Geröll der Brandung becherförmig abge-
schliffener Fels, oben dick,
unten mit schlankem Stiel.
Mich erinnert er ein bisschen
an korsische Macchiebü-
sche, unten von den Ziegen
abgefressen, weiter oben
breit wuchernd ....

Hier sollen wir nicht übernachten. Wir brauchen aber
nur 4,5 km bis VÅGSVÅG
zurückzurollen, wo man am
rechten Ende des Hafenbe-
ckens auf der Mole prächtig stehen kann – und falls Ihnen
'rumstehen zu langweilig ist: Am Beginn der Mole beginnen
gleich drei Wanderwege!

(155) WOMO-Wanderparkplatz: Vågsvåg/Mole
GPS: N61° 55' 06.2" E5° 10' 22.0"   **Max. WOMOs:** 3-4.
Ausstg./Lage: Tisch & Bank, Wasserhahn, Wandertafel, Wanderwege/Ortsrand.
Zufahrt: Auf halben Wege zum Kannestein links.

Sie möchten lieber am Sandstrand stehen? Kein Problem! An
der Nordküste wartet ein wahrer Traumstrand auf uns.
Vor dem Traum kommt aber nochmals der Alptraum der
"Einbahnstraße", die wir mit viel Geduld hinter uns bringen
(Abstecher 19 km). Dann fahren wir unter der Sundbrücke

hindurch, durchqueren MÅLØY auf der Hauptstraße nach Norden. Der Hauptort der Insel hat nur diese eine Hauptstraße, an ihr liegen außer Geschäften auch eine ganze Reihe von Fischfabriken.

An der Ostküste, am **Ulvesund**, rollen wir bis RAUDEBERG. Die Fischzuchtkäfige im Wasser sind hier quadratisch und die Lachse darin springen, als wollten sie fliegen lernen. Auch RAUDEBERG ist ein Fischerort. Riesige Netze hängen an Seilwinden und werden dadurch mechanisch entwirrt.

5 km sind es von MÅLØY bis RAUDEBERG, immer an der Küste entlang. Dort schneiden wir wieder, hügelauf, hügelab eine kleine Halbinsel ab – und dann klappt selbst uns alten "Mittelmeer-Sandstrand-Profis" der Kiefer herunter – vor uns liegt **Refviksanden**, das Strandwunder von REFVIK: Breit, flach, blendend weiß in einer ruhigen Bucht vor saftig grünen Wiesen – nichts wie hin!

Insel Vågsøy; Sandbucht Refviksand

Das Negative: Dieser prächtige Platz, der alles bietet, wovon ein WOMO-Urlauber träumt, hat im Sommer Wassertemperaturen von 13-16°C, ist also eigentlich kein Badeplatz...

Das Positive: Super-Sandstrand, an den man bis an die Sandkante heranfahren kann. Tagsüber parkt man für geringe Gebühr. Falls man übernachten möchte, ist der preiswerte **Naturcampingplatz** [N62° 00' 06.0" E5° 05' 09.3"] angesagt. Die Besucherdichte ist gering, diese Ecke Norwegens ist offensichtlich unbekannt. Die meisten kommen immer wieder hierher, haben Bootchen und Angel dabei, um aus dem Meer die eintönige Konservenkost aufzufrischen; man lobt die Ruhe und die gute Luft. Wir können uns diesem Lob nur anschließen, parken unser WOMO auf einem kleinen Wiesenhügel ein und beenden den Tag mit einem langen, langen Strandbummel auf dem herrlichen **Refviksand**.

TOUR 12 (220 km / 2-3 Tage)

Måløy – Selje – Vestkapp – Fiskå – Åheim – Gurskøy – Fosnavåg – Runde

Freie Übernachtung:	Rauderberg, Selje, Westkap, Ervik, Insel Notøy, Insel Remøy.
Campingplätze:	Selje, Insel Runde.
Ver-/Entsorgung:	Insel Notøy (Lanternen Kro).
Besichtigungen:	Westkap, Vogelinsel Runde.
Baden:	Selje, Ervik, Sandvika.
Wandern:	Selje, Westkap, Vogelinsel Runde.

Wir fahren durchs Landesinnere zurück Richtung MÅLØY, in RAUDEBERG treffen wir wieder auf die Ostküste. Dann turnen wir einen bekannten Streckenabschnitt: Måløy – Ulvesundbrücke – Eldevik auf der >15< zurück.

Direkt hinter dem ersten Tunnel schwenken wir nach links auf die >618< Richtung SELJE.

38 km führt dieses Sträßchen durch eine urgewaltige Landschaft aus Meer und Fels, folgt immer dem Küstenverlauf, zieht um jede Bucht, schlingt sich um jedes Kap. Die menschliche Besiedlung hält da und dort nur einen schmalen Brückenkopf zwischen dem brausenden Meer und den unbewohnbaren, steilen, fast vegetationslosen Felsen, die gleich neben der Straße ansteigen; am Ortsende von FLATRAKET **Picknick-platz** [**156:** N61° 58' 43.8" E5° 14' 34.6"] mit traumhaftem Blick.

Blick vom Picknickplatz hinter Flatraket

Der nächste **Picknickplatz** [N61° 58' 22.3" E5° 17' 04.8"] wartet mit seiner Aussicht 1,5 km hinter NORDPOLL.
Am lebendigsten geht es wieder in den großen Lachszuchtkäfigen in den Fjorden zu. Inseln und Inselchen verwirren den Betrachter: Welches ist eine Insel, welches ein Kap? Schöne Motive bieten auch die Regionen um FLISTER und RUNDA-REIM.

Blick auf Flister

Der **Moldefjord** wird umrundet, SELJE erreicht. 500 m nach dem Ortsschild müsste man rechts Richtung **Vestkapp** abzweigen. Wir halten jedoch nochmals die gleiche Strecke geradeaus und landen im Hafen. Ein Schild verweist Busse,

Sandstrand von Selje – Sie müssen ja nicht gleich heiraten!

Wohnwagen und WOMOs zu einem links oberhalb des Hafens gelegenen **Stellplatz [157: N62° 02' 35.3" E5° 20' 40.9"]**.

Hier geht ein Bootchen hinüber zur **Insel Selja** mit den Ruinen eines **Benediktiner-Klosters** aus dem 11. und 12. Jahrhundert sowie den Ruinen der **Sunniva-Kirche** (Abfahrt im Juli: 10, 13, 16 Uhr, August: 13 Uhr). St. Sunniva, eine irische Königstochter, erlitt dort den Märtyrertod. Man kennt noch die Höhle, in der sie starb ....

Falls Ihnen mehr nach Diesseitigem der Sinn steht: Am Beginn des Hafengeländes liegt nicht nur ein **Parkplatz**, die Touristen-information (mit Internet für Besucher) und ein Sanitärhäus-chen mit Dusche, WC und Waschgelegenhelt, sondern davor auch ein schöner, langer, weißer **Sandstrand** und dahinter ein gcpflogter Park.

Wer die Einsamkeit am Ende der Welt sucht – oder etwas ähnliches – der fährt hinter diesem Park am Fjord weiter nach Norden. 4,6 km später, in SKÅRBØ (drei Häuschen), endet die Straße mit einem Wendeplatz:

(158) WOMO-Wanderparkplatz: Skårbø
GPS: N62° 04' 37.2" E5° 18' 38.2"
Max. WOMOs: 2-3.
Ausstattung/Lage: Tisch & Bank, Mülleimer, Wan-derkarte, Wanderwege/außerorts.
Zufahrt: Von Selje 4,6 km nach Norden am Fjord entlang.

Wir überqueren ab SELJE die Halbin-sel **Stadland** nach SANDVIK, um dort, am **Vanylvsfjord**, links zum **Vestkapp** abzubiegen.

Wer die vielgestaltige Küstenlandschaft schon immer mal aus der Vogelper-spektive begucken wollte, der bekommt

Auffahrt zum Westkap, Blick auf Honningsvåg

diesen Wunsch während der Überquerung erfüllt, denn unser Sträßchen serpentint sich in kürzester Zeit auf einen steilen Hügelrücken hinauf, von dem aus Sie eine prächtige Sicht nach beiden Seiten haben. Auf dem kurzen, ebenen Stück warten einige kleine, einsame Seen darauf, dass Sie ihnen eine Weile Gesellschaft leisten und ein **Picknickplatz** [N62° 03' 12.8" E5° 23' 33.9"] an der höchsten Stelle rechts der Straße!

Wieder unten an der Küste angekommen, biegen wir links, noch 24 km sind es über LEIKANGER bis zum **Westkap**, der 496 m hohen **Klippe Kjerringa**. Unterwegs, direkt hinter der Info-Tafel am Ortsbeginn von LEIKANGER, ein kleiner **Parkplatz** und ein Streifen feiner Sandstrand unmittelbar neben der Straße. Biegt man ins Zentrum ab und wendet sich vor dem Hafenplatz (mit zwei Gaststätten) gleich wieder links, so findet man große **Stellplätze** [159: N62° 07' 12.2" E5° 19' 01.5"] bei der Richtfunkantenne.

Die letzten Kilometer lassen wirklich das Gefühl aufkommen, man käme ans Ende der Welt. Im fast schwarzen Wasser der Seen spiegeln sich eigentümlich grün bemooste Hänge. Dann zieht die schmale Straße, Schleife auf Schleife, langsam bergan. Nur noch eine dünne Erdschicht bedeckt den Felsboden. Kahler Fels, Gras, Moos, müde Schafe, das sind die trostlos wirkenden letzten Meter.

Beim Aussteigen am **Vestkapphus** reißt mir der Sturm die Tür aus der Hand. Er fegt, mit ungebremster Wucht, von den schäumenden Wogen am Fuße der Klippe zu uns hinauf, rüttelt an den Wänden der Gaststätte.

Die Innenräume sind geschickt geplant, zum Teil in den Fels hineingebaut, optisch eine Augenweide. Wir gönnen uns zur

Blick vom Westkap nach Westen – nur Wasser!

unvergleichlichen Sicht von unserem Fensterplatz aus das "Vestkapp-Menü" und, das wichtigste, ich erfahre endlich, warum das **Vestkapp** das **Westkap** sein soll, liegen doch nach meiner Karte eine ganze Reihe norwegischer Halbinseln noch weiter westlich: Die **Klippe Kjerringa** ist das westlichste Fjellplateau Norwegens! Und für Norweger zählt eben nur, was ein Gebirge ist – und nicht irgend ein angeschwemmter Sandhaufen, basta! Wer wie wir, aus knapp 500 m Höhe, bis nach Kanada zu schauen glaubt, hat dafür vollstes Verständnis.

Ein Bildschirm im Restaurant überträgt die aktuellen Daten der Wetterstation auf der Klippe. Die Windgeschwindigkeit wird mit 18,2 m/s angegeben, das entspricht etwa 8 Beaufort. Ein Baum auf der Klippe würde dabei sofort seine Äste abliefern – aber Bäume gibt es hier nicht ...

... jedoch einen großen, ebenen **Parkplatz**, etwa 300 m vor der Gaststätte – und wer schon lange keine stürmische Nacht mehr erlebt hat, der sollte hier sein WOMO festzurren. Wir ziehen die Windjacken fest, lassen uns vom Wind übers Plateau treiben, genießen das Heulen und Pfeifen, den Blick übers weite, sturmgepeitschte Meer und freuen uns dann um so mehr auf einen heißen Kaffee im gemütlichen WOMO, das sich behäbig in der Federung wiegt.

(160) WOMO-Stellplatz: Vestkapp

GPS: N62° 11' 20.6" E5° 07' 40.9"; 482 m.   **Max. WOMOs:** > 5.
Ausstattung/Lage: Gaststätte, 360°-Sicht, Camping verboten/außerorts.

Statt sturmumtoster Klippe hätten Sie lieber einen lieblichen Sandstrand? Haben wir für Sie!

Rollen Sie mit uns 4,7 km vom Westkap zurück, bis Ihr WOMO fast ins Wasser fällt. Dort schwenken Sie rechts nach ERVIK und parken neben der St. Svithuns Minnekapell (errichtet zum Gedenken an das Schiff der Hurtigroute, das im II. Weltkrieg von den Engländern versenkt wurde). In der Friedhofskapelle gedenkt man der kriegsgefangenen Russen und Ukrainer, die hier in einem deutschen Arbeitslager umkamen. Wer nicht vor der Kirche übernachten möchte, findet am linken Rand der Bucht weitere Plätze hinter dem Sandstrand und vor dem Minihafen sowie eine Selbstbedienungs-Campingplatzwiese.

(161) WOMO-Badeplatz: Erviksand

GPS: N62° 09' 47.5" E5° 06' 35.5" **Max. WOMOs:** 2-3.
Ausstattung/Lage: Tisch & Bank, Sandstrand 100 m, Camping verboten/außerorts.

Jetzt kehren wir der stürmetrotzenden **Klippe Kjerringa** mit ihrem überraschenden Sandstrand den Rücken, verlassen die einsame Halbinsel über LEIKANGER, SANDVIK, fahren auf ÅHEIM zu, müssen vorher auf zunächst schmalem Sträßchen den tief ins Land ragenden Ausläufer des **Vanylvsfjords** umkurven. Hier ist absolute Windstille, ohne eine einzige Welle spiegelt, einem Smaragd gleich, das Wasser die Bergspitzen und den Himmel.

Kurz nach dem Scheitel des Fjords betreten wir die **Møre og**

Romsdal-Fylke und wenig später, vor ÅHEIM, wechseln wir von der >620< auf die breitere >61<, biegen links Richtung HAREID. Die >61< führt uns im Bogen um ÅHEIM herum, so dass wir von dem Ort überhaupt nichts zu sehen bekämen. Da wir aber einen Blick auf die **St. Jetmund-Kirche** aus den XII. Jahrhundert werfen wollen, finden wir auch 120 Meter weiter links (zwischen Möbelhaus und Reifenhändler) die Zufahrt zu einem Schotterplatz, der schön in den Fjord hinein ragt.

Eine Sage erzählt, dass St. Jetmund den Grundstein zu dieser Kirche legte, deren Alter niemand genau sagen kann. Jetmund war ein englischer König (Edmund), der im Jahre 870 für den christlichen Glauben sein Leben opferte.

(162) WOMO-Stellplatz: Åheim/St. Jermund
GPS: N62° 09' 47.5" E5° 06' 35.5"   **Max. WOMOs:** 2-3.
Ausstattung/Lage: Tisch & Bank, Sandstrand 100 m, Camping verboten/außerorts.

Anschließend begleitet uns der **Syltefjord**, ein **Aussichts-Picknickplatz mit WC** lädt zum Verweilen ein. Bei FISKÅ verlässt die >61< den Fjord, schwenkt nach rechts ins Landesinnere, schneidet die Halbinsel **Vanylven** ab. Wenige hundert Meter später rechts ein völlig neu angelegter **Picknickplatz** mit Toiletten und fließendem Wasser; noch ein **Picknickplatz** links, dann sind wir schon wieder an der nächsten versunkenen Flussmündung, dem **Syvdsfjord**, an dem wir bis zur Fährstation KOPARNES - ÅRVIK entlangrollen.

Die wahre Freude liegt in der Abwechslung! Deshalb schwenken wir diesmal in FISKÅ links, folgen weiter der Küstenlinie. Die erste Belohnung folgt auf dem Fuße: Fährt man nach FISKÅ hinein, so entdeckt man hinter dem COOP einen großen, aussichtsreichen **Picknickplatz** [163: N62° 05' 52.4" E5° 33' 27.4"] am Fjord mit Tisch & Bank und Rosenbusch.

Rosenbuschplatz in Fiskå
Auch der weitere Streckenverlauf gereicht zur Freude! Nur 2-3 m über der Flutlinie zieht die Straße am Fjord entlang. Links züchtet man Lachse, rechts grasen ein paar Schafe, dann steigt die Wand empor.

1500 m nach dem Ortsschild von HAKALLESTRANDA biegen wir links zum **Badeplatz** [164: N62° 09' 17.3" E5° 26' 01.6"] von Sandviksanden.
Rechts des kleinen Jachthafens wartet ein feiner Sandstrand, Tisch & Bank samt Liegewiese. Für die Benutzung des Badhuset (WC, Waschbecken, Duschen und Wasserschlauch) verlangt man pro Familie bescheidene 20 NOK.
Nach weiteren 6,5 km haben wir den Fährhafen von ÅRAM erreicht und es bleibt uns kaum Zeit, den schönen **Stellplatz** [165: N62° 11' 52.0" E5° 29' 37.5"] rechts davon zu begutachten, da rauscht auch schon die Fähre heran und trägt uns hinüber nach LARSNES, wo wir auf die Hauptroute treffen.

Die Fähre überquert mit uns den **Rovdefjord**, trägt uns hinüber zur Insel Gurskøy, die gegenüberliegende Fährstation heißt ÅRVIK. Nach links setzt die >61< ihren Weg mit uns fort, zunächst am Fjord entlang, ab LARSNES wieder "über Land". Die Straße muss ganz schön steigen, bis sie zur nächsten Meeresbucht wieder hinabkurven darf. Trotz der mühsamen Arbeit haben es sich die Straßenbauer nicht nehmen lassen, an den aussichtsreichsten Punkten – vor dem Kamm einen **Picknickplatz** [N62° 12' 52.5" E5° 35' 11.4"] und auf dem Kamm einen **Wanderparkplatz** anzulegen.

Am Wasser, bei GURSKEBOTN, verlassen wir die >61<, biegen links Richtung MOLTUSTRANDA, GJERDSVIKA und HAUGSBYGDA.

Werften, und seien sie auch noch so klein, haben hier einen guten Namen. Viele Norweger schwören auf solide Handwerkerarbeit und zahlen lieber einen höheren Preis – "das Boot" ist Hobby Nr. 1 in Norwegen. Kräne überragen die Werften, Schiffe und Schiffchen, neu oder verrottend, säumen die Ufer, auch riesige Frachter werden überholt.

Die Kirche von HAUGSBYGDA (Gursken) liegt am Straßenrand, der Friedhof hat einen großen, sicher übernachtungsgeeigneten **Parkplatz** [N62° 13' 48.8" E5° 37' 14.8"].

Die Fischer von GJERDSVIKA haben ihren Hafen mit einem gewaltigen Steinwall vor den anbrausenden Wellen geschützt. Entwurzelte Bäume rechts und links der Straße machen deutlich: Keine überflüssige Maßnahme.

Aber nicht nur der Wind macht den Bäumen zu schaffen! Bei näherer Betrachtung weisen viele deutliche Krankheitssymptome auf, einige sind bereits abgestorben. Nun, die Kohlekraftwerke Englands sind so weit nicht entfernt, saurer Regen ist auch in Skandinavien kein Fremdwort mehr.

Ein kleiner Leuchtturm mit roter Kappe steht einsam auf einer Klippe, wenige Meter später werden wir an der Gemeindegrenze von Herøy begrüßt; 50 m davor, hinter einem Felsen, ein **Picknickplatz**. 400 m später sollten Sie Ihren Blick links der Straße entlangschweifen lassen. Sehen Sie die Kuppen aus kindskopf- bis koffergroßen Steinen, Durchmesser etwa 25 Meter, die in der Mitte eine kegelförmige Vertiefung haben. Diese "Vulkantrichter" sind ausgeraubte Grabhügel aus der Wikingerzeit.

Hinter MOLTUSTRANDA erkennen wir schon von weitem die langgezogene Brückenkonstruktion, die unsere Insel Gurskøy über das Inselchen Notøy mit der Insel Leinøy verbindet. Damit ist das Inselspringen jedoch keineswegs zu Ende, die nächsten Brücken führen über Remøy zu unserem Ziel, der **Vogelinsel Runde** (Wegweiser zunächst: FOSNAVÅG).

Hinter der ersten Brücke führt eine Stichstraße nach links zum **Küstenmuseum** auf dem Gehöft Herøy mit einem abseits der Durchgangsstraße gelegenen, geradezu einsamen **Parkplatz** [**166:** N62° 18' 43.9" E5° 40' 56.9"].

300 m nach der Museums-Abzweigung findet man links die Gaststätte "Lanternen Marina" mit großem **Parkplatz** und **Entsorgungsstation** [N62° 18' 50.9" E5° 42' 30.7"] .

Die zweite der Brücken, die **Herøy brua**, eine elegante Spannbetonkonstruktion, hat eine Länge von über 500 m. Am Ende der Brücke finden Sie links einen **Picknickplatz** für einen Fototermin. Ab der nächsten Straßengabelung ist der Weg zu unserer **Vogelinsel Runde** bereits ausgeschildert. Bleibt man auf der Hauptstraße, so findet man in FOSNAVÅG einen offiziellen, ausgeschilderten **Stellplatz** [**167:** N62° 20' 21.0" E5° 38' 21.1"] am Hafen.

Der Anblick der dritten Brücke nimmt einem schon fast die Luft weg, so filigranhaft zerbrechlich spannt sie sich über den Sund. Das zierliche Gebilde ist nur einspurig mit einer Beule in der Mitte, zwei Ausweichstellen für den Gegenverkehr. Jetzt sausen wir, zur Abwechslung, durch eine 1 km lange Tunnelröhre. Danach trennen uns nur noch ein letztes, fast halbkreisförmig gebogenes Einbahnstraßenbrückchen und ein Damm von unserem Ziel, der **Vogelinsel Runde**. Schwenkt man sofort am Inselbeginn links in einen holprigen Schotterweg bis zu seinem Ende; so findet man dort **Parkmöglichkeiten** [**168:** N62° 23' 10.3" E5° 36' 53.1"] vor einem Steinbruch.

Runde besteht aus einem schmalen, flachen Streifen, der sich um die Ostspitze herumzieht, der größte Teil der Insel jedoch ist Fjell, also Hochebene, umgeben von den typischen, bis zu 300 m hohen Felswänden, in denen Jahr für Jahr mehr als eine Million Seevögel brüten, auf jeden der

Der einzige freie Übernachtungsplatz auf Runde - wie lange noch?

etwa 200 Einwohner Rundes kommen also 5000 Dreizehenmöven, Papageientaucher, Trottellummen, Tordalken, Baßtölpel, Austernfischer – über
200 verschiedene Arten.
Wir kommen nach 1 km im Dörfchen RUNDE am kleinen **Hafen** [N62° 23'
50.7" E5° 39' 31.5"] vorbei (Tisch & Bank, gegenüber Touristen-Info), wo
täglich **Bootsfahrten zu den Vogelfelsen** angeboten werden. Diese sind
sehr zu empfehlen, vom Meer aus kommt man den Vögeln einfach näher!
Der **Parkplatz "Rundefjell"** [N62° 24' 11.3" E5° 37' 52.2"] nach 3,8 km
direkt am Ufer, ist fast leer, wir registrieren eine Toilette mit warmem und
kaltem Wasser. Dieser Platz (Übernachten verboten!) ist der einzige, um an
der Steilkante des Fjells auf Vogeljagd zu gehen.
Wir schnüren die Bergstiefel; winddichte (!!) Jacke, Rucksack, Fotoapparat
mit Teleobjektiv und Fernglas dürfen auch nicht fehlen; los geht's, Millionen
von Vögeln warten auf uns (aber nur während der Brutzeit vom 15.3. - 15.8.)!
Vom Parkplatz bis zum **Campingplatz Goksøyr** sind es nur dreihundert
Schritte. Weitere 300 Meter läuft man auf der Fahrstraße bis zum Beginn
des affensteilen Fußweges aufs **Fuglefjell**. Neben dem zunächst asphaltierten Pfad hocken zwei grasgedeckte Hütten direkt auf dem Sturzbach –
uralte Mühlen, die wir erst mal angucken müssen. Die untere scheint noch

Runde; Aufstieg zu den Vogelfelsen

funktionstüchtig zu sein: Im Bachbett sieht man die "Turbinenschaufeln", im Häuschen die zwei Mühlsteine und die Schütte.

Nach kurzem Aufstieg stapfen wir bequem über saftiggrüne Schafweiden. Rechts des Weges entdecken wir an kurzen Holzpfosten farbige Markierungen. Marschieren Sie hier weiter **geradeaus**, quer übers Fjell, dieser Pfad führt auf kürzestem Wege zu den steilsten, vogelreichsten Klippen im Nordwesten der Insel!

Unglaublich, was uns dort erwartet: Tausende und Abertausende von Seevögeln sausen hin und her, stürzen sich in die Tiefe, tauchen, schnellen wieder aus dem Wasser, lassen sich vom Wind herauftreiben, hocken einzeln, paarweise, in kleinen, meist jedoch großen Gruppen auf winzigen Felsvorsprüngen und vollführen ein ohrenbetäubendes Gezeter.

Die Sieger bei unserem Sympathiewettbewerb werden eindeutig die putzigen Papageientaucher, die so wenig in den kalten Norden zu passen

scheinen, man würde ihnen, mit ihren knallroten Schnäbeln und Füßen, viel eher einen Urwaldbaum am Amazonas als Brutplatz wünschen als einen kalten, glitschigen, norwegischen Felsvorsprung. Aber sie scheinen sich wohl zu fühlen, sind sich ihrer Schönheit bewusst und in alter Dressman-Manier putzen und stolzieren sie vor mir auf dem Felsen, lassen mich immer näher kommen, bis ich fast selber fliegen lerne.

Wir schauen und schauen, suchen die bizarren Felstürme, an denen sich nie die schleifenden Gletscher der Eiszeit vergriffen haben, nach weiteren, seltenen Arten ab, sichten wirklich ein Basstölpelpaar, das sich aus 20, 30 Metern Höhe, noch durch Flügelschläge angetrieben, senkrecht ins Wasser stürzt.

Fast zwei Stunden verbringen wir, ab und zu den Standort wechselnd, an der Kante des Vogelfelsens, dann ist unser Vogelbedarf gesättigt, und wir treten den Rückmarsch an: Fjell – Abstieg – Fahrstraße – WOMO.

Wir wiederholen uns: Im Laufe des Vormittags kommen, im Laufe des Nachmittags wieder fahren – denn bereits auf der nächsten Insel (Hareid-Landet) haben wir prima Plätzchen für Sie!

TOUR 13 (300 km / 3-4 Tage)

Hareid – Ålesund – Skodje – Stordal – Valldal – Trollstigvei – Trollvegg – Åndalsnes – Molde

Freie Übernachtung:	Hjørungavåg, Brandal (Eismeermuseum), Ålesund (2 Plätze), Skodje, Åndalsnes (Hafen), Molde (2 Plätze).
Campingplätze:	u. a. Ålesund (Bobil-Platz), Sjøholt, Valldal, Åndalsnes.
Ver-/Entsorgung:	Ålesund, Valldal, Åndalsnes, Molde.
Besichtigungen:	Brandal (Eismeermuseum), Hjørungavåg, Ålesund (Aksla, Stadtbild, Aquarium), Skodje bru, Stordal (Rosenkirche), Gudbrandsjuv, Trollstigvei, Trollveg, Molde (Stadt, Varden).
Baden:	Hjørungavåg, Ålesund, Skodje, Åndalsnes, Molde.
Wandern:	Molde (Varden).

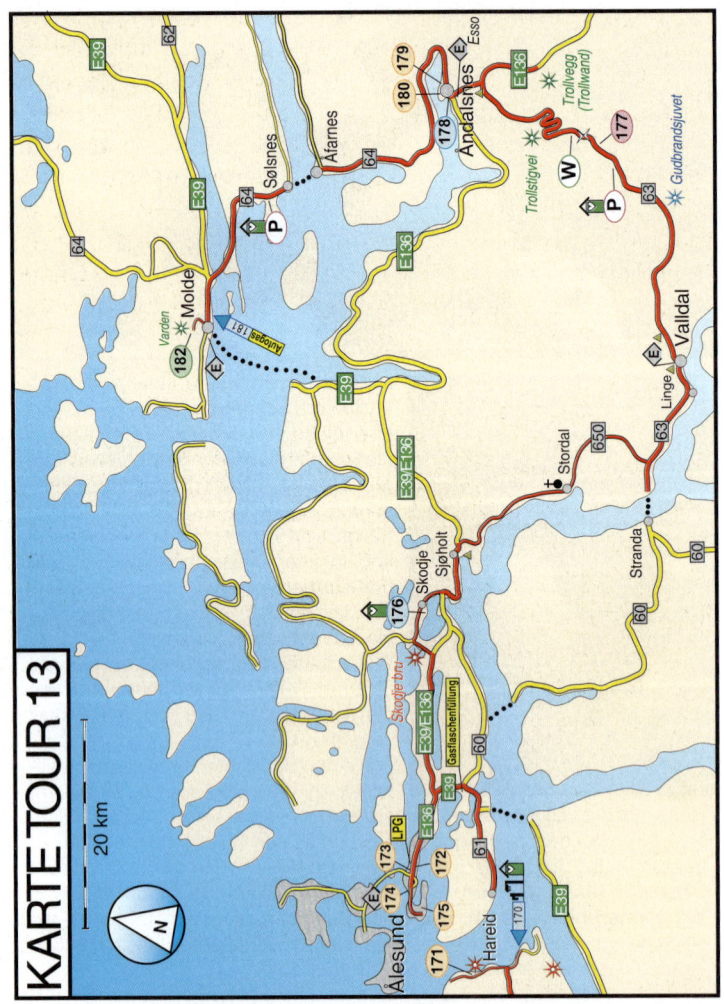

Wir kehren **Runde** den Rücken und über alle Brücken zurück zur Insel **Gurskøy**. Dort fahren wir nicht geradeaus nach MOLTUSTRANDA, sondern biegen links nach HAREID, unserem nächsten Fährhafen.

Die **Dragsund brua** verbindet die beiden Inseln **Gurskøy** und **Hareid-Landet**. Eigentlich wollten wir die Insel schnurstracks, von links unten nach rechts oben durchqueren, wir hatten nichts "Interessantes" über sie in Erfahrung gebracht. Aber es kam ganz anders!

Zunächst passierten wir ULLSTEINVIK, schön in Terrassen am Hang eines großen Naturhafenrunds angelegt, ein Wald von riesigen Kränen weist auf seine Bedeutung als Werftenort hin. Links der Durchgangsstraße findet man große Parkplätze beim Stadion und der Ullsteinhalle [169: N62° 20' 23.4" E5° 52' 45.6"]. Noch ein paar Kurven hinauf, dann senkt sich die Hauptstraße >61< zur Nordostküste mit dem **Sulafjord** hinab. Wir erreichen den Fährhafen HAREID, und gleichzeitig legt die Fähre ab – ohne uns! „Gelegenheit für ein zweites Frühstück", sagen wir uns, schwenken ohne groß nachzudenken nach Süden ab, also nach HJØRUNGAVÅG (2,5 km). Dort entdecken wir, sofort hinter dem Ortsschild, völlig unerwartet zwei Attraktionen auf einem Platz: Auf einem Landsporn ragt ein riesiges **Denkmal** in die Höhe, ein Wikingerdenkmal zur Erinnerung an eine Seeschlacht zwischen Norwegern und Dänen vor der Küste; eingeweiht wurde das gewaltige Monument 1986 von König Olav V.

Badeplatz Hjørungavåg

Nun wissen wir nicht, ob der norwegische König ein WOMO-Fan ist. Der **Badestrand Overåsanden**, der neben dem Monument angelegt wurde, spricht jedoch dafür:

(170) WOMO-Badeplatz: Hjørungavåg/Overåsanden

GPS: N62° 21' 34.0" E6° 04' 29.6"; **Hjørungavågvegen.**   **Max. WOMOs:** 3-4.
Ausstattung/Lage: Glänzender, weißer **Sandstrand** mit Wasserhahn am linken Ende, golfplatzgleiche Liegenwiesen, Toiletten, Duschen und ein großer **Parkplatz** (mit stets offener Schranke)/außerorts.
Zufahrt: Am Fährhafen von Hareid rechts 2,5 km.

Wir genießen den Blick auf Strand und Meer, kehren wieder zur Fähre zurück und das blöde Spiel wiederholt sich – sie legt vor unserer Nase ab. Wenn Sie jetzt glauben, wir würden aus Schaden klug – weit gefehlt! Wir rollen nun nach Norden, bis BRANDAL (3,5 km). Dort parken wir im Hafengelände neben dem gelben Gebäude des Eismeermuseums, dem **Ishavs-Museet** (offen: 10-17 Uhr).

(171) WOMO-Stellplatz: Brandal/Ishavsmuseet

GPS: N62° 23' 57.0" E6° 00' 42.4"; Brandalsvegen.   **Max. WOMOs:** 3-4.
Ausstattung/Lage: Tisch & Bank, Museumsbesuch (täglich 12-17 Uhr)/im Ort.
Zufahrt: Am Fährhafen von Hareid links 3,5 km.

Neugierig schlüpfen wir ins Erdgeschoss hinein – keine Menschenseele ist zu erblicken, aber ein Eisbär, eine Robbe, ein Seehund, Seevögel (alle natürlich ausgestopft), die komplette Funkkabine eines Schiffes, ein Eskimokajak....
„Wie schön, dass Sie unser neues Museum gefunden haben!" Erschrocken drehen wir uns um, werden freundlich von Herrn Magnus Sefland begrüßt; er spricht perfekt deutsch (wie es sich für einen Deutschlehrer gehört), ist ehrenamtlich im Museum tätig und beweist uns schnell – er ist ein Kenner der Materie.

Brandal; Ishavs-Museet

Die"Aarvak", einst und jetzt.

Wir erfahren fast nur unbekanntes: BRANDAL war früher Ausgangspunkt für arktische und antarktische Expeditionen; es sollten Überwinterungs- möglichkeiten für Robbenfänger, Pelztierjäger, Grubenarbeiter u. a. auf Grönland und Spitzbergen untersucht werden. Fast alle der speziell für diese Zwecke gebauten oder umgerüsteten Schiffe sind noch erhalten – als Modelle im ersten Stock! Fotos aus der Zeit, weitere Dokumente und Gerätschaften runden das Informationsangebot ab. Die wichtigste "Einrich- tung" des Museums aber ist Herr Sefland. Bei seinen Worten fangen die Modelle an, ins riesenhafte zu wachsen, Männer schlagen auf die Robben ein, schleppen sie zu den Schiffen. In BRANDAL wurde das Fleisch verwertet, Tranfabriken lieferten das Öl für die Lampen unserer Urgroßel- tern. Das erste Schiff verließ BRANDAL 1890, ein reines Segelschiff ohne verstärkten Rumpf, 1918 ging es im Eis verloren, aber noch vor wenigen Jahren fuhren zwei Robbenkutter bis ins Eismeer....

Besonders stolz ist man auf die "Aarvak" aus dem Jahre 1912, die neben dem Museum im "Trockendock" liegt. Dieser Robbenkutter ist ebenfalls im Besitz des Eismeermuseums, wurde als besonders attraktive "Außenstel- le" eingerichtet und inzwischen "eingehaust".

Das schöne **Ishavsmuseet** möchten wir Ihnen ganz besonders ans Herz legen. Der ruhige **Parkplatz** neben der "Aarvak" ist nachts speziell für müde WOMO-Besatzungen reserviert!

Man kann von BRANDAL noch weiter bis Kvitneset, der Nordostspitze der Insel fahren, dort liegen Reste des Atlantikwalls aus dem II. Weltkrieg.

„Du bist hier unerwünscht, Dein Groß- vater und Dein Vater waren schon hier!" Ein alter Mann verwehrt uns dort die Weiterfahrt, weist uns von seinem Grundstück. Ich bin entsetzt über die Trauer in der Stimme des Greises, welches Leid werden die Deutschen ihm oder den Seinen wohl zugefügt haben!?

„Ich habe damals ja noch gar nicht gelebt!" „Man muss doch einmal ver- gessen oder vergeben!?" und schließlich gar: „Auf Ihre Vorfahren,

die grausamen Wikinger, habe ich auch keine Wut!" sind meine Argumente im Gespräch, das doch noch zustande kommt. „Das ist 1000 Jahre her, in 1000 Jahren bist Du hier willkommen!"
Wir kommen uns nicht näher, trotzig verabschiede ich mich und muss doch immer wieder an den alten Mann aus BRANDAL denken ....

Diesmal haben wir Glück im Fährhafen von HAREID! Kaum in die Autoschlange eingereiht, rollen wir schon auf der Südseite der **Insel Sula** weiter nach Osten; die 61 schlägt einen weiten Bogen nach ÅLESUND, der **Jugendstil-Stadt**:

Das Stadtbild von ÅLESUND, ja der Anblick vieler einzelner Häuser wird Ihnen unvergesslich sein, das versprechen wir Ihnen! Der Grund dafür ist ein durchaus betrüblicher: Am 23. Januar 1904 brannte die Stadt fast vollständig ab. Kaum, dass Reste der Häuser übrig blieben, denn norwegentypisch waren fast alle aus Holz. Geschockt beschlossen die Bürger, diesmal in Stein zu bauen. Wie zu allen Zeiten üblich, baute man "modern" – und modern war damals der **Jugendstil**, dessen besonders auffallende Merkmale Dekorationen und von Pflanzenmotiven ausgehende Ornamente in auffälligen Farben sind. Nun sind während der (kurzen) Zeit des Jugendstils nicht gerade viele Städte komplett abgebrannt, folglich gibt es auf der ganzen Welt kein lebendigeres **Jugendstilmuseum** als die Stadt ÅLESUND!

Kurz vor unserem Ziel mündet die >61< in die >E 39<.

Hinweis: Die Fa. Scandic-Gas liegt knapp 4 km nach der E 39-Einmündung rechts im Vorort BLINDHEIM im Blindheimsvegen [N62° 26' 37.5" E6° 21' 54.2"]. Sie füllt auch deutsche Gasflaschen (offen: Mo-Fr 13-17 Uhr).

Dort, wo die >E 39< sich (nach rechts) mit der >E 136< vereinigt, knicken wir nach Westen ab, halten auf die Stadt der drei Inseln im **Ålesund** zu.

Wir durchqueren einen Tunnel (dahinter Shell-Tankstelle mit **Autogas** [N62° 28' 04.9" E6° 17' 35.4"]. Unübersehbar sind nacheinander zwei Abfahrten von der Einfallstraße, erst lesen wir **Museer**, dann **Aksla** (Fjellstua) auf den Wegweisern. Wir schauen auf die Uhr, es ist früher Nachmittag. Jetzt bekommt man im Zentrum noch keinen Parkplatz. Also biegen wir zunächst Richtung **Museum**:

sunnmøre museum

Als erstes erreichen wir das **Sunnmøre-Museum** (offen: 11-16 Uhr, Sa/So 12-16 Uhr). Hier sind im Freigelände über 50 alte Häuser aus Sunnmøre, der Region um ÅLESUND, wiedererrichtet und ausgestattet worden. Drei Bootshallen zeigen eine umfangreiche Holzbootsammlung, u. a. auch eine 18-m-Kopie des Kvalsundschiffes, eines Wikingerbootes.

100 m später entdeckt man die Abzweigung zum **Middelaldermuseet i Borgundkaupangen**. Dort, auf dem Areal des mittelalterlichen Handelsplatzes Borgund, wurden umfangreiche Grabungen durchgeführt. Das Museumsgebäude sitzt direkt auf einem Teil des Ausgrabungsfeldes (offen: 11-15 Uhr, Sa/So 12-16 Uhr).

Die **Borgundkirche**, ein paar Schritte weiter, geht auf einen romanischen Bau aus dem 12. Jahrhundert zurück. Besonders sehenswert sind die außergewöhnlich schönen Holzschnitzereien und die Deckenmalereien (offen: 10-14 Uhr, Mo zu). Vor der Kirche ruhige, ja einsam gelegene **Parkgelegenheiten** [**172**: N62° 27' 56.6" E6° 13' 58.0"].

An der nächsten Abzweigung von der >E 136< steht u. a. **Aksla** auf dem Wegweiser. Dies ist der berühmte **Aussichtsgipfel** mit dem **Fjellstua-Restaurant**, von dem man einen so tollen Blick auf die Stadt der drei Inseln und die Fjordlandschaft hat, dass man eigentlich nicht darauf verzichten kann. Gute 4 km sind es bis hinauf – der Blick über hunderte von Inseln und direkt in die Schornsteine von ÅLESUND hinein ist wirklich überwältigend (besonders genussreich ist die Aussicht aus der Fjellstua beim Verzehr der guten Fischsuppe!).

Die **Gaststätte** ist ab 20 (22) Uhr geschlossen. Ob man hier oben allerdings ungestört übernachten kann? Zumindest sollte man den nächtlichen Blick über die Stadt genießen – dann kann man immer noch 1200 m hinab zum großen **Parkplatz** [**173**: N62° 28' 35.6" E6° 11' 10.0"] neben dem Fußballstadion rollen!

Neben der **Fjellstua** führt eine Treppe mit genau 418 Stufen hinab in den Stadtpark von ÅLESUND. Deshalb sollten Sie das WOMO hier oben stehen lassen – und die Stadt "per pedes" erobern (immerhin kommt man an 22 Aussichts- und Ruhebänkchen vorbei)!

Sie wollen mitten ins Zentrum hinein? Wenn Sie sich angestrengt haben, nach 17 Uhr einzutreffen, ist die Parkplatzsuche kein Problem. Direkt am Hafen entdecken Sie zwei Wegweiser: Geradeaus geht es weiter zum Aquarium (3 km), rechts (WOMO-Symbol) zum Bobil-Platz (700 m).

Wenn Sie rechts schwenken, können Sie bereits nach 200 m, auf dem **St. Olavs-Plass**, wohl dem zentralsten Punkt der Stadt, das WOMO abstellen und unseren Kaiser besuchen!

Ausnahmsweise ist nicht der Altnationalspieler Beckenbauer gemeint, sondern Kaiser Wilhelm der Zweite. Richtig, der mit dem Kriegsschiffspleen, der alles immer besser wusste als Reichskanzler Bismarck ....
Seine Sommerferien verbrachte der Kaiser gerne mit eigener Jacht und Gefolge in den Fjordgewässern Norwegens, kaiserlicher Besuch bei den königlichen Gletschern sozusagen. Als ÅLESUND abbrannte, schickte Kaiser Wilhelm sofort Hilfsgüter aus seiner Privatschatulle, half auch beim Wiederaufbau der Stadt. Die Bürger dieser Stadt haben ihm das nicht vergessen, über zwei Weltkriege hinweg trug und trägt die größte Straße seinen Namen, im Stadtpark steht sein Denkmal.

Wendet man vom Nordende des Parkplatzes seine Schritte genau nach Osten, so trifft man auf die Fußgängerzone **Kongensgate**. Eine kreisförmige Treppe (neben einer roten Telefonzelle und einem Reh aus Bronze) führt hinauf zur **Lihauggata** und zum **Stadtpark**. Gleich am Anfang, rechterhand hinter einer für nordisches Klima geradezu sensationell großen Araukarie, steht die Bronzestatue von Rollon (norwegisch: Gangerolv), dem angeblichen Gründer der Normandie. Er kam (ebenfalls nur vermutlich) auf der Insel Giske nördlich ÅLESUND zur Welt: Seit 911 gibt's die Normandie, seit 1911 das Denkmal, ein Geschenk der Normandie-Stadt ROUEN.

Wendet man sich nach links, so entdeckt man, etwas versteckt, an einer roten Sandsteinsäule, Wappen und Relief unseres Kaisers.

Zwischen beiden Denkmälern kommt die bewusste Treppe vom **Aksla**, dem Aussichtsberg ÅLESUNDS mit dem **Fjellstua-Restaurant** herab. Falls Sie noch nicht oben waren – Jogging ist gesund!

Wir schlendern ein wenig durch den schön angelegten Park, verlassen ihn nach Süden, spazieren die **Parkgata** nach Osten, schwenken von dort nach Süden in die **Buholmgata** und an der nächsten Ecke, wieder nach Westen, in die **Keiser Wilhelms Gate** (korrekte norwegische Schreibweise!), die uns zum Zentrum zurückführt.

Ålesund, Kirche

Wir sind begeistert vom einheitlichen, gepflegten, jugendlichen Bild der Stadt, vom Anblick mancher Häuser kann man sich kaum losreißen: Da gibt es Türmchen und Erker, Fassaden aus rotbackigen Äpfelchen, aus verschlungenen Blumenranken, wir schlingen die Eindrücke in uns hinein. Schließlich kommen wir durch die **Lorkenesgata** wieder zurück zum Hafen.

Am Ende dieser Straße rechts das Gebäude der **Arbeiderforeningen,** ein besonders sehenswerter Bau, quer übers Wasser guckt die **Apotek** mit ihren spitzen Türmchen. Die **Apotekergata** und die **Kirkegata** dahinter rechts und links quellen geradezu über von liebevoll erhaltenen Jugendstilfassaden; am Hafen entlang schlendern wir dann zurück zum WOMO.

Ålesundet, Gästehafen

Sie möchten länger in ÅLESUND verweilen und suchen einen Platz für Ihr WOMO?
Am Hafen vorbei werden Sie von Schildern mit dem WOMO-Symbol zu einem großen, ruhigen, kostenpflichtigen Beton-platz am Kai mit schöner Aussicht geleitet:

(174) WOMO-Stellplatz: Ålesund/Bobilplatz

GPS: N62° 28' 35.7" E6° 09' 30.8", Sorenskriver Bulls gate.   **Max. WOMOs:** 30.
Ausstattung/Lage: WC, Dusche (kostenlos), Ver- und Entsorgung; Gebühr 160 NOK/24 h (16 NOK/h) am Parkautomat per Kreditkarte oder Münzen/Ortsrand.

Eine der neuesten Attraktionen ÅLESUNDS ist das neue Aquarium (Atlanterhavsparket), etwas außerhalb auf der west-lichsten Insel der Stadt am Ende einer Stichstraße gelegen! Merken Sie schon etwas? Genau! Dort ist es nachts ganz ruhig:

(175) WOMO-Stellplatz: Ålesund/Aquarium

GPS: N62° 27' 57.3" E6° 06' 01.6"; Tuenesvegen.
Max. WOMOs: >5.
Ausstattung/Lage: 150 m geradeaus zum tollen Aquarium (offen: 10-19 Uhr); 100 m rechts zum kleinen Sandstrand-rund mit Sitzbänken und einer halbzahmen Robbe; im Hinterland umfangreiche Bunkeranlagen/außerorts.
Zufahrt: Ab dem Zentrum von Ålesund ausgeschildert.

Wir verlassen das jugendliche ÅLESUND auf der gleichen Straße, wie wir es betre-ten haben, nach Osten führt die >E136< Richtung ÅNDALSNES (bei der Abzweigung nach GÅSEID Shell-Tankstelle mit Autogas).
Erst in SPJELKAVIK, wo die >E39< mit in die >E136< einmün-det, endet das bebaute Gelände, wir knicken auf der >E39/E136< nach links ab. Der **Brusdalsvatn** begleitet uns rechter-hand, wir haben jedoch Mühe, einen Blick auf den Wasserspie-gel zu erhaschen, denn die Straße zieht durch Wald und Fels, oft sind Passagen in die Felsen hineingesprengt.
Dürfen wir Sie zu einem kleinen Umweg verführen, der eigent-lich gar keiner ist?

Dann verlassen Sie mit uns die >E39/E136< auf die >661<
nach links Richtung VATNE/BRATTVÅG.
Bereits 2 km nach der Abzweigung rollen wir über eine neue
Brücke (unbedingt den unteren Mautschacht verwenden, der
obere ist für LKWs!) neben zwei sehr eleganten Steinbrücken,
kombiniert aus Natur- und Ziegelstein, technisch perfekte und
doch ästhetische Bauwerke – die **Skodje bruene**. Nach all den
High-tech-Bauwerken aus Stahlseilen und Spannbeton zeigen
sie uns, dass sich auch zu Beginn des Jahrhunderts gute
Ingenieurleistung nicht in statischen Berechnungen erschöpf-
te. Hinter der neuen Brücke geht es links zum Fototermin
(ausgeschildert [N62° 30' 11.3" E6° 36' 58.5"]).

Der **Badeplatz** von SKODJE heißt **Murvika**! Schwenkt man in
der Ortsmitte rechts (dort **Stellplätze** rechts beim Stadlon
[N62° 30' 15.7" E6° 41' 01.4"]) und bei einer Gärtnerei nach 300
m nochmals rechts, so erreicht man ihn nach weiteren 600 m:

(176) WOMO-Badeplatz: Skodje/Murvika
GPS: N62° 30' 05.3" E6° 40' 38.6"   **Max. WOMOs:** 2-3.
Ausstattung/Lage: Kiesstrand, Liegewiese, Mülleimer; Camping verboten/außerorts.
Zufahrt: In der Ortsmitte rechts (ausgeschildert) noch knapp 1 km.

Wir fahren weiter zur >E39/E136<, ziehen bis STORDAL am linken Ufer des **Storfjords** entlang. Unser E-Zwilling verlässt uns allerdings am Ende von SJØHOLT nach links, wir bleiben am Wasser auf der >650< Richtung STORDAL/GEIRANGER – die gewaltigste Bergstraße Norwegens, der **Trollstigvei**, fehlt noch in unserer "Serpentinensammlung".

Zunächst konzentrieren wir uns jedoch auf die Fjordflanken-straße bis STORDAL. Sie ist gut ausgebaut, mehrfach durch-tunnelt, nur für Picknickplätze war beim besten Willen kein Platz. Eile ist ohnehin angebracht, denn in STORDAL wartet ein besonderer Schatz auf den Kunstkenner – die **Rosekirke**. Nun ist die Rosenmalerei, eine Art Bauernmalerei, in der die Abbildung von blühenden Rosenzweigen in allen Variationen und Abstraktionsgraden dominiert, in Norwegen nicht gerade selten, die Rosenkirche von STORDAL stellt aber zweifelsoh-ne einen der Höhepunkte dar, ist ihr Inneres doch über und über mit Rosen geschmückt.

Die **Rosekirke** ist nicht die erste Kirche von STORDAL, die wir schon vom Fjord aus sehen, sondern die zweite am Wege, die **Stordal gamle Kirke** [N62° 23' 01.5" E7° 00' 54.4"], 500 m später links der >650<. Es ist ein kleiner, achteckiger Zentral-bau mit zweistöckigem Türmchen, schindelgedeckt (offen: 20.6.-15.8. von 11-16 Uhr).

Wir kommen natürlich zur Unzeit und müssen uns mit einem Blick durch die Fenster begnügen. Falls Sie ein bisschen Zeit zum Warten mitbringen: Neben dem **Kirchenparkplatz** sind Tische und Bänke zum Picknick aufgestellt.

Unsere Straße schlängelt sich nun durchs **Stordal**, wird beglei-tet vom **Stordalselva** und dicken Hochspannungsdrähten, die die Kraft eines fernen Wasserfalles weiterleiten, aber noch viele seiner Brüder rauschen frei und ungebändigt rechts und links die Hänge hinab.

Wir passieren die Einmündung der Straße von der Fährstation STRANDA. Den **Parkplatz** hier sollte man für eine herrliche Aussicht auf den **Norddalsfjord** nutzen; ein zweiter Aussichtspunkt 1700 m später [N62° 18' 25.0" E7° 04' 51.4"].

Blick über den Nordalsfjord in den Sunnylvsfjord

Zwischen zwei Tunneldurchfahrten erspähen wir die zwei Fähren, die zwischen EIDSDAL und LINGE hin- und herpendeln. Sie verbinden zwei Teile der >63<: Der südliche ist der **Ørnevei**, den wir bereits vom Aussichtspunkt **Dalsnibba** bestaunt haben, der nördliche ist der **Trollstigvei**, den wir heute angehen werden.

Zunächst sind wir noch in einer der geschütztesten Fjordlagen des Landes, Kirsch-, Apfel- und Birnenbäume stehen am Wegrand, auch Johannisbeeren und Stachelbeeren werden angebaut. Wir sind nun auf der >63<, machen einen Stop in VALLDAL. Links wartet der **Campingplatz Muri**, rechts das Lupinencafé neben der Strandpromenade, wo Sie sich vor dem Gebirgsaufstieg noch einmal die Füße vertreten können. Oder wollen Sie lieber (100 m hinter der xy-Tankstelle) an der **WOMO-Entsorgung** [N62° 17' 51.9" E7° 15' 27.5"] die Toilette erleichtern?

Die Straße geht es gemütlich an, zunächst begleiten uns satte Wiesen, Kartoffelfelder, ja sogar Erdbeerplantagen; an den Straßen gibt's "Jordbær" direkt vom Busch. Hinter den Feldern aber zeigen glatte, steile Felshänge und die ersten Schneefelder, was auf uns zukommt. Besser als die Riesen-Campingplätze im Tal haben uns die **Campings Uritun** [N62° 18' 54.4" E7° 17' 23.2"] und **Skroglund** gefallen.

Kiefern und Birken lösen die Wiesen und Felder ab, ein Sturzbach poltert neben uns durchs immer schmaler werdende Tal. An einer besonders engen Stelle, der **Skjærsura**, überquert die **Gudbrands bru** aus dem Jahre 1919 den Sturzbach. Hier sollten Sie eine Pause machen; rechtzeitig vorgewarnt werden Sie vom Hinweisschild **Gudbrandsjuvet**.

Der Sturzbach hat gar malerisch an verschiedenen Stellen den Durchbruch zwischen den Felsen erzwungen, hat Klüfte und Höhlen ausgewaschen, durch die er hindurchsprudelt, direkt neben der Brücke schäumt und brodelt er in einem riesigen, runden Topf. Vom großen Parkplatz **hinter** der Brücke führt eine eigentümliche Stahlkonstruktion, nur vergleichbar dem Raubtiergang zwischen Käfig und Zirkusarena, über die Attraktion hinweg zum Aussichts-Café (dort auch WC)!

Gudbrandsjuvet mit "Raubtiergang"

Nochmals treten die Hänge zurück, machen Platz für ein paar schmale Wiesen, dann begleitet uns wieder der tosende, blauweiß schaumiggeschlagene Milchbrei des Sturzbaches, Wasserfälle speisen ihn von links und rechts. Die Straße macht dazwischen geradezu sanfte Schleifen, erreicht ihren Scheitelpunkt bereits in 852 m Höhe. Das Angebot an Park- und Picknickmöglichkeiten unterwegs ist auffällig dürftig. Liegt es daran, dass ohnehin alle diesem höchsten Punkte zueilen? Immerhin – auf einer kleinen Hochebene vor dem Sattel ein **Picknickplatz** [**177:** N62° 24' 59.8" E7° 38' 26.2"], ein kleiner See und Gedenksteine an die Reisen von Olav dem Heiligen und König Håkon (die schönsten Plätze sind versperrt).

Wir passieren den **Pass**, auch hier ein **Parkplatz**, rings herum hunderte von zusammengetragenen Steinmännchen als "Platzhalter" für ein Wiedersehen, dann schlängelt sich die Straße zwischen glattgeschliffenem Fels wieder hinab.

Keine Angst! Der Platz der Plätze, **der** Aussichtspunkt schlechthin in Norwegen, der **Parkplatz Trollstig** kommt noch – aber erst ungefähr 2,5 km später!

Sie werden ihn sicher nicht verpassen, denn am **Parkplatz Trollstig** [N62° 27' 16.9" E7° 39' 54.4"; 718 m] herrscht ein Gedränge wie auf dem Oktoberfest.

Ein bestens betonierter Fußweg, der Publikumsmenge durchaus angemessen, führt oberhalb eines Wasserfalls zu diversen Aussichtskanzeln, von denen aus das Geschlängel vom **Trollstigvei**, der wie eine epileptische Bandnudel an die Wand geklebt ist, aus der Adlerperspektive zu begucken ist: „Möönsch, dieser Bus, der kommt doch da nie 'rum!" „Guck' mal, da traut sich einer mit dem Wohnanhänger...." „Wenn die sich begegnen, das wird spannend!"

Zungen aus aller Herren Länder diskutieren das Verkehrsgeschehen auf der schmalen Serpentinenstraße wie Kinder, die mit ihrer Modelleisenbahn hantieren. Wir prägen uns die neuralgischsten Punkte ein, schießen unsere Photos und diskutieren auf dem Rückweg über ein Verbotsschild: „Das Mitführen von Fallschirmen und Drachenseglerausrüstung ist auf dem Trollstigvei verboten!" Auch hier eine Unmenge von Steinmännchen.
Hinweis: Die neuralgischsten Punkte wurden 1999 "entschärft"!

Es geht hinab! 10 % Gefälle! Die Straße ist frei! Kurve auf Kurve nehmen wir! Meine Beifahrerin späht zum nächsten Serpentinenstück hinab – immer noch frei...

Fünf Kilometer später können wir an einem Picknick- und Aussichtsplatz durchschnaufen, ab hier hat die Straße wieder

Mittelgebirgscharakter. 10 km weiter, an der **Sogge bru**, trifft unsere >63< auf die >E 136< aus ÅLESUND, die wir bei SJØHOLT verlassen hatten. Vor der Brücke besetzt der **Campingplatz Soggebru** [N62° 31' 53.4" E7° 44' 09.2"] das idyllische Gelände. Fährt man über die Brücke und dahinter links, so ist man bald in ÅNDALSNES.

Wir biegen jedoch hinter der Brücke rechts, halten auf der >E 136< Richtung DOMBÅS, um ein Stück des **Romsdals** kennenzulernen.

Aber was heißt Tal? Hohlweg. Schlucht! Klamm!! Cañon!!!

Flankiert von den höchsten und steilsten Felswänden Europas ist das **Romsdal** eine Urlauber- und Bergsteigerattraktion ersten Ranges, denn **Trollvegg**, die Felswand an der Bergkette **Trolltindane**, die 1800 m emporragt, bietet auch einige der schwierigsten Klettertouren der Welt.

Wir unterqueren die Bahnlinie und haben vor uns das markante **Romsdalshorn**, das tief in seinem Inneren ein Elektrizitätswerk verbirgt. Den besten Platz haben wir für Sie ausgesucht, von denen aus Sie die prächtigste Aussicht auf die spitzen Zacken und senkrechten Mauern der Gebirgswand haben – den großen **Touristenparkplatz Trollvegg**, genau 6 km nach der Brücke und unmittelbar zu Füßen der gewaltigen Steilwand.

Dort [N62° 29' 20.9" E7° 45' 36.2"] finden Sie Souvenirläden, eine Cafeteria, Picknicktische und -bänke, Liegewiese mit Wasserhahn, Toiletten, Info-Tafeln, Besøkssenter mit Filmvorführung – und ein Campingverbotsschild! Versäumen Sie nicht, links der Cafeteria die Fotomontage der **Trollvegg-Wand** mit den wichtigsten Klettertouren zu beachten. Hineinmontiert wurde im gleichen Maßstab ein Foto des Eiffelturmes, ein fingergroßer Däumling, Menschenwerk!

Erstmalig 1958 bestiegen, ging man seit 1980 den umgekehrten Weg, stürzte sich am Fallschirm in die Tiefe; erst nach sechs Jahren war den Verantwortlichen die Zahl der Todesfälle hoch genug, um die Todessprünge zu verbieten.

Wir wenden am **Trollvegg-Parkplatz**, rollen auf der >E 136< nach ÅNDALSNES – der "Alpenstadt am Fjord". Kurz nach der Esso-Tankstelle (mit kostenloser Entsorgung [N62° 33' 28.8" E7° 41' 11.2"] für Tankkunden) kann man rechts zum **Badeplatz Kammen** [**178:** N62° 33' 50.5" E7° 40' 14.5"] abzweigen. Nach 1000 m hat man den entlegenen Schotterplatz erreicht; leider muss man zu Sandstrand und Liegewiese 200 Meter marschieren.

ÅNDALSNES liegt an der Mündung der **Rauma**, am Ende des **Romsdalsfjords** – und ist auch noch Endstation der **Raumabahn**, der wir während unseres Abstechers ins **Romsdal** bereits begegnet sind. Trotzdem herrscht hier keineswegs solch ein Trubel wie z. B. in FLÅM – und einen ausgewiesenen

(kostenlosen) <highlight>**WOMO-Parkplatz** [**179:** N62° 34' 00.0" E7° 41'
30.9"]</highlight> gibt's auch (**vor** der Bahnlinie rechts)!

Biegt man **hinter** der Brücke über die Bahnlinie rechts (bei der
Post), und rollt bis zum Kai, so findet man einen weiteren (und
schöner gelegenen) <highlight>**Parkplatz** [**180:** N62° 34' 03.7" E7° 41'
31.3"]</highlight> für WOMOs; daneben entdecken Sie in einem abgestell-
ten Eisenbahnwagen die einzige **Zugkapelle** Norwegens.

Das Hafengelände von Åndalsnes, im Hintergrund die Zugkapelle

Ein Blick auf das Hafengelände, ein gemütlicher Stadtbummel
mit Einkauf, dann kehren wir zurück zum Kreisverkehr, schlagen einen Dreiviertelkreis nach links, verschwinden auf der
>64< in einem Tunnel Richtung MOLDE.

Wir ziehen eine weite Schleife um den **Isfjord**, den östlichsten
Finger des **Romsdalsfjords** herum, blicken noch einmal übers
Wasser zu den schneebedeckten, scharfkantigen, bizarren
Gipfeln. Genau gegenüber von ÅNDALSNES gibt es am **Is-
fjord** zwar keinen eingerichteten Picknickplatz, aber eine gan-
ze Reihe von **Parkbuchten**. Von hier aus ist das Panorama
besonders eindrucksvoll: Das **Romsdalshorn**, ja der ganze
Trolltindane-Gebirgsstock beherrscht die "Alpenstadt am
Fjord", die geduckt zu seinen Füßen liegt.

Unsere Straße macht einige Schlenker durchs Landesinnere,
zieht an zwei Seen vorbei – und hat schon wieder einen neuen
Fjord als Begleiter, den **Rödvenfjord**. Zwei **Rastplätze** liegen
an seinem Ufer; von ihnen aus können Sie feststellen, wie
schnell sich in Norwegen die Szene von Hochgebirgszacken zu
Mittelgebirgshügeln wandelt.

Die Fähre von ÅFARNES nach SØLSNES scheint nur auf uns zu warten: Wir rollen aufs Deck, sie tuckert los!

MOLDE, die Stadt der Rosen und des Jazz, liegt auf einer Halbinsel. Aber "halb" heißt in Norwegen nur, dass man ohne Fähre **auch** hinkommt. Ich habe ab ÅFARNES mal den Umweg ausgerechnet, er beträgt genau 105 km, auf schmalen Berg- und Nebenstraßen. Da fahren wir doch gerne über den **Langfjord** und den **Fannefjord**!?

Was aber macht unsere >64< am **Fannefjord**? Sie endet nicht, wie erwartet, bei einer Fährstation, sondern schwingt sich kühn, auf einer neuen Spannbetonbrücke, zum nahen Inselchen **Bolsøya** hinüber. Vor der Brücke können Sie sich über einen **Picknickplatz** freuen und hinter ihr ein zweites Mal über eine aufgehobene "Bomstasjon"; denn mit dem Beitrag der Passanten wurden die Brückenkosten – und nur die – bezahlt, seitdem ist die Brückenbenutzung kostenlos!

Wie aber sollen wir nun nach MOLDE hinüberkommen? Eine gigantische Brücke müsste das sein, der Meeresarm ist hier fast 2 km breit!

Bevor wir uns versehen, geht's in den Untergrund! Der **Fannefjord-Tunnel**, ein neuer **Unterwassertunnel** mit genau 2743 m Länge, schluckt uns. Steil sinkt die Straße ab, die Luft wird feucht, von den Wänden tropft das Wasser – ob Neptun uns wieder freilässt? Eine ebene Passage, dann beginnt der Aufstieg, wir atmen auf – Tunnel durchs Gebirge erscheinen uns sicherer!

Kaum wieder an der Erdoberfläche mündet unsere >64< in die >E 39<, die uns nach links auf MOLDE zuführt. 1800 m nach der Einmündung liegt linkerhand ein großer Jachthafen, an jedem zweiten Bootssteg mit einem Wasserhahn versehen!

Vorher kann man links zu einer neuen Picknickanlage mit Sandbadestrand abzweigen; Leider sind die Zufahrten zu den schönsten Plätzen inzwischen mit Felsklötzen versperrt:

(181) WOMO-Badeplatz: Molde/Jachthafen

GPS: N62° 44' 21.4" E7° 12' 55.2" **Max. WOMOs:** >5.

Ausstattung/Lage: Sandstrand, Tisch & Bank, Liegewiesen/außerorts.

Hinweise: Nach Auskunft im Touristenamt darf man hier 24 Std. stehen, Toiletten beim Jachthafen, Shell mit Autogas hinter dem Jachthafen.

MOLDE ist von der Natur reich beschenkt, aber Katastrophen blieben auch nicht aus: 1916 zerstörte ein Brand über 100 Häuser – und 1940 kamen die Deutschen! Sie wollten den norwegischen König, der sich mit seiner Familie nach MOLDE geflüchtet hatte, zur Kapitulation zwingen. Die Luftwaffe zerstörte den gesamten Stadtkern, der König musste zuschauen – und gab danach erst recht nicht klein bei!

MOLDE wurde neu und wie man sagt, schöner aufgebaut. Wir

werden auch hier eine ganz besonders gute Gelegenheit haben, dies zu begucken. Aber der Reihe nach!

100 m vor dem spitzen Kupferdach der neuen **Domkirche** entdecken wir zum ersten Mal die Wegweiser nach rechts zum **Aussichtsberg Varden**; eine Info-Tafel neben der Kirche weist uns den Weg zu den anderen Sehenswürdigkeiten, z. B. zur **Strandgata** unterhalb des Doms, der **Bummelmeile** von MOLDE, wo man über die Wahrzeichen von MOLDE, das Rosenmädchen und den Saxophonisten, geradezu stolpert. Nicht weit ist es, am Hafengelände entlang, zum supermoder-

nen **Rica-Hotel** hinter dem genau so sehenswerten **Aker-Stadion** und dem **Molde-Bad**. Dazwischen findet man viele kostenpflichtige Parkplätze und eine **WOMO-Entsorgung** [N62° 44' 00.0" E7° 08' 42.5"].

Fährt man von der **Domkirche** aus genau nach Westen, zunächst den **Parkveg** entlang (Hauptstraße knickt ab!), dann den **Glommstuveg** weiter, immer nach Westen, so kommt man zur **Königsbirke** (Wegweiser: "Rotes Kreuz", hinter dem Krankenhaus "Kongebjørka").

Molde, Rica-Hotel

An diesem Platz [N62° 44' 24.7" E7° 07' 40.7"] stand der norwegische König Olav V. während des deutschen Bombenangriffs, 1955 wurde hier eine Erinnerungstafel eingeweiht.

Nun kommt **Varden** an die Reihe! Von der Domkirche aus folgen wir den Wegweisern den Hang hinauf, an zwei Stauseen mit Parkplatz [N62° 45' 11.8" E7° 10' 17.0"] vorbei, immer weiter und weiter empor. 2 km Teerstraße, 2,6 km gute, breite Erdbahn, dann stehen wir auf dem Aussichtsplateau – phantastisch! Man blickt über das langgestreckte MOLDE, über den Fjord mit seinen vielen kleinen Inseln, und am Horizont leuchten sage und schreibe 87 schneebedeckte Gipfel – die **Romsdalsalpen** oberhalb ÅNDALSNES!

(182) WOMO-Wanderparkplatz: Molde/Varden
GPS: N62° 44' 57.4" E7° 07' 47.7"; Vardevegen.   **Max. WOMOs:** 3-4.
Ausstattung/Lage: Aussicht, Gaststätte, Wanderwege/außerorts.

Das **Parkplatzangebot** hier oben ist groß und eine ruhige Übernachtung wohl garantiert. Von 11-19 Uhr (in der Saison!) kann man auch vom Restaurantfenster die Aussicht genießen: Die **Varde-Stua** macht von außen den Eindruck einer gewöhnlichen, dunkelgebeizten Holzhütte mit dem üblichen Grasdach, unterlegt von nässeableitender Birkenrinde. Von Innen jedoch bekommen wir einen Schnellehrgang in nordischer Wohnkultur – so würden wir auch gerne hausen: Wuchtige Baumstämme tragen das Dach, die Wände sind ebenfalls aus massiven Holzstämmen errichtet. Ein einziger Raum, von der Küche mal abgesehen, große Fenster nur nach Süden, zum Panorama hin, sehr chic!

Nicht nur zum Schauen hat MOLDE den **Varden**. Jogger kommen in die **Stua**, zünftig gekleidete Wanderer. Entscheiden Sie selbst, wie Ihr Varden-Programm aussehen soll!

TOUR 14 (130 km / 2-3 Tage)

Molde – Trollkyrkja – Eide – Atlanterhavsveg – Kvernes – Bremsnes – Kristiansund – Tingvoll

Freie Übernachtung:	Molde (Skigebiet), Atlanterhavsveg, Søbstad, Myrset (Roksetskaret), Kristiansund (3 Plätze), Tingvoll.
Campingplätze:	Molde, Averøy, Kristiansund.
Ver-/Entsorgung:	Eide, Kristiansund.
Besichtigungen:	Trollkirche, Atlanterhavsveg, Søbstad (Felsritzung), Kvernes (Stabkirche), Bremsnes (Steinzeitweg), Kristiansund (Stadtbild, Museen), Tingvoll.
Baden:	Molde (u.a. Hallenbad), Kristiansund (Badeplatz Skjerva).
Wandern:	Molde (Skigebiet), Trollkirche, Bremsnes (Steinzeitweg).

Wir verlassen MOLDE nach Osten, so wie wir hergekommen waren, fahren am **Jachthafen** mit dem Badeplatz vorbei und auch an der Abzweigung zum Unterwassertunnel; erst 1 km später biegen wir nach links auf die >64< Richtung EIDE. Kurz darauf ist wieder ein **Bomveg** angezeigt, ein Tunnel muss abbezahlt werden. 15 NKr wären es zwar nur, aber wir haben Zeit und leisten uns den Umweg über die alte >64<, fahren durchs **Skigebiet** Moldes, den **Skaret Friluftspark**. Hier gibt es eine ganze Reihe von Sportmöglichkeiten, vom Skispringen, Langlauf über Wasserskilauf bis zu den üblichen Sommersportarten. Für den durchreisenden Touristen dürften in erster Linie die vielen leeren **Parkplätze** in idyllischer **Wander-landschaft** von Interesse sein, zum Beispiel der **Wanderpark-platz** beim Skistadion ...

(183) WOMO-Wanderparkplatz: Molde/Skistadion

GPS: N62° 47' 24.9" E7° 19' 15.2"   **max. WOMOs:** > 5.
Ausstattung/Lage: Tisch & Bank, Wanderwege/außerorts.
Zufahrt: Von Molde auf der >64< Richtung Eide, dann alte >64<, ausgeschildert.

... oder 1,5 km später der **Picknickplatz** bei der **Skarstua** [N62° 48' 06.1" E7° 19' 51.7"]. Nebenan, im Klokkargarden arbeiten neun lokale Handwerker (u. a. Rosenmaler, Weber, Holzschnitzer, Silberschmied).

Trollstigvei und **Trollvegg**, Gebiete, in denen man mit nordischen, heidnischen Unholden rechnen musste, haben wir weit hinter uns gelassen und **Trollheim**, die Heimat der Riesendämone, steht erst später auf unserem Programm. Was aber soll die Bezeichnung **Trollkyrkja** auf unserer Autokarte bedeuten? Sollte es wirklich zur Bekehrung einiger der gottlosen Riesen gekommen sein?

Etwa 4 km nach der Abzweigung ELNESVÅGEN rollen wir links unserer >64< auf einen **Parkplatz** [N62° 52' 0.5" E7° 16' 28.9"] (Wegweiser: **Trollkyrkja**). Etwa 3 km Fußmarsch, für einen Riesen sicher eine Kleinigkeit, stehen uns bevor. Aber wie heißt es so schön auf der Info-Tafel: „Experience outside the usual – take a hike to the Trollchurch!"

Wir empfehlen Ihnen folgende Ausrüstung: Gummistiefel (oder Bergschuhe, je nach Wetter), Anorak oder Windjacke, alle vorrätigen Taschenlampen, Fotoapparat mit Blitzlicht und – langen Atem.
Allradspezialisten und VW-Bus-Schinder werden natürlich versuchen, den ersten Teil des Weges auf Rädern zurückzulegen – mal sehen, wo wir deren Schrott dann finden werden! Nach kurzer Feldwegstrecke mit zwei Furteinlagen, in denen sich die Gummistiefel erstmals bewähren, zieht der matschig-holpersteinige Pfad steil durch Jungfichtenwald nach oben. Die

Fichten lassen sich von Birken ablösen, nur wir müssen selbst weiter-
schnaufen ....

Dann sind auch die letzten Birken unter uns zurückgeblieben; wir klettern
über kahlen Fels, an dem die Wasserfäden eines Bächleins herunterrinnen,
schmatzend ziehen wir die Stiefel aus Moor- und Sumpfpassagen.

Fast ist uns der Spaß vergangen, nur die Neugierde treibt uns noch voran.
Endlich, nach einer Stunde und zehn Minuten, haben wir ein großes Loch
in der Felswand erreicht, etwa so groß wie die Rückfront unseres WOMOs.
Noch etwas missmutig knipsen wir unsere Taschenlampen an, stolpern in
den weiten Gang hinein, ein Bächlein begleitet uns gluckernd unter dem
Geröll des Höhlenbodens.

Zugegeben, die Wände bestehen wirklich aus Marmor, blendend weiß
sogar. Wir stapten weiter, schlagen uns den Kopf an, rechts 'rum geht's, der
Höhlengang erweitert sich – und ehe wir uns versehen, sind wir Paten in
einer "Trolltaufe": Ein Wasserfall schießt von oben in die Naturkirche hinein,
krachend prallen die Fluten vom Höhlenboden zurück, wir stehen starr.

Doch dann fühle ich förmlich, wie
sich mir die Nackenhaare sträuben: In halber Höhe der Marmor-
wand erscheint ein Strahlen, ein
göttliches Licht!?

Nein, es ist nur ein menschlicher
Höhlenbesucher mit einer rotgelb
rußenden Fackel, der durch das
Loch in der Wand zu uns hinab-
grinst.

Wir verrenken unseren Hals, spähen weiter nach oben, sehen eine
Edelstahlleiter in der Marmorröh-
re lehnen, unerreichbar. Aber es
gibt nicht nur einen Höhleneingang! Der Berg, Ende der letzten
Eiszeit von Schmelzwässern
ausgewaschen, ist durchlöchert
wie ein Käse, nur ein kleiner Teil
des Labyrinths ist bisher er-
forscht.

Vom Höhleneingang steigen wir
weiter empor, erklimmen die Stel-

le, an der der Wasserfall in die **Trollkirche** hinabrauscht. Hier ragt die nächste Säulenhalle nach oben, ein Sturzbach braust in einer Falte der Wand, erscheint zu unseren Füßen. Weiter steigen wir, seitlich der Höhle, hinauf, sind schließlich ganz oben, sozusagen auf dem Glockenturm. Von dort aus reicht der Blick nicht nur hinab in die Grotte, sondern auch weit übers Land, bis zu unserem winzigen WOMO an der Straße und weiter, über Hügel und Seen bis zu den Schneebergen im Landesinneren. Ein 5-Minuten-Weg zu einem kleinen See wird angepriesen; wir verzichten, verschnaufen, schauen – und kehren dann, sehr zufrieden mit unserem Ausflug, zum WOMO zurück (Rückmarsch 1 Std.).

*„Kinder! Falls Eure Eltern nicht wollen – schleift sie hinauf! Die **Trollkyrka** ist ein Erlebnis, viel schöner als eine langweilige richtige Kirche, in der man immer still sein muss! Und vergesst nicht: Gummistiefel, Taschenlampen oder noch besser Fackeln braucht man unbedingt! Unterwegs wachsen viele dicke Heidelbeeren. Am besten, man nimmt sich ein Gefäß mit, damit man im WOMO in Ruhe mampfen kann!"*

Der nächste Ort an unserer Strecke ist EIDE; **Entsorgung** [N62° 54' 27.8" E7° 25' 36.1"] linkerhand bei der Best-Tankstelle. Links der Straße liegt das Zentrum – und rechts bereits der **Kornstadfjord**; das Meer wird uns nun wieder eine ganze Weile begleiten ....

Blendend weiße Straßen führen nach links ins Gebirge. Sie sind keineswegs betoniert, sondern dick mit Kalkstaub eingepudert. Wenn ein LKW von einem der Marmorsteinbrüche in den Bergen herabpoltert, sieht man bereits aus großer Entfernung seine weiße Fahne.

Wir ziehen am Fjord nach Norden, wittern schon die Tangluft des offenen Meeres, freuen uns auf den berühmten **Atlanterhavsveg**, die **Atlantikküstenstraße**.

Einen schönen Zwischenstop kann man auf dem **Picknickplatz** [N62° 58' 46.2" E7° 18' 12.0"] des **NSG Gaustadvågen** einlegen. Auch wenn Sie vielleicht keine Vögel hören: Das Sumpfgebiet ist ein bevorzugter Durchzugs- und Brutplatz für Singschwäne. Noch ein paar Kilometer,

Whooper swan / Singschwan

dann geht das Inselspringen los: Erstes Brückchen, dahinter gleich ein **Picknickplatz** [N63° 00' 33.6" E7° 18' 25.8"]; nachts Gebühr, zu zahlen beim Sjøsportsenter (200 m vorher rechts). Aber bereits 1000 m Meter später wartet der nächste **Picknickplatz** [184: N63° 00' 48.0" E7° 19' 48.3"] mit Kiosk, WC sowie Tisch & Bank. Dann schwingen wir uns über eine kühne, gebogene Spannbetonbrücke (davor Parkmöglichkeit), auf der die

Angler meist dicht an dicht stehen (man braucht nur eine Schnur mit Blinker und Haken; die Makrelen beißen wie wild!).

Der folgende **Picknickplatz**, links der Straße, ist der beste weit und breit (auch wenn er zum größten Teil nicht befahrbar ist): Geschmackvoll angelegt, alle Einrichtungen und sogar ein Kinderspielplatz!

(185) WOMO-Picknickplatz: Atlanterhavsveg

GPS: N63° 01' 06.0" E7° 21' 52.8" max. **WOMOs:** 3-4.
Ausstattung/Lage: Toilette, Tisch & Bank, Kinderspielplatz, Gebühr/außerorts.

Lassen Sie Ihre Kleinen toben und ersteigen Sie den Hügel, um das Panorama zu erkunden: Wie eine Wasserschlange liegt das Straßenband auf Inseln, Inselchen, Schären und aufgeschütteten Dämmen, biegt sich über Meerengen, verbindet alles zu einer einmaligen Perlenschnur.
Bei schönem Wetter hätte man sicher einen völlig falschen Eindruck von dem kühnen Bauwerk. Wenn jedoch der Wind peitscht, die Wogen von beiden Seiten aufstachelt, das Menschenwerk zu bestürmen, dann versteht man, warum die Menschen an dieser gefährlichen Küste nicht einfach sagen: „Es wird heute stürmen!" sondern: „ER wird es heute stürmen lassen!"

Noch eine ganze Reihe von **Parkplätzen** hat man am Wegrand angelegt, alle wären u. E. übernachtungsgeeignet, dann führt eine letzte Brücke hinüber zur großen **Insel Averøy**, die dadurch eigentlich eine Halbinsel ist.

„Jetzt düsen wir schnell hinüber zur Fährstation BREMSNES, dann können wir uns heute noch KRISTIANSUND anschauen!" Können wir etwas dafür, dass vor dem Supermarkt in KÅRVÅG ein norwegisches WOMO steht, dessen Besitzer aus der Gegend stammt und sie so gut kennt...

Wir haben für Sie seine Infos und unsere Erlebnisse so zurechtgerückt, dass sie besonders leicht nachzufahren sind:

Vom **Atlanterhavsveg** kommend erblicken wir das Meer erst

wieder in BÅDALEN, bei der Shell-Tankstelle; ein Schotter-sträßchen quert, links geht's nach FLATSET, rechts nach MYRSET.

Wir biegen links ab und empfehlen Ihnen, die Kilometrierung der Straße zu beachten. Nach genau 3,7 km kommt man an eine Weggabelung. Hier fährt man rechts, steil den Hügel hinab, an einzelnen Häusern vorbei. Nach 400 m sichtet man rechts und links das Meer, steuert den kleinen **Parkplatz** links am Ufer an.

---

(186) WOMO-Wanderparkplatz: Flatset/Hans-Petters-Plass

GPS: N63° 02' 20.2" E7° 32' 56.1"   max. **WOMOs:** 2.
Ausstg./Lage: Tisch & Bank, Wanderweg (Markierung: Blaue Holzschilder)/außerorts.
Zufahrt: Auf Averøy auf der >64< bis zur Shelltankstelle in Bådalen, dort links 3,7 km.

Kurz vorher kam man an einem roten Stallgebäude vorbei. Hinter diesem führt ein Schotterweg (100 m), der zu einem Pfad verkümmert (100 m), rechts zum Wasser und der dahinter (10 m) im Fichtenwald aufragenden, schwarzen Felswand – wir haben unser erstes Ziel erreicht, eine ganz seltene **Felsritzung**, die im Gegensatz zu den vielen bereits beguckten Schiffen richtige Wale darstellt!

An dieser Stelle sei nochmals Dank dem kleinen Vegard Ellingvåg gesagt, der uns zu den Walen geführt hat – und seiner Mutter, die ihn uns vertrauensvoll "ausgeliehen" hat!

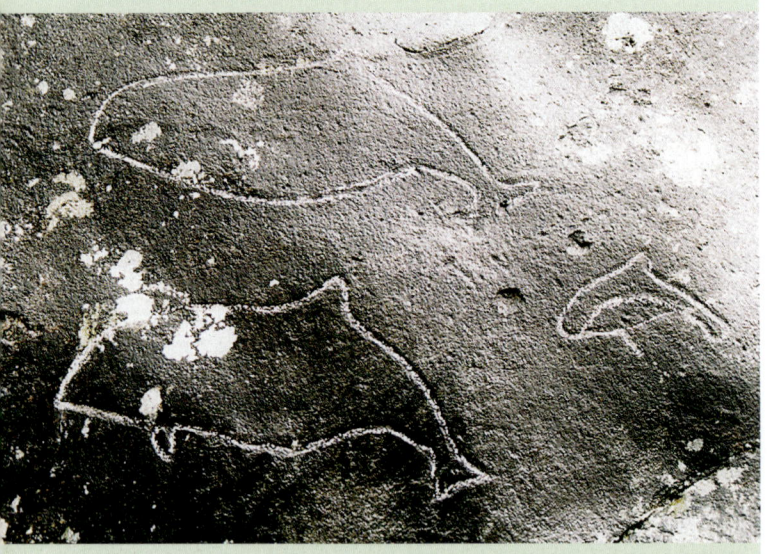

Die Felsritzung **Søbstadklubben** ist kaum bekannt und auch nicht für Touristen farbig nachgezogen. Wir holen dies mit (vergänglichen) Kreide-markierungen nach, um auf unseren Fotos einen besseren Kontrast zu erzielen. Dann kehren wir zum WOMO zurück, stellen fest, dass der kleine **Parkplatz** eine lauschige Nacht mit uns verdient hätte, bringen unseren Führer zu seiner Mutter zurück und rollen wieder zur Teerstraße.

Auch die Richtung MYRSET, nach rechts, lohnt sich! Eigentlich sollte das Schottersträßchen nur eine Abkürzung zur Stabkirche von KVERNES, an der Südostecke der Insel sein....

Es führt jedoch, verflixt steil (**??**), die letzten 100 m 22 %, durchs **Roksetskar**, eine kleine Schlucht, hinauf zu einer malerisch gelegenen "Passhöhe" mit einem **Picknickplatz** in absoluter Waldeinsamkeit, so richtig etwas zum Ausspannen und ruhig Übernachten (benachbart ein kleines Moor mit Wollgras und der seltenen Moorlilie).

(187) WOMO-Picknickplatz: Roksetskar

GPS: N 62° 58' 54.4" E 7° 38' 27.2"; 200 m.
max. WOMOs: 3-4.
Ausstattung/Lage: Tisch & Bank, Mülleimer/außerorts.
Zufahrt: Auf Averøy auf der >64< bis zur Shelltankstelle in Bådalen, dort rechts.

Der Abstieg ist noch steiler (**???**) – aber Sie müssen ihn ja nur hinunter! Dann führt uns die Küstenstraße stangengerade nach KVERNES. Wir gucken uns fast die Augen aus bei der Suche nach der kleinen **Stabkirche** und finden das rote Kirchlein (offen: 12-17 Uhr) schließlich, versteckt, direkt hinter der großen weißen Hauptkirche des Ortes.

Stabkirche von Kvernes

Die Stabkirche wird erstmals 1430 erwähnt, ist ganz und gar mit Weingirlanden ausgemalt und trägt, völlig untypisch, statt Turm nur einen kleinen Dachreiter. Die "Stützbalken" rings um die Kirche zeugen nicht von deren Baufälligkeit. Niemand weiß ganz genau, wann und warum sie angebracht wurden. Höhepunkt der Inneneinrichtung ist die **Altartafel**, eine herrliche Arbeit aus dem Lübeck des 15. Jahrhunderts. Vom großen, ruhigen **Parkplatz [188:**N63° 00' 17.4" E7° 43' 16.0"] vor der neuen

(der weißen) Kirche hat man einen herrlichen Blick über den **Kvernesfjord** bis hinüber zu der gewaltigen Hängebrücke, die von der **Insel Bergsøya** zum Festland führt – wir werden sie noch aus der Nähe bestaunen!

Wir halten nun, weiter an der Küste entlang, auf die Fährstation BREMSNES zu, passieren das „Bygde-Museum" von KVERNES, stoßen nach wenigen Kilometern auf die >64<, nach rechts geht's weiter. Sehen Sie vor sich den wuchtigen Felsklotz, den **Bremsneshatten**? Schon in der Steinzeit war er besiedelt!

Nach 4,2 km auf der >64< parken wir auf dem großen Platz [N63° 04' 54.1" E7° 39' 40.0"] hinter der Best-Tankstelle, holen uns (reichliches) Steinzeit-Info-Material im **Steinmuseum** und außerdem ein paar schöne Thulit-Anhänger (freundliche, sächsische Tankstellenleiterin) und beginnen unsere **Steinzeitweg-Wanderung** um den **Bremsneshatten**:

Über die Hauptstraße, einen Schotterweg hoch, an der Schule vorbei, ein Sträßchen halblinks überqueren, auf einem Pfad durch Heidelandschaft Richtung Bergkuppe, bis zum Fuße der steilen Felsen (7 min.). Dort stoßen wir auf den mit blauen Punkten markierten **Archäologielehrpfad**, biegen links ein. Knapp 10 Minuten später haben wir die **Steinzeithöhle** erreicht, unbeachtet liegen vor ihr Unmengen von rohem Thulitgestein herum, wir packen uns die Taschen mit schönen Stücken voll. Die **Bremsneshula** ist etwa 100 m lang und hat die Form eines sehr spitzen, fast 30 m hohen Dachzeltes; ein Steinwall, vielleicht von Menschenhand aufgeschichtet, schützt den Innenraum. Dort fand man eine Pfeilspitze aus Jaspis, die man in die jüngere Steinzeit datiert (vor 4000 Jahren). Am Ende der Höhle rechts führt eine (neuzeitliche) Leiter hinauf zu einer podestartigen Vertiefung, dort schlief sicher der Häuptling mit seiner Lieblingsfrau.

Falls Sie wissen möchten, wie weit der Weitblick in der Steinzeit reichte – noch 15 Minuten dauert der Aufstieg zum **Bremsneshatten**, immer den blauen Punkten nach. Dort oben reicht die Sicht vom **Atlanterhavsveg** im Südwesten bis nach KRISTIANSUND im Nordosten. Folgt man der blauen Markierung weiter (Richtung KRISTIANSUND), so wird man, brav im Kreis, wieder zur Steilwand zurückgeführt, der Rest sind 5 Minuten zur Straße und zum WOMO.

Nun hat uns **Averøy** genug beschäftigt, beschließen wir auf dem Weg zur Fährstation BREMSNES. Aber welche Überraschung: Der Kai ist verwaist, seine vielen leeren **Parkplätze [189: N63° 05' 18.8" E7° 40' 03.0"]** schreien geradezu nach ein paar WOMO-Besatzungen, denn seit dem 19.12.2009 führt der 5.727 m lange Atlanterhavstunnel (Maut 85 NOK bis 6m oder 3,5 to) 250 m unter dem Meeresgrund hinüber nach KRISTI-ANSUND, der Stadt auf den drei Inseln **Kirkeland**, **Nordland** und **Innland**. Folglich düsen wir auf neu angelegter Trasse bis in den äußersten Nordosten der Insel und streifen unterwegs, wohl 1300 m bevor wir in den Tunnel hinabsausen, einen schön angelegten, aussichtsreichen **Picknickplatz [190: N63° 05' 50.0" E7° 37' 40.8"].**

Auch KRISTIANSUND wurde 1940 bombardiert, brannte fast vollständig nieder, eine altnorwegische Stadt mit Holzhäusern ist nicht zu erwarten ....

Wir tauchen mitten in der Stadt aus Neptuns Reich auf, wenden uns am ersten Kreisel rechts, am zweiten links und am dritten wieder rechts, immer Richtung Sentrum (Wilhelm Dalls vei/ Langvei). 1000 m später kann man rechtszum **Varden** in den **Vuggaveien** abzweigen, wo man nach 300 m das WOMO auf dem Wanderparkplatz abstellt und ge-

genüber zum Vardenturm spaziert.

Dieser hübsche Aussichtsturm mitten im **Stadtpark** hat eine lange Tradition. Bereits während der Napoleonkriege beobachtete man von hier aus den Schiffsverkehr, aber erst 1983 wurde der heutige Turm, im Stil des alten, wieder eingeweiht (offen 11-15 Uhr, Eintritt frei). Fußfaulen muss ich leider mitteilen: Durch den Park führen nur Fußwege zum Turm, man muss das WOMO vor dem Park abstellen (Vuggavei, Hagbart Brinchmanns Vei oder Omvei) und einige Minuten "per pedes" gehen. Die Aussicht vom höchsten Punkt der **Insel Kirkelandet** (78 m) lohnt sich aber! Blickt man nach Süden, fast zu Füßen des Turmes, so entdeckt man **Vanndamman**, einen künstlichen See, das Trinkwasserreservoir der Stadt. Stadtingenieur Brinchmann leitete 1912 den Bau einer Wasserleitung von BOLGA (auf der Insel Frei) bis hierher und den Bau des Reservoirs, der die Trinkwasserversorgung der Stadt sichert.

Bleibt man noch 500 m auf dem **Langveien**, dann kann man rechts zu einem Parkplatz [N63° 06' 41.6" E7° 43' 36.0"] im Grüngelände abbiegen (Gebühr von 9-19 Uhr). Hier stehen Sie unmittelbar neben der Fußgängerzone, der **Skolegata**. Sie führt nach Osten bis zum Hafen.

Ach ja: Einen Stadtplatz bekommt man 150 m weiter auf dem Langveien, wo linkerhand am **Kongens Plass** in der Nr. 1 die Touristen-Information residiert.

Fährt man den **Langvei** weiter nach Süden und dann rechts, so wird man durch die Verkehrsschilder problemlos zur **Insel Innland** geleitet, über eine schlanke Spannbetonbrücke mit vielen dünnen Spinnenbeinen rollen wir hinüber. Biegt man gleich nach der Brücke links, so kommt man zu Lagerhallen und Bootswerften am **Sørsund**, dazwischen stehen die einzigen alten Holzhäuser der Stadt, die die Bombardierung überlebt haben.

Fährt man nach der Brücke bei der ersten Gelegenheit rechts und dann, wenn man ans Wasser stößt, wieder links, so kommt man zum **Badeplatz Skjærva**.

(191) WOMO-Badeplatz: Kristiansund/Skjærva

GPS: N63° 06' 06.1" E7° 43' 57.3"; Wessels gate 36.   **max. WOMOs:** 3-4.

Ausstattung/Lage: Viel Grün zwischen glattgeschliffenen Felsen, die auch ins Wasser hineinreichen, WC, Wasserhahn und Waschbecken an der Außenseite des Sanitärgebäudes (gut anfahrbar) und, last not least, ebener, ruhig gelegener **Parkplatz**.
Nebenan wurde ein neuer Badeplatz angelegt mit Tisch & Bank, betonierten Liegeflächen, Liegewiesen, Fußball-, Volley- und Basketballfeld/Ortsrand. **Zufahrt:** siehe Text.

KRISTIANSUND hat eine ganze Reihe hochinteressanter Museen, nur zwei von ihnen möchten wir Ihnen ans Herz legen:
Mellemverftet ist eine alte Schiffswerft, ein Teil von ihr ist Museum (das einzige Werftmuseum Norwegens), der andere Teil arbeitet noch und kann ebenfalls besichtigt werden (keine geregelten Öffnungszeiten, im Sommer ist tagsüber immer jemand da). Die Werft liegt am nördlichen Scheitelpunkt der **Vågen-Bucht**.

(192) WOMO-Stellplatz: Kristiansund/Mellemwerft

GPS: N63° 07' 17.4" E7° 43' 45.6"; Ecke Kranaveien/Freiveien.   **max. WOMOs:** 3-4.

Ausstattung/Lage: Museumscafé mit Tischen & Bänken im Freien, zwischen Werft und Handelshuset P. Volckmar.
Zufahrt: Am Ende des Langvei links bis zum Ende des Hafenbeckens.

Kristiansund, Schiffsschnitt in der Mellemwerft, davor Stellplatz

Der andere Tipp betrifft das umfangreiche **Nordmøremuseum**, und zwar die Abteilung **Milnbrygga** (offen: 12-17 Uhr). Dort wurde 1992 das norwegische Klippfischmuseum eröffnet; ein 300 Jahre alter, wichtiger Wirtschaftszweig hat jetzt sein eigenes Museum und zeigt die alte Tradition der Konservierung (ursprünglich wurden die Fische, vor allem Kabeljau, entgrätetet und auf den glatten Klippen getrocknet). Das Klippfischmuseum liegt auf der Ostseite der **Vågen-Bucht**, auf der **Halbinsel Gomaland**.

Wir besuchen es beim Verlassen KRISTIANSUNDs. Diesmal folgen wir dem **Langvei** nach Norden, auf der >70<, sie schlägt einen weiten Bogen über Ost nach Südost. Bevor wir über die Brücke von **Gomaland** nach **Nordland** fahren, müssen wir nach rechts nur dem Wegweiser **Museum** folgen. Die Zufahrt ist schmal (**?**), der **Museumsparkplatz** liegt völlig einsam, am Ende einer Sackgasse, am Ufer der **Vågen-Bucht**:

(193) WOMO-Stellplatz:
Kristiansund/Klippfischmuseum
GPS: N63° 06' 56.4" E7° 44' 18.9"; Dikselveien.
max. WOMOs: 3-4.
Ausstattung/Lage: Toilette, Tisch & Bank, Mülleimer; Vogelfelsen/im Ort.
Öffnungszeiten: 20. Juni – 8. August ganztägig 12-17 Uhr.
Zufahrt: siehe Text.
Hinweis: Große WOMOs sollten am Beginn des Dikselveien [N 63° 7' 5.8" E7° 44' 24"] parken.

Hier könnte man nach dem Museumsbesuch gemütlich den Abend vertrödeln und dem Hafentreiben zuschauen. Direkt neben dem Parkplatz ragt ein **Vogelfelsen** auf, so dass man aus unmittelbarer Nähe das Brut- und Fütterverhalten der Möven studieren kann (Platz wirkt etwas "unaufgeräumt").
Wir überqueren nun die dritte der KRISTIANSUND-Inseln, **Nordland** (2 km nach der Brücke rechts **Entsorgung** [N63° 06' 34.1" E7° 47' 6.5"] bei Esso). Ein Beton-Stahlgitter-Brücken-Zwilling, dann haben wir – nein, noch nicht das Festland – sondern die große **Insel Frei** erreicht; die Hauptstraße >70< (Richtung SUNNDALSØRA) führt nach rechts zum nächsten Unterwassertunnel, dem 5100 m langen **Freifjordtunnel**.
Mit 9 % Gefälle tauchen wir hinab – Neptun steh' uns bei – und

zornig brummend schleppt uns der Diesel auf der anderen Seite wieder empor zur Insel **Bergsøya**. Kaum haben wir uns ans Tageslicht gewöhnt, erkennen wir vor uns gewaltige Türme, die die Spannseile einer Superbrücke, der 1257 m langen **Gjemnessund brua** bündeln. Die >E 39< führt auf ihr nach Südwesten zum Festland Richtung MOLDE. Wir biegen **vor** der Brücke Richtung SUNNDALSØRA, bleiben auf der >70<. **Bergsøya** hatte vor dem Tunnel- und Brückenbau nur eine schmale Ringstraße. Wir genießen folglich als Zugabe zur Brücken- bzw. Tunnelmaut eine völlig neue, breite Straße entlang der Südküste von **Bergsøya**, erreichen schließlich die **Bergsøysund brua**.

Nun haben wir in Norwegen schon viele moderne Brücken befahren, so etwas haben wir aber noch nicht gesehen: 930 Meter schlittert eine ganz flache Metallkonstruktion übers Wasser! Gibt es hier denn keine Gezeiten? Und diese Elefantensockel! Keine Spur von Eleganz! Der direkt rechts dahinter gelegene **Picknickplatz** [**194:** N62° 59' 22.0" E7° 52' 56.4"] (max. 6 h) mit Tisch & Bank, **Toiletten** und ruhigen Plätzen im weitläufigen Areal gibt uns Gelegenheit, das "seltsame Stück" näher unter die Lupe zu nehmen.

Picknickplatz hinter der Bergsøybrua

Schließlich fällt der Groschen – eine hochmoderne Pontonbrücke (die erste der Welt dieser Art), und die "Elefantenfüße" sind die Schwimmer, die die Brücke jeder Wasserhöhe anpassen!

Auch der weitere Straßenverlauf ist völlig neu angelegt, Felsen, die den Weg versperrten, wurden weggesprengt, die 412 m lange **Straumsund brua** stellt die Verbindung zur alten Straßentrasse her, die vom ehemaligen Fährhafen KVISVIK vorbeiführt.

Die "alte" >70< zieht gemütliche Schleifen oberhalb des **Bergsøyfjords**, man sitzt im WOMO, als wäre man im Rang eines Naturtheaters. Genügend **Rastplätze**, wenn auch ohne Einrichtung, laden zum Verschnaufen ein, wenn man mal ein paar Minuten keine Tunnelröhre durchpfeifen möchte.

Kurz vor TINGVOLL, rechts der Straße, ein schönes **Picknickplätzchen** [N62° 55' 13.1" E8° 09' 27.8"] mit von der Straße abgeschirmten Übernachtungsgelegenheiten (bei »km 3,2«).

Noch ruhiger und einsamer kann man nur am **Heimatmuseum** von TINGVOLL stehen. Wir folgen dem Wegweiser **Bygdetun/Museum** 1800 m links den Hang hinauf bis zur Höhe **Tingvollia**. Sieben bis zu 200 Jahre alte Gebäude stehen in der frischgrünen Gebirgslandschaft, jedes ist liebevoll eingerichtet, viel schöner, als wir es von OSLO in Erinnerung haben (offen: werktags 12-14 Uhr). Das Schönste jedoch ist der geruhsame Blick über Tal und Fjord, ein Kunstmaler würde hier seine Staffelei aufstellen! Ich rangiere das WOMO so, dass wir perfekten "Rundsitzgruppen-Blick" haben und bis die Dämmerung übers Land zieht, genießen wir.

(195) WOMO-Stellplatz: Tingvoll/Museum

GPS: N62° 55' 28.2" E8° 11' 09.4"   max. WOMOs: 1-2.
Ausstg./Lage: keine/außerorts bei Museumsgebäuden (Mo-Fr 12/14 Uhr Führung).

TOUR 15 (170 km / 3-4 Tage)

Tingvoll – Honnhammar – Ålvund – Stangvik – Innerdal – Todal – Surnadal – Rindal

Freie Übernachtung:	Tingvoll (Honnhammar), Nerdal, Stangvik, Rindal.
Campingplätze:	Tingvoll, Ålvund, Røv.
Ver-/Entsorgung:	Todalsøra, Røv.
Besichtigungen:	Tingvoll (Kirche), Honnhammar (Felsmalereien), Trollheimen-Projekt, Arboret.
Baden:	Stangvik, Rindal.
Wandern:	Honnhammar, Innerdal, Kårvatn (Omnauståfoss).

KARTE TOUR 15

TINGVOLL hat aber noch mehr zu bieten, auch weitere Stellplätze! Als erstes landen wir, nach rechts in den Skoleveg abgebogen, vor der falunroten Tingvollhalle mit vielen ebenen **Parkplätzen** [**196:** N62° 54' 53.9" E8° 11' 47.1"].
Schwenkt man vor ihr links und am Ufer wieder rechts, so kommt man zur sehenswerten Kirche (offen: Di-Fr 9-14.30 Uhr).Sie liegt außerhalb, westlich des Ortes, auf einem Landsporn im Fjord und hat einen großen, ruhigen **Parkplatz** [N62° 54' 42.5" E8° 11' 00.7"].

Die steinerne **Kirche** von TINGVOLL muss man vor der Weiterfahrt besichtigt haben! Reine Romanik aus der letzten Hälfte des 12. Jahrhunderts, keine Stabkirche natürlich, aber mit einem "Stabkirchendachstuhl" – man kannte es nicht anders! Die dicken Mauern bieten Raum für Geheim-

gänge; wir entdecken einen der Schleichgänge neben der zweitletzten Sitzbank links, er führt hinauf zur Empore, taucht hinter der Orgel wieder auf. Der Fachausdruck für eine solche Bauweise – Kistenmauer mit äußerer und innerer Schale – wird Ihre Kinder weniger interessieren ....

Das Innere des Gotteshauses ist reich ausgestattet, vor allem aus der katholischen Zeit. Die Wangen der vorderen Bankreihen sind reich geschnitzt, sie stellen die Evangelisten dar. Von der Decke herab hängt ein großes, detailgetreues Schiffsmodell aus dem 18. Jahrhundert mit 56 Kanonen. In einer Nische unterhalb der Kanzel wird eine deutsche Lutherbibel (gedruckt 1562 in Frankfurt) ausgestellt: "Die Propheten allteutsch von Martin Luther".

Zweifellos das älteste Stück der Kirche, hinter bzw. oberhalb des Altars, ist ein Runenstein vom Erbauer der Kirche:

„Im Namen Gottes bitte ich Euch, gelehrte Männer,
Schutzherren dieses Ortes und alle diejenigen, die mein Gebet deuten:
Gedenkt in heiligen Gebeten meiner Seele.
Ich hieß Gunnar und errichtete dieses Haus.
Valete.“

Auf dem Parkplatz des Supermarktes (nebenan Info-Büro, unterhalb **Picknickplätze** beim Hafenbecken) steht eine blonde Fischersfrau. **Ferske Reker** (Gambas, Garnelen) lesen wir auf ihrem Lieferwagen und erstehen "ein Maß" (350 g), sehen sie schon, gut gewürzt, in der Pfanne schmoren, wie wir es mal im Norden Spaniens gelernt haben.

„Eigentlich habt ihr ja schon fast alles selbst entdeckt!" meint die blonde Ingrid in Info-Büro, als wir ihr vom Heimatmuseum, der Kirche und der blonden Fischersfrau erzählen. „Aber unsere Felsenzeichnungen kennt ihr nicht!?"

„Felsritzungen!?" verbessere ich fachmännisch – und blamiere mich gottserbärmlich! „Nein, hier in **Honnhammar** findet ihr ganz seltene Fels**malereien** aus der Steinzeit, vermutlich über 4000 Jahre alt!"

Wir lassen uns den Weg beschreiben, machen aber 500 m nach dem Supermarkt erst einen Abstecher nach links zum **Stadion**. Dort steht man neben den beiden Fußballfeldern auf dem riesigen, asphaltierten Platz – und falls es ausnahmsweise einmal regnen sollte: Tisch und Bank findet man auch unter dem Vordach des Stadiongebäudes.

(197) WOMO-Stellplatz: Tingvoll/Stadion

GPS: N62° 54' 16.5" E8° 12' 33.0"; Sellanråvegen.   **max. WOMOs:** > 5.
Ausstattung/Lage: Tisch & Bank/außerorts.
Zufahrt: In Tingvoll auf der >70< nach Süden. 500 m nach dem Supermarkt links.

300 m nach dem Stadionabstecher verlassen wir die >70< nach rechts Richtung ORMSET/HONNHAMMAR. Nach 700 m passieren wir den **Campingplatz** [N62° 54' 04.6" E8° 11' 21.9"] von TINGVOLL. Insgesamt zieht sich das schmale Sträßchen, erst 3 km asphaltiert, dann feste Naturbahn, insgesamt 6900 m bis zur ersten Hinweistafel mit der Überschrift **Bergmalinger**.

Man kann gut parken, ein 5-Minuten-Pfad führt rechts hinab durch einen lichten Kiefernwald mit prächtig fruchtenden Heidelbeerbüschen. Der Pfad gabelt sich (rechts halten!); das letzte Wegstück, seilgesichert, führt am Steilhang **Honnhammarneset** entlang, feste Turnschuhe sind angeraten! Das Ergebnis der steinzeitlichen Kunsterziehung, ausgeführt in rotbraun (vermutlich eisenerzhaltige Tonerde) an einer absolut senkrechten, glatten Felswand, ist nicht schwer zu deuten: Eine Gruppe von vier gut gefütterten Lachsen zieht von Nord nach Süd, dem steinzeitlichen Betrachter hat sicher der Zahn getropft!

Wir erinnern uns zufrieden an unsere frisch gekochten Garnelen – und sammeln auf dem Rückweg ein großes Glas Heidelbeernachtisch.

Übrigens: Falls Sie (misstrauisch, wie Touristen manchmal sind) am Alter der Malereien zweifeln: Kratzen Sie einfach ein Stück der Flechten weg, darunter sind Teile der Malerei verborgen. Wenn Sie jetzt noch Flechtenfachmann sind und die Lichenometrie beherrschen, dann werden Sie sicher einsehen, dass die freundliche Ingrid vom Fremdenverkehrsamt hier nicht nachgeholfen haben kann (Flechten können bis zu 4.500 Jahre alt werden)!

Zum zweiten **Parkplatz** am Ende der Piste (oberhalb eines aufgegebenen Hofes) rollen wir noch weitere 500 m. Das wäre mal wieder ein absolut ruhiger, beschaulicher, also typischer **WOMO-Picknick- und Übernachtungsplatz**!

(198) WOMO-Wanderparkplatz: Hindhammarneset

GPS: N62° 51' 13.4" E8° 09' 48.0"; Honnhammarvegen.   **max. WOMOs:** 3-4.
Ausstattung/Lage: Wanderweg/außerorts.
Zufahrt: In Tingvoll auf der >70< nach Süden. 800 m nach dem Supermarkt rechts.

Der Fahrweg setzt sich als holperiger Traktorweg fort, nach drei Minuten verlässt man ihn nach rechts (fjordwärts), weitere vier Minuten auf schmalem Pfad durch den Wald führen uns wieder zu einer senkrechten Wand, die durch ein natürliches Steindach besonders gut vor der Witterung geschützt ist (direkt unter der steilen Wand nach links wenden!).

Hier weidet eine ganze Rentierfamilie, eine Augenweide nicht nur für Steinzeitjäger! Das Besucherbuch liefert den letzten Beweis für die Ruhe der schönen Plätzchen, denn kaum ein Steinzeit-Tourist hat sich pro Tag eingetragen. Zweimal muss ich auf der Rückfahrt stoppen, denn die Gerten der Himbeerbüsche ragen fast zum Fenster hinein, wollen ihrer süßen Last entledigt werden.

Wir verlassen mit der >70< den **Tingvollfjord**, tauschen ihn gegen den **Stølvatn** ein, der nächste, kleinere See ist vollständig mit blühenden Seerosen und Fieberkleeblüten bedeckt. Ein Brettersteg führt zum kleinen Inselchen mit Moltebeeren ...
Dann senkt sich die Straße wieder, wir haben die Halbinsel Tingvoll überquert und nähern uns dem **Ålvundfjord**, rollen auf guter Straße an seinem rechten Ufer entlang (vier **Rastplätze** ohne Einrichtungen). Jetzt haben wir sie im Osten vor uns, die schneebedeckten Gipfel von **Trollheimen**, der Heimat der nordischen Bergriesen.

Am innersten Zipfel des Fjords, bei ÅLVUND, liegt sehr schön der **Camping Fugelvåg** [N62° 50' 08.7" E8° 30' 10.7"].
Hier müssten wir eigentlich nach links, auf die >670< Richtung SURNADAL abbiegen. Folgen Sie uns aber ruhig weiter auf der >70<, wir haben etwas besonderes mit Ihnen vor, in **Trollheim**, im **Innerdal**, im schönsten Tal Norwegens!
Genau 8200 m düsen wir noch auf bester Bahn nach Süden, dann folgen wir nach links dem Wegweiser **ÅLVUNDEID/ Innerdalen** (haben Sie sie gesehen, die kleine achteckige Kirche von ÅLVUNDEID, inmitten des Friedhofes; gegenüber großer **Parkplatz** [**199:** N62° 45' 57.6" E8° 32' 14.9"])?
Im **Virumdal**, dem ersten Stück unseres Weges, steigen die Hänge noch sanft empor, sind bewaldet, am Bach warten viele schöne Plätzchen, aber unser Blick ist bereits nach vorn gerichtet zu den schroffen Felsen, die das wesentlich schmalere **Innerdal** flankieren. Über ihnen strahlt ein so unverschämt blauer Himmel, dass unsere Stimmung geradezu Höhenflüge macht: Wir wollen bei den Trollen übernachten, haben extra dafür eine komplette Ausrüstung (Rucksäcke, Minizelt, Isomatten, Schlafsäcke) mitgeschleppt.
Nach 11 km, bei NERDAL, endet das Teersträßchen mit einem großen **Wanderparkplatz** (Toilette, Info-Tafel, Wanderkarte), die folgende 4-km-Jeep-Piste bis zur **Innerdal-Hytte** ist Wanderern und dem Hüttenwirt Iver vorbehalten, der Proviant und Fußkranke vom Parkplatz abholt.

(200) WOMO-Wanderparkplatz: Nerdal/Innerdal

GPS: N62° 44' 17.3" E8° 42' 37.1" **max. WOMOs:** >5.
Ausstg./Lage: Toilette, Tisch & Bank, Wanderwegskarte, Wanderweg/außerorts.
Zufahrt: Von Ålvund auf der >70< 8,2 km nach Süden, dann links (ausgeschildert).

Wir packen in Ruhe unsere Ausrüstung zusammen, verschließen das WOMO gut, marschieren munter los – und haben einen Kardinalfehler gemacht, der uns bei schlechterem Wetter sicher nicht passiert wäre! Aber immer der Reihe nach ....
Es ist gegen 16 Uhr. Die Piste schwenkt sofort schräg empor, felsig, mühsam, Schweißtropfen rinnen. Nach einer guten halben Stunde, Sie erkennen's an einem Viehgatter und einem kleinen Wasserfall, haben wir das Gröbste geschafft, es geht wieder abwärts und dann entlang des **Innerdalsvatn** über den Almhof **Renndølssetra** bis zur **Innerdalshütte** (insgesamt eine Stunde).
Wir folgen weiter den roten Klecksen im Talgrund (Wegweiser: "Bårdsgarden om Porken"). Es ist ein herrlicher Weg, die Natur ist grandios, wir singen vor Freude, umrunden in unseren bequemen Turnschuhen vorsichtig einige Wegpfützen ....
Nur wenige Wanderer begegnen uns, die Standardbegrüßung ist normalerweise "Hej". Heute jedoch deuten viele der Wanderfreunde auf unser Schuhwerk, schütteln geradezu mitleidig den Kopf, warnen uns gar vor dem Weitermarsch. Nach und nach begreifen wir:
Man darf in Norwegen – auch die bequemste Tour – nicht nur in Turnschuhen antreten!!

Innerdal mit Dalatårn

Das mindeste sind feste Trekking-
schuhe oder Bergstiefel, so wasser-
dicht wie möglich; eine gute Alternative sind Turnschuhe & Gummistiefel auf dem Rucksack für Schnee-
und Schlammpassagen; die beste
(und teuerste) Lösung sind spezielle
Kautschukstiefel mit festem Fußbett
und Filzinnenschuh.

Wir sind schon zwei Stunden gewandert, inzwischen umrunden wir
die Pfützen nicht mehr, denn das
Moorwasser quietscht bereits fröhlich in den schlammverschmierten
Schuhen. Wir erkennen an den Fuß-
spuren, dass der Weg nicht immer
so nass ist, aber es sind bis zum
Ende des Tales eine Unzahl von
Bächen, Rinnsalen, Sumpflöchern
und Moorflächen zu durchqueren.

Wir lassen uns nicht unterkriegen, gewöhnen uns geradezu an das Fußbad,
das mit der Zeit Körperwärme annimmt, sehen wieder das Positive: Der
lieblich-lauschige Pfad führt durch Orchideenwiesen, Moltebeeren fruchten
orangefarben bis gelb in großen Flächen, die weißen Birkenstämme, die
lichtgrünen Blätter, der strahlendblaue Himmel, die grellweißen Schneefelder an den Berghängen, überragt vom gravitätischen Turm des **Dalatårnet**
– es ist ein herrlicher Tag. Am Ende des **Innerdals** zeigt der Stundenzeiger
auf acht, vier Stunden sind wir unterwegs. Der Weg nimmt im Zickzack den
Hang, führt (scheinbar) zu einem Sattel hinauf. Wir erklimmen jedoch nur
ein weiter oben gelegenes Tal, neben dem Bach führt der Pfad, hier bereits
viel trockener und angenehmer, weiter nach Osten.

Nach weiteren 1 1/2 Stunden, bereits in der Nähe des Grats, schlagen wir
in einer flachen, aber ziemlich trockenen Wiesenmulde, umgeben von
Schneefeldern, aus denen Schmelzwässer zum Bach rinnen, unser Zelt auf
(Wanderzeit insgesamt: 5 1/2 Std.). Die kleine Hundehütte bietet Platz für
uns und unsere Ausrüstung, in den warmen Schlafsäcken können wir schon
wieder recht frech zu den Eisriesen um uns herum hinausgrinsen, deren
größter der **Ottdalskamm** ist.

Iso-Matten sind jedoch gewöhnnungsbedürftig, manches Mal erwachen wir, hören ein vertrautes Klopfen auf dem Zeltdach! Auch das noch – es regnet!

Am nächsten Morgen lassen wir uns Zeit, schlüpfen schließlich tapfer in die feuchtkalten Schuhe – Heimweg!

Der Grat lässt auf sich warten; erst nach einer halben Stunde lässt das Brausen des Baches nach, ein letztes Rinnsal gluckert aus dem höchsten Schneefeld, dann sind wir, bei einem mannshohen Steinturm, an der höchsten Stelle unserer Tour!

Von nun an rinnt das Wasser in unsere Marschrichtung, wir durchqueren eine Senke, verlassen das **Naturschutzgebiet Innerdal** (Hinweistafel mit Wanderkarte) und stehen 100 m später an der Weggabelung, wo wir im spitzen Winkel, nach links zurück, Richtung **Innerdalen om Renndal** wieder Kurs auf unser WOMO nehmen.

Das **Renndal** (oder: **Reindal**), parallel zum **Innerdal**, aber höher gelegen, ist noch fest im Griff des Winters. Wir passieren zunächst eine wellige Hochebene, vorerst leicht bergan, dann ebenso bergab zum **Langevatn**. An seinem rechten Ufer, über endlose, schräge

Schneefelder und glitschige Geröllhänge, bei Nieselregen und Gegenwind, kämpfen wir uns voran, kein Weg für kleine Kinder mehr!

Am Seende queren wir über einen Damm hinüber zur linken Hangseite, steigen fast senkrecht hinab zum unteren Teil des **Renndals** mit einem zweiten See, dem **Reindalenvatn**. Dort ist die Stimmung frühlingshaft, weidende Schafe bimmeln an den Wiesenhängen, der Pfad wird moorigglitschig-nass, das Wasser schmatzt wieder in unseren Turnschuhen.

Auch dieses Tal bricht steil ab, gegenüber einem Sturzbach mit Wasserfalleinlage "seilen wir uns ab", es ist mehr ein Rutschen als ein Absteigen. Kniehohe, prallgefüllte Heidelbeerbüsche entschädigen uns für die Mühsal, bis wir bei der **Renndølssetra**, kurz vor der **Innerdalshytta**, wieder auf den Jeepweg stoßen; eine Stunde später kommen wir, mit weichen Knien, am Parkplatz und an unserem WOMO an (Rückweg: 6 1/2 Std.).

Der gesamte Abstecher, ab dem **Ålvundfjord**, hin und zurück, betrug 38,5 km – fürs WOMO ein Nichts, für unsere Füße eine Weltreise! Aber ein Erlebnis, ein lehrreiches noch dazu, ein unvergessliches Abenteuer.

Wir rollen auf der >670< am rechten Ufer des **Ålvundfjords** Richtung SURNADAL entlang, setzen von RYKKJEM nach KVANNE über den **Stangvikfjord**. Sofort nach dem Verlassen der Fähre verlassen wir die >670< nach links, haben bald die paar Häuser von KVANNE hinter uns. Das schmale Sträßchen führt im 3. Rang am Fjord entlang, senkt sich nach 5 km zum Wasserspiegel hinab. Angesichts der Kirche von STANGVIK sichten wir linkerhand einen Traumbadeplatz mit allen Einrichtungen incl. warmer Dusche, überdachter Grillstelle und Liebesbank auf dem Schärenhügel.

(201) WOMO-Badeplatz: Stangvik/Svisholmen

GPS: N62° 54' 58.7" E8° 27' 30.0"   **max. WOMOs:** 2-3.
Ausstg./Lage: Sandstrand, Toilette, Dusche, Wasserhahn, Tisch & Bank, überdachter Grillplatz, Kinderspielplatz, Bolzplatz/außerorts.
Zufahrt: Hinter der Fähre von Kvanne sofort links und noch 5 km bis Stangvik.

Knapp 6 km nach dem Stangvik-Abstecher wollen wir den nächsten in das (noch) völlig unberührte **Todal** machen. 2 km vorher sichten wir jedoch das Hinweisschild **Natursamling** (Trollheimenprojekt).

Im Schulgebäude von STANGVIK ist eine kleine, aber herrliche, **naturhistorische Sammlung** geschaffen worden (offen: Di/Fr/Sa/So 12-17 Uhr bzw. immer, wenn Schule ist).

In einer Umgebung, die natürlicher kaum sein könnte, wird die (ausgestopfte) Tierwelt des Trollheim-Gebietes nicht nur optisch präsentiert, sondern auch akustisch: Der Reihe nach werden die Tiere mit einem Scheinwerfer angeleuchtet und synchron ertönt ihr Zwitschern, Röhren oder Brüllen – erlebenswert! Zuspruch findet auch der Kinderspielplatz (mit Picknicktisch für die Eltern), der große **Parkplatz** [**202: N62° 54' 09.4" E8° 35' 51.6"**] ist übernachtungsgeeignet!

Wir kurven 2 km später rechts Richtung TODALEN, durchqueren einen dichten Kiefernwald und landen kurz darauf am **Todalsfjord**. 8 km nach der Abzweigung kommt das nächste Hinweisschild, diesmal ist die Botanik dran:

Im **Arboretum** von SVINVIK (offen: 8.5.-1.8. Do-So 12-17 Uhr), im steilen Geländestück oberhalb des Fjordspiegels, auf Pfaden und Treppen bequem zu durchwandern, liegt ein bestaunenswerter Park, in dem Nadelbäume und Rhododendren dominieren, ein Treibhaus beherbergt Kakteen und weitere Wüstenpflanzen.

Vom **Arboretum** rollen wir weiter bis TODALESØRA (**Entsorgung** [N62° 49' 11.2" E8° 42' 11.5"] im ICA-Supermarkt-Gebäude). An der Kirche von TODALEN vorbei (ruhiger **Parkplatz** [N62° 48' 50.1" E8° 42' 58.2"] sind es noch weitere 10 km bis zum Seterhof KÅRVATN, einem weiteren Einstieg ins Trollheimen-Gebiet (Abstecher einfach 24 km). Er liegt am Ende vom **Todal** und am Beginn vom **Gammelseterdal**.

(203) WOMO-Wanderparkplatz: Kårvatn

GPS: N62° 46' 51.4" E8° 52' 21.9"; 210 m.   **max. WOMOs:** >5.
Ausstattung/Lage: Tisch & Bank, Wanderwege/Ortsrand. **Hinweis:** 100 NOK Gebühr.

Von hier aus führen Wanderpfade zur **Innerdalshütte**, zur **Trollheimshütte**, auch zu unserem Wanderweg Richtung **Bårdsgarden**; alles sehr schöne (und anspruchsvolle) Touren, die man miteinander kombinieren kann. Natürlich kann man, so wie wir, auch gemütlich auf der Wiese am Fluss liegen oder einen kleine Wanderung zum (sehenswerten) **Omnauståfoss** machen (Foto), der am gegenüberliegenden Hang hinabrauscht (eine Strecke 20 min., Gummistiefelempfehlung wegen der moorigen Wege, lange Hosen und Hemdsärmel wegen der Bremsen).

Eines der Almgebäude, direkt am Fluss, ist die Hütte der **Trondheim Turistforening TT** (neben ihr, bei der Sitzbank, ein Wasserhahn). Genieren Sie sich nicht, treten Sie ein! In der Wohnküche sitzen immer ein paar erfahrene Wanderer, sind mit Rat, Trost und Wandervorschlägen behilflich.

Gudmund Kårvatn, der Jungbauer des Hofes, hat viel vor: Pensionszimmer, Museum mit Multimediashow, WOMO-Stellplatz; lassen Sie sich überraschen ...

Wir kehren zur >670< zurück, biegen rechts Richtung SURNADAL (SKEI) ein. Dort treffen wir auf die >65<; noch 126 km sind es auf ihr bis TRONDHEIM!

Das breite **Surnadal**, das wir auf bequemer Bahn durchbrausen können, bietet keine touristischen Höhepunkte, genau das richtige für unsere wandermüden Beine (kurz vor SKEI links der Straße **Picknickplatz** mit Info-Tafel; in RØV **Wohnmobilentsorgung** [N62° 59' 33.5" E8° 56' 25.7"] und **Campingplatz**). 5,5 km später schöner **Picknickplatz** am Fluss.

Eigentlich brauchen wir nur noch ein ruhiges, lauschiges Plätzchen, wo wir den Tag ausklingen, uns auf die "Metropole des Nordens", auf TRONDHEIM vorbereiten können. Kurz vor RINDAL verlassen wir die >65<, durchfahren den Ortskern zum **Rindal-Bygdemuseum**. Genau gegenüber liegt, rechts der Straße, ein **Badeplatz am Iglesjøn**, genannt **Igltjønna**.

---

(204) WOMO-Badeplatz: Rindal/Igltjønna

GPS: N63° 03' 29.0" E9° 12' 55.7" **max. WOMOs:** 3-4.
Ausstattung/Lage: Sandstrand, Liegewiese, überdachte Picknicktische, Toilettenhäuschen mit Wasserhahn an der Außenwand, Grillstellen, Rutschbahn, Sprungturm im Wasser, malerische Waldkulisse, blühende Seerosen, Bygdemuseum auf der anderen Straßenseite (offen: 11-17 Uhr, Museumscafé 12-19 Uhr), Gebühr 100 NOK//Ortsrand.
Hinweis: Ruhiger steht man nachts 150 m weiter und dann links bei der Bibliothek.

TOUR 16 (280 km / 3-5 Tage)

Rindal – Løkken – Fannrem – Trondheim – Berkåk – Oppdal – Gjevilvatn – Ångårdsvatn – Storli

Freie Übernachtung:	Løkken (Gammelgruva), Fannrem, Trondheim (4 Plätze), Berkåk, Oppdal (Gondelbahn), Ångårdsvatn, Storli.
Campingplätze:	Løkken, Trondheim, Støren, Oppdal, Lønset.
Ver-/Entsorgung:	>E6< vor Trondheim, Oppdalsporten.
Besichtigungen:	Løkken (Gammelgruva), Trondheim (Dom, Stadtbild, bot. Garten, Festung), Oppdal (Hovden, Gravfelt).
Baden:	Trondheim (2 Plätze), Berkåk.
Wandern:	Oppdal (Hovden), Gjevilvatn, Storli.

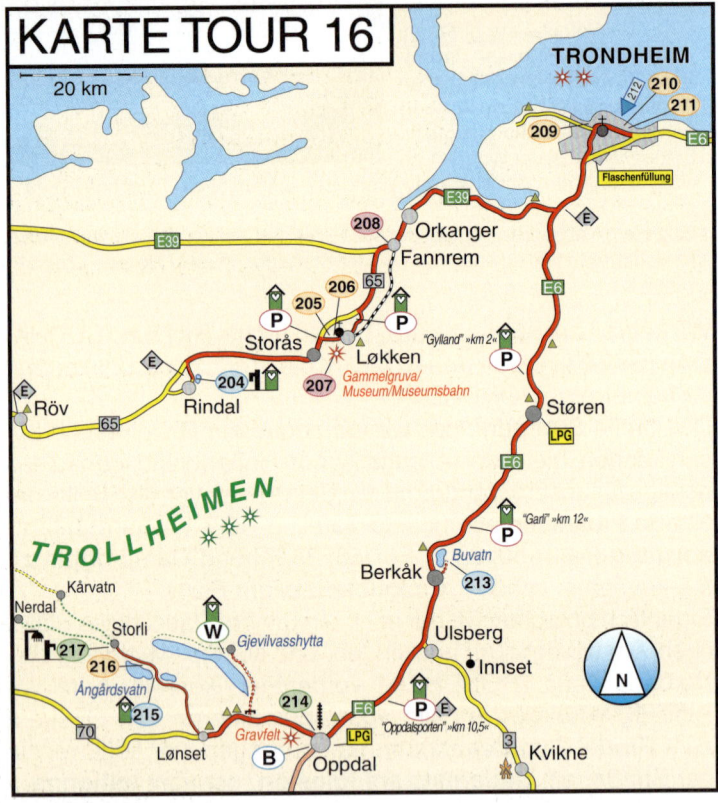

KARTE TOUR 16

Wir fahren weiter auf der Straße, die uns zum Badeplatz von RINDAL gebracht hat; sie führt uns zur >65< Richtung TROND-HEIM zurück.

Das Band der **Surna** wird schmaler, verschwindet ganz; wir überqueren einen Hügelrücken, treffen in STORÅS auf die breite **Orla**, die mit uns nach Norden eilt.

Rindal; WOMO-Badeplatz "Igltjønna"

1,8 km nach STORÅS links **Picknickplatz** [N63° 06' 40.3" E9° 36' 22.1"] mit **Toilette**. 900 m später verlassen wir die >65< Richtung LØKKEN VERK, überqueren die **Orkla**.

Genau 4000 m später sichten wir links, auf der Höhe von BJØRNLI unter uns den romantischen, kleinen **Granatjørna** mit einem weniger ansprechenden, aber großen Schotterplatz; immerhin ein ruhiges Plätzchen für eine Cafépause oder die Nacht.

(205) WOMO-Stellplatz: Bjørnli/Granatjørna

GPS: N63° 07' 53.6" E9° 40' 08.6"; Nyanlegget.   **max. WOMOs:** > 5.
Ausstattung/Lage: keine/Ortsrand.
Zufahrt: 4 km nach der Abzweigung von der >65< in Bjørnli links.

800 m weiter sichten wir die rote Holzkirche von BJØRNLI Norwegens einzige, private Gemeindekirche) mit Stellplätzen direkt daneben und unterhalb am unnatürlich grünen Bjørnlivatn.

(206) WOMO-Stellplatz: Bjørnli/Bjørnlivatn

GPS: N63° 07' 39.2" E9° 40' 55.8"　　　　　　　　**max. WOMOs:** 2-3.
Ausstattung/Lage: keine/außerorts.
Zufahrt: 4,8 km nach der Abzweigung von der >65< hinter Bjørnli links.

Sie haben sicher schon den großen Turm gesehen, der rechts vor Ihnen aus dem Wald herausragt!? Bis 1987 wurde dort auf modernste Weise kupferhaltiger Schwefelkies (Pyrit, FeS_2) gebrochen, man drang bis in 810 m Tiefe vor, was einer Lage von 485 m unter dem Meeresspiegel entspricht. Wesentlich antiquierter geht es in der **Gammelgruva** zu, der **Alten Grube**. Seit 1654 wurde hier Schwefelkies abgebaut.

Wir finden die Zufahrt zur alten Grube 1,3 km nach der Kirche rechts (Wegweiser: **Gammelgruva**).

Neben einem großen, ruhigen **Parkplatz** liegt das Info-Gebäude und der Eingang zur Grube (Führungen vom 13.6. - 14.8. tgl. 12 Uhr, So auch 13.30 Uhr).

(207) WOMO-Picknickplatz: Løkken/Gammelgruva

GPS: N63° 07' 19.4" E9° 42' 04.6"; Løkkenbakken.

max. WOMOs: 2-3.

Ausstg./Lage: Tisch & Bank; Info-Stelle und Toilette, Camping verboten/außerorts.

Zufahrt: 6 km nach der Abzweigung von der >65< rechts (ausgeschildert).

Heidi heißt die Studentin, die für uns, in perfektem "Heidelberger" Deutsch, eine Privatführung macht. Ihre Dienstuniform ist mit auffälligem Lederbesatz versehen. „Schwefelsäure!" erklärt sie und deutet auf die Tropfen, die vor meiner Nase von der Stollendecke tropfen.

Wir wandern durch die oxydbraunen, roten und schwarzen Gänge, lassen uns von ihr das **Feuersetzen** erklären:

Vor der Wand wurden große Feuer entfacht, das Gestein wurde brüchig und ließ sich leichter loshacken. Später, mit dem Presslufthammer, war die Arbeit dagegen schon fast ein Kinderspiel. Jedoch erst in der neuen Løkken-Grube kamen riesige, dieselgetriebene Maschinen zum Einsatz....

Dies und viele andere Informationen um die Geschichte des Bergbaues erhält man 500 m weiter unten im Tal, im **Bergverksmuseet**. Ausrüstungsgegenstände, Fotos und Mineralien machen die Erklärungen anschaulich (offen: 10-18 Uhr; Internetanschluss fürs Publikum).

Wo aber wurden die Erze verarbeitet? Weit und breit ist kein Hochofen, kein Schachtofen zu sehen!

Die Antwort steht, auf 1000 mm breiter Spur, direkt neben dem Bergwerksmuseum. Seit 1908 transportierte die **Thamshavnbahn**, die älteste mit Wechselstrom betriebene Bahn der Welt, das Løkkenerz 25 km nach Norden, bis nach THAMSHAVN am **Orkdalsfjord**. Ein Teil der

Schienenstrecke, Waggons und Loks sind noch in Gebrauch und finden als Museumsbahn regen Zuspruch, denn die Strecke bis FANNREM führt durch eine malerische Landschaft und die Wagen im "historischen Luxus der Jahrhundertwende" sind allein schon eine Reise wert (saisonal So 10.30, 13.00, 15.30 Uhr, Di/Mi/Do 15.00 Uhr).

Vom Bahnhof aus fahren wir nach Norden und gelangen auf der >700< (links der Straße **Picknickplatz** [N63° 09' 04.1" E9° 43' 00.0"] mit **Toilette**), neben einem Flüsschen mit verdächtig rotbraunem Flussbett, bei SVORKMO wieder auf die >65< Richtung TRONDHEIM zurück.

Vor FANNREM überqueren wir die breite **Orkla** von links nach rechts. Wenn man dahinter am Kreisverkehr rechts fährt und sofort wieder links, so kann man zum Flussbett der **Orkla** hinabfahren. Die dortigen **Picknickplätze** sind eigentlich nur für Angler (aber man kann ja mal höflich fragen!)

(208) WOMO-Picknickplatz: Fannrem/Orkla

GPS: N63° 15' 57.7" E9° 48' 06.0"   **max. WOMOs:** 3-4.
Ausstattung/Lage: Tisch & Bank (überdacht), Toilette, Grillstelle/außerorts.
Zufahrt: Auf der >65< die Orkla überqueren, dahinter am Kreisel rechts und wieder links.

500 m später kann man links zum Bahnhof von FANNREM abbiegen, dort bequem neben einem kleinen Park das WOMO abstellen [N63° 15' 58.4" E9° 48' 50.5"] und die Nostalgiebahn in entgegengesetzter Richtung befahren.

Bei ORKANGER strömt das breite Flussband in den **Orkdals-fjord**, an dem wir auf der >E 39< weiterziehen. Kurz vor TRONDHEIM stoßen wir auf die >E 6<, aus OSLO kommend und schwenken mit ihr nach Norden ab, bis zum Zentrum sind es noch 14 km (bereits nach 3 km auf der >E 6< **Entsorgung** bei Esso [N63° 19' 53.9" E10° 21' 25.6"] an der Servicestation Sandmoen S.

Hinweis für Gasbedürftige: An der Gabelung Zentrum/Narvik rechts halten (Ausfahrt 36) und dann die Ausfahrt 37 (Klæbu) benutzen. Man passiert eine Shell-Station; 100 m weiter liegt Propan-Senteret [N63° 23' 53.9" E10° 24' 16.1"] im Bratsbergvegen 25. Man füllt deutsche Flaschen!

Angesichts des **Nidarosdoms**, des Wahrzeichens der Stadt, biegen wir vor dem **Nidelva** links ab (Wegweiser: Spektrum) und parken vor dem Stadion rechts, unmittelbar vor einer Fußgängerbrücke ins Zentrum.

(209) WOMO-Stellplatz: Trondheim/Stadion

GPS: N63° 25' 34.4" E10° 22' 57.4"; Klostergata 65.   **max. WOMOs:** 5-6.
Ausstattung/Lage: Fußgängerbrücke ins Zentrum/Ortsrand.
Zufahrt: Auf der >E 6< ins Trondheim-Zentrum, vor der Nidelvabrücke links (Spektrum).

Wir beginnen unseren Trondheim-Bummel auf der Nidaros-Fußgängerbrü-cke, peilen den spitzen Turm des Domes halbrechts an und halten hinter dem Fluss auf ihn zu.

Wer den **Dom** von innen bestaunen möchte (Gebühr!), muss werktags zwischen 9-17.30 Uhr, Sa 9-14 Uhr oder So 13-16 Uhr antraben!

Wir haben genug damit zu tun, uns das herrliche Bauwerk von außen zu begucken, dessen gewaltiger, himmelan stürmender Baukörper schon im Jahre 1070 in Angriff genommen wurde. Mehrmals durch Feuer zerstört, stammen die ältesten Teile aus dem 12. Jahrhundert und nur das Querschiff ist romanisch, der größte Teil also gotisch. Lassen Sie sich beeindrucken von der **Hauptfassade der Kirche** im Westen mit ihrer herrlichen Steinornamentik.

Jetzt können wir unseren kleinen Stadtrundgang starten: Nördlich des Domes marschieren wir auf der **Munkegate** Richtung Zentrum, steuern direkt auf die **Bronzestatue** des Wikingerkönigs Olav Tryggvason zu, dem Gründer der Stadt. Sie steht auf dem **Torvet**; dem zentralsten Platz der Stadt, wo sich unsere **Munkegate** mit der **Kongensgate** kreuzt. Dort muss man unbedingt durch Trondheim Torg, das größte (und schönste) Einkaufscenter Trondheims geschlendert sein.

Am **Stiftsgården** vorbei, der königlichen Residenz in TRONDHEIM, einem bescheidenen Holzbau, steuern wir auf den Hafen zu. Dort, am **Fischmarkt Ravnkloa**, endet die **Munkegate**.

Der Fischmarkt ist wochentags von 8-18 Uhr geöffnet, hier legt auch das Schiffchen (10-18 Uhr jede Stunde) zum **Inselchen Munkholmen** im Hafen ab, einst Richtstätte, später Mönchsinsel, dann Festung und Gefängnis, heute Ausflugsort und Badeplatz.

Links, die **Fischhalle**, ist nur von 9-16.30 Uhr geöffnet. Rechts und links des Eingangs jedoch finden wir endlich einmal das reiche norwegische Fischangebot abgebildet und in allen Sprachen der Welt beschriftet — oder hätten Sie gewusst, dass der Knurrhahn auf japanisch Hobo no rui heißt? Nach Osten schließt sich

an die Munkegate die **Fjordgate** an. Hat Ihnen das Fischangebot Appetit gemacht? Ja, ich weiß, die norwegischen Preise ....
Aber in TRONDHEIM gibt's einige chinesische und italienische Lokale, da halten sich die Preise im Rahmen.
Wir marschieren die **Fjordgate** weiter nach Osten, stoßen auf das Ufer des **Nidelva** und mar-

schieren nach rechts die **Kjøpmannsgate** zurück zu unserem WOMO, vorbei an den Reihen der alten **Speicherhäuser** (die inzwischen allerdings nach Eigentumswohnungen aussehen) am Fluss und der alten **Stadtbrücke (Bybrua)**, einer ehemaligen **Zugbrücke** mit reicher Holzornamentik, die geradewegs zur Festung **Kristiansten** hinüberführt.

Falls Ihnen unser Plätzchen am Stadion nicht zusagt, haben wir noch ein paar andere Übernachtungstipps:
1. Fahren Sie auf der >E 6< nach NARVIK. Nein, nicht ganz so weit. Bereits 900 m nach Überquerung des **Nidelva**, vor der **Lademoen-Kirche** mit dem spitzen Kupferdach, biegen Sie links (Wegweiser: **Ringve**). Bei der nächsten Kirche (Ladekir-

ke, links) fahren Sie halbrechts, am folgenden Kreisel rechts (Haakon VIIs gate) und nach 500 m, hinter den Fußballplätzen, links. Dort finden Sie ein großen, öden Platz, an der Straße gibt es Bushaltestellen ins Zentrum.

(210) WOMO-Stellplatz: Trondheim/Haakon VIIs gate

GPS: N63° 26' 41.3" E10° 27' 16.0"; Haakon VIIs Gate.   **max. WOMOs:** > 5.
Ausstattung: keine, Busverbindung ins Zentrum.   **Zufahrt:** siehe Text.

2. Fährt man am genannten Kreisel geradeaus (Lade alle), so kommt man zum **Ringve-Museum** inmitten des **Botanischen Gartens**. Umrundet man diesen gegen den Uhrzeigersinn, so findet am am rückwärtigen Eingang einen von der Straße abgeschirmten Parkplatz mit Busanschluss (Linien 3 + 4).

(211) WOMO-Stellplatz: Trondheim/Botanischer Garten

GPS: N63° 26' 57.6" E10° 27' 21.7"; Olav Engelbrektssons Alle. **max. WOMOs:** 2-3.
Ausstattung: keine, Busverbindung ins Zentrum.   **Zufahrt:** siehe Text.

3. Biegt man direkt bei der **Ladekirke** links in die **Olav-Engelbrektssons alle** und hält sich links, so findet man Stichstraßen zu ausgeschilderten Badeplätzen, die allesamt nachts menschenleer sind: Am besten hat uns der **Badeplatz Djupvika** gefallen (Camping verboten), etwas weiter östlich liegen **Ringvebukta** und **Fagerheimsbukta**.

(212) WOMO-Badeplatz: Trondheim/Djupvika

GPS: N63° 27' 20.7" E10° 27' 03.5"; Harry Borthens vei.   **max. WOMOs:** 2-3.
Ausstattung: Bademöglichkeit, Tisch & Bank, Toilette.
Zufahrt: Ladekirche links, 2. wieder links (Leiv Eirikssons vei), dann H. Borthens vei rechts.

Achtung! Überall in der 30-km-Zone unangekündigte Straßen-
wellen, an denen Ihnen der gesamte Hausrat um die Ohren
fliegt, wenn Sie nicht schleichen wie eine Schnecke!

Wir sitzen, fast etwas traurig,
am **Djupvika-Strand**, Waltraud hat die allerletzte Wein-
flasche herausgesucht, auf-
bewahrt für diesen Moment –
wir sind am nördlichsten Punkt
unserer Tour. Ein Sonnenun-
tergang, wie er schöner nicht
sein könnte, leise plätschern
die Wellen, Fjordwellen; morgen geht es im Landesinneren nach Süden, ohne Meer,
ohne Fjordkurven. Wir wissen schon jetzt, dass uns etwas fehlen wird!

Den **Botanischen Garten** von TRONDHEIM muss man gesehen haben – und das aus mehreren Gründen! Zunächst einmal
ist es ein Spaziergeh-Park, der den ganzen Tag kostenlos
besucht werden kann.
In seinem zentralen Bereich liegt der eigentliche Botanische
Garten, angelegt als Labyrinth. Mannshohe Büsche leiten den
Besucher durch alle Abteilungen und schützen die Pflanzen vor
starkem Wind, viele Bänke laden zum Verweilen und Schauen
ein.
Der Höhepunkt des Geländes ist das Musikhistorische Museum, das **Ringve-Museum**. In ihm werden während der Führungen (offen: 11-18 Uhr) nicht nur Musikinstrumente aus den
verschiedensten Perioden der Musikgeschichte gezeigt und
erläutert, sondern auch vorgespielt.
Am nächsten Morgen erkunden wir für Sie noch einen praktischen, kostenlosen **Trondheim-Sight-Seeing-Parkplatz**:
Auf der >E 6< rollen wir zurück zum **Nidelva**. Kurz vor der
Bakke bru und auch noch vor der **Bakke Kirke** führt nach links
die **Nonnegate** und dann die **Festningsgate** zur **Kristiansten
Festning**. Angesichts der Festungsmauern umrunden Sie

diese im Uhrzeigersinn,
bis Sie direkt vor dem Fes-
tungstor auf dem riesigen,
ruhigen **Parkplatz** [N63°
25' 36.2" E10° 24' 43.3"]
oberhalb der Stadt stehen
("Camping verboten").
Marschiert man von hier
aus steil hinab, so stößt
man direkt auf den Dom!).

Blick von der Festung Kristiansten auf Trondheim

Die sternförmige Festungsanlage wurde 1676-1682 von Generalmajor Caspar de Cicignon geplant und gebaut. 1000 Mann Besatzung, 76 Kanonen und 4-6 Meter dicke Mauern machten eine Eroberung zur damaligen Zeit völlig unmöglich. Nur einmal musste der Bau seinen Wert unter Beweis stellen: 1718 belagerten die Schweden Stadt und Festung – und zogen unverrichteter Dinge wieder ab. Im Festungsturm kann man auf heroischen Bildern den Kampf der norwegischen Mannen nacherleben.

Auf der >E 6< verlassen wir TRONDHEIM nach Süden und werden sie, von den (wichtigen) Abstechern mal abgesehen, auch bis zur schwedischen Grenze nicht mehr verlassen. Sie wird uns an den Gebirgsstöcken des **Dovrefjells** und des **Rondane-Massivs**, an Naturschutzgebieten und Nationalparks vorbeiführen. Sie zeigt uns das liebliche **Gudbrandsdal**, begleitet den mächtigen **Lågen**, zieht am riesigen **Mjøsa** entlang – kein anderer Weg durchs Landesinnere könnte mehr bieten.

Allons – bis OSLO sind's noch 540 erlebnisreiche Kilometer! Am Rand von TRONDHEIM passieren wir **City Syd**, den größten Supermarkt der Stadt, eine Stadt für sich. Zumindest bei "Egon" sollte man hineinschauen. Dort kann man Pizza und Salat essen, so viel man möchte – und zahlt nur eine Portion (Autobahnabfahrt: **33/Kjøpesentra**).

Die ersten Kilometer der >E 6< sind nicht aufregend, regelmäßig liegen jedoch **Picknickplätze** an schönen Stellen, viele von ihnen mit Toiletten. Zum Übernachten sind sie wegen des lauten, wenn auch nicht übermäßig starken Verkehrs nicht geeignet. In STØREN sichten wir das Hinweisschild zu einer

LPG-Station [N63° 01' 51.0" E10° 17' 50.3"] (ausgeschildert).
Dort kann man nur mit Karte bezahlen - und braucht zudem
einen norwegischen Adapter ...
Der erste See, den wir seit TRONDHEIM sichten, ist der
Buvatn kurz vor BERKÅK. Er besitzt auch einen schönen
Badeplatz mit ruhigem, abgelegenem **Waldparkplatz**:

(213) WOMO-Badeplatz: Berkåk/Buvatn

GPS: N62° 50' 21.0" E10° 01' 08.6"   **max. WOMOs:** 2.
Ausstg./Lage: Sandstrand 200 m (mit Tisch & Bank, Toilette, Sprungturm)/außerorts.
Zufahrt: Etwas kompliziert! Fährt man am Ortsbeginn von BERKÅK an der ersten Statoil-
Tankstelle vorbei und biegt vor der zweiten links, so steht man nach 50 m vor der "Sande
Hyttefabrikk A/S". Dort biegt man wieder links, fährt 400 m, biegt rechts, fährt 200 m, biegt
links – jetzt sind es noch 600 m bis zum Waldparkplatz vor der Schranke. Von dort sind
es (zu Fuß) 200 m bis zum Badeplatz.

7 km weiter düsen die allermeisten Urlauber am Weiler ULS-
BERG vorbei.

Dabei zweigt hier die Reichsstraße >3< Richtung ELVERUM ab, die beste
Gelegenheit, um von Norwegen nach Schweden überzuwechseln!
Fährt man 75 km die >3< bis TYNSET, dort links 20 km auf der >30< bis
TOLGA und dort wieder rechts 100 km auf der >26< Richtung DREVSJØ,
so steht man im Nu an der schwedischen Grenze kurz vor IDRE – und direkt
am nördlichsten Punkt der Touren unseres Buches "Mit dem Wohnmobil
nach Süd-Schweden"!

Bei »km10,5« der >E 6< links **Picknickplatz** "Oppdalsporten"
mit Toilette und **Entsorgung** [N62° 39' 26.4" E9° 52' 57.2"].
Sehenswert wird die Landschaft wieder ab OPPDAL!
In der Ortsmitte links (ausgeschildert), residiert im alten, gelben

Bahnhofsgebäude die **Touristeninformation** [N62° 35' 35.7" E9° 41' 36.9"], verwaltet Berge von Info-Material.

Nach rechts zweigt die >70< Richtung SUNNDALSØRA ab. Wir sind jetzt nur noch 80 km östlich "unseres" **Innerdals**, am Südostrand des **Trollheim-Massivs**. 100 m später verlassen wir die >70< schon wieder (Wegweiser: Gondolbane). Eine elegante Kabinenbahn (die im Winter zu einem Skilift umgebaut wird) führt hinauf zum 1125 m hohen **Hovden**. Links neben der Bahn liegt der Skihang und an seinem Fuße natürlich ein riesiger, leerer **Parkplatz**.

(214) WOMO-Wanderparkplatz: Oppdal/Hovden-Gondelbahn

GPS: N62° 36' 04.5" E9° 41' 03.8"; Gamle Kongeveg.　　　　**max. WOMOs:** >5.

Ausstattung/Lage: Tisch & Bank, Gondelbahn zum Hovden/Ortsrand.

Zufahrt: In Oppdal auf die >70<; nach 100 m oder 1,7 km rechts (ausgeschildert).

Hinweis: Am südlichen Ortsrand von Oppdal schöner, kleiner Badesee [N62° 35' 22.8" E9° 40' 36.2"] (Camping verboten).

Oben, auf dem **Hovden**, wartet das **Ausflugsrestaurant Toppen** und, so versichert man uns, ein schönes Wandergebiet. Falls Ihnen die Gondelbahn zu langweilig ist, können Sie abwärts auch mit "Robinson" im Tandemdrachen fliegen ...

Wir rollen 2,5 km weiter auf der >70<, dann schickt uns der Wegweiser **Gravfeltet Vang** zu einem neuen **Parkplatz** unterhalb der Straße.

Etwa 750 Grabhügel aus der Wikingerzeit geben dem Areal das Aussehen eines Maulwurfübungsgeländes, das man in dreißig Minuten gemütlich durchschlendern kann. Ausführliche Info-Tafeln (norwegisch und englisch) belehren über das Alter der Gräber, Begräbnisriten, Grabfunde und die

Oppdal, Grabhügel von Vang

besondere Lage von Vang. Bereits im 19. Jahrhundert haben jedoch Antiquitätensucher – oder sollte man eher Grabräuber sagen – die meisten Gräber geplündert.

Wir fahren weiter nach Westen, direkt auf die Schneegipfel Trollheims zu. Von hier aus wirken Sie deutlich flacher, bequemer, wandergemütlicher?

10 km später biegen wir rechts in den **Bomweg** zum **Gjevilvatn** und zur Wandererhütte **Gjevilvasshytta** ein. Nach 13 km (und 50 NOK Maut) stehen wir am **Badeplatz Rauøra**, leider nicht direkt am Strand, sondern auf dem **Parkplatz**.

150 Schritte muss man gehen, dann hat man den wirklich wunderschönen Sandstrand erreicht, das Panorama – spiegelglatter See und Bergkulisse – ist nur noch mit dem Wörthersee zu vergleichen. Versuchsweise stecke ich einen Finger ins "Badewasser", wenn er könnte, er würde schreien! Das objektive Thermometer meldet 12°C, kein Wunder, dass Boote, Kajaks, Kanus und Surfbretter am Strand zu mieten sind; wer würde bei dieser Temperatur auf die Idee kommen, den Badeplatz zum Baden zu benutzen. Der Strand jedoch ist wirklich ein Traum aus goldgelbem Sand!

Vielleicht genügt es Ihnen, ein Sonnenbad zu nehmen!? Oder gefällt Ihnen unsere Kreuzfahrt-Wander-Alternative besser? Sie haben richtig gelesen – auf dem 660 m hohen **Gjevilvatn** verkehrt ein Kreuzfahrtschiff, die **Trollheimen II**, bietet Platz für 55 Personen. Sie hat drei Anlegestellen: **Osen** (am östlichen Beginn des Sees), **Rauøra** (unseren "Badeplatz") und **Vassenden** (an der Westspitze).

Gjevilvatn mit "Kreuzfahrtschiff" Trollheimen II

12.30 Uhr kommt das Boot bei **Rauøra** vorbei, nimmt Sie mit nach **Vassenden** – und Sie marschieren in drei Stunden, am See entlang, wieder zum WOMO zurück. Oder ist Ihnen mehr an einem wärmeren See gelegen? Nach den Gesetzen, die ich im Erdkundeunterricht lernte, wird es immer kälter, je höher man kommt. Falls das auch für Wassertemperaturen gilt, müsste der **Ångårdsvatn** eigentlich "100 m wärmer sein"!

Wir kehren zur >70< zurück, rollen noch 9 km nach Westen, biegen in LØNSET rechts, Richtung STORLI, werfen einen Blick auf die schöne, rote, 8-eckige Kirche mit den weißen Kanten und tuckern 14 km ins **Storlidal**. Wenn wir glaubten, am **Gjevilvatn** sei es einsam gewesen, dann belehrt uns der **Ångårdsvatn**, was Verlassenheit bedeutet: 100 m vor der Brücke über das Bächlein zwischen den beiden Seen (der **Dalsvatn** ist der kleinere, der **Ångårdsvatn** der zweite, größere) führt ein 200-m-Schotterweg zum "Badestranda":

(215) WOMO-Badeplatz: Ångårdsvatn

GPS: N62° 39' 46.6" E9° 12' 34.4"   max. WOMOs: 3-4.
Ausstattung/Lage: Sandstrand, Toilette, Gebühr 30 NOK/24 Std./außerorts.
Zufahrt: 100 m vor der Brücke zwischen den Seen links.

Dort schaut man über den stillen Wasserspiegel bis zu den höchsten Gipfeln von **Trollheim**. Wir glauben sogar, "unseren" **Dalatårn** zu erkennen, sind wir doch nur noch knapp 25 km

Blick über den Ångårdsvatn nach Trollheim im Westen

Luftlinie von ihm entfernt. Wasserfälle speisen den See, diese erhalten ihre Flut aus den Schneefeldern der Hänge. Das Wasser sieht so kalt aus, als sei es gefroren; das Thermometer meldet 9°C! Wir machen in dieser Nacht erstmals auf unserer Norwegenreise die Heizung an!

Hat man 2,5 km des Sees passiert, kann man links hinab zur Vassli Pumpestasion hinabfahren und findet dahinter eine schöne Stellplatzwiese [N62° 40' 30.2" E9° 09' 51.6"] am See.

700 m weiter, beim Hof **Bårdsgarden**, führt ein steiler Schotterweg links hinab zu einem großen **Wiesengelände** [**216:** N62° 40' 39.1" E9° 08' 58.5"] am See .

Blick über den Ångårdsvatn nach Osten

Nach weiteren 2 km endet die Storlidal-Straße – bei STORLI.

(217) WOMO-Wanderparkplatz: Storli

GPS: N62° 41' 33.8" E9° 05' 44.4"   **max. WOMOs:** > 5.
Ausstattung/Lage: Toilette, warme Dusche, Wanderwege, Gebühr 30 NOK/Ortsrand.

Von hier aus sind es jeweils nur 7 Wanderstunden zur **Innerdalshytta** und nach **Kårvatn** am Ende des **Todals** ....

TOUR 17 (170 km / 1-3 Tage)

Oppdal – Åmotsdal – Dovre-Fjell – Kongsvoll – Fokstumyra – Dombås – Rondane

Freie Übernachtung: Åmotsdal, Dovre-Fjell, Dombås, Rondane.

Campingplätze: u. a. Engan, Dovre

Ver-/Entsorgung: >E 6< »km 9,5« südl. Dovre.

Besichtigungen: Magalaupet, Vårstig, Dovre-Fjell, Fjellhage, Dovregubbens Hall, Anfins bru, Fokstumyra, Kvitskriuprestene.

Wandern: Åmotsdal, Vårstig, Dovre-Fjell, Fokstumyra, Rondane.

KARTE TOUR 17

Wir kehren vom kalten, aber malerischen **Ångårdsvatn** zurück nach OPPDAL, schwenken nach rechts, auf die >E 6<, nach OSLO ein.

8 km südlich von OPPDAL kommt man nach DRIVA. Links der Straße, im **Kro** (norddeutsch **Krug**, schwäbisch **Boiz**), gibt's nicht nur geistvolles für die Kehle sondern auch lehrreiches fürs

Auge – ein **Steinsenter** (bei unserem letzten Besuch geschlossen - für immer?). Ja, ich weiß, das ist jetzt schon das dritte – aber bei dem Stichwort **Gold** werden Sie sicher hellhörig!?

1991 wurde in der Nähe, im **Åmotsdal**, ein bisher völlig unbekanntes, goldhaltiges Mineral gefunden, das den Namen **Isbrekkenitt** erhielt. Natürlich sollen Sie sich im Steinsenter nicht nur (kostenlos) die Mineralienausstellung angucken, sondern auch (gegen Bares) etwas mitnehmen. Dürfen wir Ihnen kleine Anhänger des norwegischen Symbolsteins **Thulit** empfehlen? Die sind preiswert, sehen hübsch aus und erinnern Sie an **Ultima Thule**, die alte, römische Bezeichnung für Norwegen, das Land am nördlichen Ende der Welt.
Außer gucken und kaufen kann man sich auch beraten lassen. Wo der Eingang ins **Åmotsdal** liegt, brauchen Sie nicht zu fragen, dort werden wir Sie gleich hinführen!

3,4 km weiter südlich zweigen wir von der >E 6< nach rechts Richtung ENGAN und **Magalaupet** ab.
400 m später parken wir rechts der Fahrbahn [N62° 30' 03.2" E9° 35' 20.1"] und marschieren einen Pfad hinab zur **Driva**. Es sind nur wenige Schritte bis zu einer felsigen Engstelle im Fluss, wo sich das Wasser mit wahnsinniger Gewalt hindurchquält, an seinen Flanken alles glattschleift und aushöhlt, was sich ihm in den Weg stellt. Man kann oberhalb, auf den Felsen, herumklettern und in das tobende Inferno hinabstarren. So, als sei alle Kraft erlahmt, gleitet das

Magalaupet

gleiche Wasser wenige Meter talwärts lautlos und ohne Welle, wie ein dunkelgrüner Spiegel, dahin.
Das Nebensträßchen leitet uns weiter nach Süden; wir passieren die Abzweigung über eine Brücke zu einem **Campingplatz** [N62° 29' 55.2" E9° 35' 16.0"] (sehr schön am Fluss gelegen, Besitzer leitet Moschusochsensafari) und benutzen die nächste Brücke, 2 km später. Sofort nach dem Fluss wenden wir uns wieder links, löhnen 500 m weiter an der **Bomstasjon** des **Åmotsdals** 30 NOK.
Der **Åmotsdalsvei** führt uns durch Kiefernwald oberhalb des Flusses entlang und endet nach 3 km an einem **Parkplatz**.

(218) WOMO-Wanderparkplatz: Åmotsdal

GPS: N62° 28' 27.1" E9° 32' 14.8"   max. WOMOs: 2-3.
Ausstattung/Lage: Wanderweg/außerorts.
Zufahrt: Die >E 6< Richtung Engan/Magalaupet verlassen, hinter der Brücke links.

Dieser eignet sich prächtig als Ausgangsstation zum Füße-vertreten – sei es nur für einen kurzen, beschaulichen Spazier-gang entlang des Flusses oder für größere Touren, zum Beispiel ins **Dovre-Fjell** und dort auf den **Snøhetta** (2286 m) oder zum **Mineral hunting** – denken Sie an den **Isbrekkenitt**! Wir kehren über den Bomveg und den **Driva** zurück zur >E 6< Richtung OSLO.

Rechts und links der Europastraße erheben sich nun Hänge, im unteren Teil bewaldet, weiter oben mit kahlen Schneefeldern. Sie führen hinauf zur Hochebene des **Dovrefjell Nasjonalparks**, die überragt wird vom 2286 m hohen **Snøhetta**. Das unvergleichliche Gebiet ist reich an seltenen Pflan-zen und Tieren, man begegnet Rentier, Vielfraß, Eis- und Rotfuchs, Luchs und Elch, auch Adler, Schneehuhn und Falke seien genannt, die Hauptat-traktion aber ist eine Moschusherde, die erstmals 1930 von Grönland hierher verpflanzt, im II. Weltkrieg aber ausgerottet wurde. Ein zweiter Versuch wurde 1947 gestartet; aus den 10 Paaren ist inzwischen eine Herde von 50 Tieren geworden, die nur durch Hunger oder Blitzschlag (!) gefährdet sind, Kälte oder Raubtiere können ihnen nichts antun ....

8 km sind wir seit dem **Åmotsdal** auf der >E 6<. Bei »km 20« sollten Sie einen angestrengten Blick rechts hinab zur Bahnli-nie werfen. Dort entdecken Sie dann das reich verzierte Bahn-hofshäuschen von DRIVSTUA mit Grasdach, allein auf weiter Flur!

Der einsame Bahnhof von Drivstua

Knapp 2 km später, bei »km 17,5« liegt rechts unterhalb der Straße der **Picknickplatz Hesthåggån** [N62° 24' 22.5" E9° 38' 10.9"], den wir Ihnen besonders empfehlen können. Er hat Toiletten, Fahrwege führen zum Fluss hinab, wo Sie ruhig unter Birken stehen.

Picknickplatz Hesthåggån an der >E 6<

"Lappenlager" an der >E 6<

2,5 km nach diesem **Picknickplatz** passieren wir, rechtzeitig angekündigt, ein **Lappenlager**, eine Verkaufsstelle für Felle, Geweihe, Handgewebtes. 300 m später links der Straße ein weiterer **Parkplatz** mit Toilette und ein Hinweisschild für den Beginn des **Vårstigs**, des alten **Königsweges**, der oberhalb der Straße am Gebirgshang verschwindet.

Dieser Pfad ist seit 1182 bekannt als Pilgerweg. König Fredrik IV. passierte ihn 1704 bereits mit einem zweirädrigen Karren und König Christian rollte 1733 schon vierrädrig durch – welch Fortschritt!
Bei näherer Betrachtung der Holperstrecke hat

man keinen Zweifel, dass auch diese Reisen nur Pilgerzwecken gedient haben können. Spaziergänger jedoch genießen auf diesem Wegabschnitt einen herrlichen Blick übers **Drivdal** und das Fjell. Der **Vårstig** ist 6 km lang – vielleicht opfert sich einer der WOMO-Besatzung, fährt das WOMO die >E 6< entlang, während die anderen wandern? Nach genau 6 km findet man wieder rechts der >E 6< einen Picknickplatz, dort, wo der Königsweg in sie einmündet (mit Toilette und Straßenunterführung zum Vårstig). Hier kann man die Wanderer erwarten oder ihnen entgegeneilen!?

Die Felswände rücken nun immer näher zusammen, Teile von ihnen sind weggesprengt, um Platz für die Straße zu schaffen. Kein Wunder, dass Pilger und Könige durchs Gebirge zogen, hier unten war früher kein Durchkommen!

3,0 km nach dem zweiten Vårstig-Parkplatz und noch 400 m vor dem **Kongsvoll Kro** zweigen wir rechts ab zum Bahnhof von KONGSVOLL (kein Hinweisschild!). Hier ist ein spezieller (kleiner, gebührenpflichtiger) **Parkplatz** [219: N62° 18' 24.3" E9° 36' 23.1"] für Dovrefjell-Wanderer eingerichtet worden.

Warnung: Übernachten Sie im Dovrefjell keinesfalls im Zelt! Ein Moschusochse bringt es auf ein Gewicht von 300 kg und hält überhaupt nichts von Touristen. In der **Kongsvoll Kro** erhalten Sie den Schlüssel für die **Reinheim-Hütte** im Fjell (5 Std.), dort können Sie sich beruhigt zum Schlaf betten! **Tipp:** Bergausrüstung notwendig, im Juni/Juli noch Schnee! Allein trauen Sie sich dort überhaupt nicht hin?
Vom 20.6.-2.8. startet hier jeden Tag um 10 Uhr eine 4-6-stündige Moschusochsensafari mit Führer.
Hinweis: Im **Kongsvoll Kro** sollten Sie unbedingt einkehren! Nein, nicht um Ihren Alkoholspiegel zu erhöhen, sondern um sich im Erdgeschoss die ausgezeichnete Ausstellung über den **Vårstig** und natürlich das **Dovrefjell** anzuschauen (offen: 13-17 Uhr).

Was es da nicht alles zu sehen und zu erfahren gibt!
Ausführlich wird über den Bestand an Moschusochsen, an Rentieren, über die gesamte Tier- und Pflanzenwelt des Nationalparks berichtet und alles, so weit es immer geht, mit Originalmaterial belegt.
Parken sollten Sie am besten 100 m rechts der Gaststätte. Dort entdecken Sie auch gleich den liebevoll angelegten **Fjellgarten**, einen Steingarten der norwegischen Gebirge, den **Fjellhage**.

Eigentlich war der **Fjellhage** eine Idee des Bahnhofsvorstehers von KONGS-VOLL, der beim 20-Minuten-Stopp der Züge seinen Gästen etwas bieten wollte. Die Züge haben's nun eilig – Sie hoffentlich nicht! Denn der **Fjellhage** zeigt und nennt all' die Blümle (und noch viele mehr), denen wir auf unseren Wanderungen schon so oft begegnet sind. Hier können Sie alle mit Namen begrüßen – auch auf Deutsch.
Gegenüber des Botanischen Gebirgsgartens führt ebenfalls eine Brücke über den Fluss ins Fjell Richtung Reinheim-Hütte, aber wer wird schon hier, an der Straße, sein WOMO tagelang stehen lassen?

Wenn Sie weder Interesse an Ochsen noch an der Botanik haben, aber aussichtsreich picknicken wollen, dann finden Sie 2,8 km nach dem **Kongsvoll Kro** ausgezeichnete Gelegenheiten dazu. Dieser **Wanderparkplatz [220:** N62° 16' 44.4" E9° 35' 51.1"] links der Straße bietet die beste Sicht über die baumlose, wellige Steppe des **Dovrefjell**. Dort führt zum letzten Mal ein markierter Wanderweg (Pilgrimsleia) ins Fjell. Weitere **Picknickplätze** folgen, dann überqueren wir die Grenze zur **Fylke Oppland** und haben kurz danach, in 1026 m Höhe, die Wasserscheide überschritten – nun geht es abwärts! Einen Stopp sollten Sie bei der **Dovregubbens Hall** einlegen, einem Holzbau aus dem Jahre 1938 mit herrlich geschnitzten Holzornamenten, man beachte nur die Fensterrahmen (Gaststätte, Souvenirbuden)!

Dovregubbens Hall

Kurz vorher, rechts der Straße, halb zwischen Weiden und Birkengebüsch versteckt, liegt **Anfins bru**, eine gar nicht kleine Natursteinbrücke. Es geht die Mär, ein einziger Kriegsgefangener habe sie erbaut, um sich damit seine Freiheit zu erkaufen bzw. zu erarbeiten.

Anfins bru

Falls Ihnen der Trubel dort nicht zusagt – nach wenigen Metern begleitet uns der **Vålåsjø** mit einem **Picknickplatz** an seinem Beginn, zwei **Picknickplätzen** in der Mitte und einem vierten, mit Info-Tafel und Toilette, an seinem Ende.

Waltraud blättert in ihren Unterlagen und während ich die Scheibenwischer in Gang setze, um die ersten Regentropfen zu verteilen, verkündet sie rechthaberisch: „Die Gegend hier ist mit 310 mm/Jahr die niederschlagsärmste Norwegens, BERGEN hat 1958 mm/Jahr!"

Hochmoor, eintönig nur für den flüchtigen Betrachter, zieht sich beidseits der >E 6< bis zu den Bergen. Ein wegen seiner reichen Vogelwelt besonders schützenswerter Teil davon,

Fokstumyra, das **Fokstua Moor**, wurde 1969 zum Natur-schutzgebiet erklärt. Der nur 7,5 qkm große Streifen, zu 70 % Sumpf und Wasser, zieht sich rechts der >E 6< hin, ist also leicht zu erreichen. Ein markierter 6-km-Fußweg durchstreift den aussichtsreichsten Teil des Areals, in dem über 60 Vogel-arten brüten; darunter so seltene wie Kampfläufer, Kornweihe, Kleiner Brachvogel, Kiebitz und vielleicht auch wieder die Doppelschnepfe.

6 km sind wir schon neben dem NSG entlanggefahren, dann können wir endlich nach rechts zu dem Hotel/Gaststätte **Fokstugu** abbiegen. Dort residiert auch der Vogelwart, bei dem wir uns die Genehmigung zum Besuch und ein Merkblatt (in Deutsch) abholen. Dann rollen wir noch 500 m hinab bis zur Bahnlinie, die das NSG durchzieht. Davor links können wir geschickt **parken** [N62° 7' 5.3" E9° 16' 44.8"; 954 m] und beginnen den mit einem Vogelsymbol markierten Rundweg.

Trotz der Versicherung des **Fokstua gård**, der Weg sei trocken und trotz der nur 310 mm/Jahr besteht unsere Ausrüstung aus Fernrohr, Fotoausrüstung, Gummistie-feln und Goretex-Jacke ....

Wir hatten uns das Ganze als beschaulichen Spazier-gang vorgestellt, marschierten erwartungsvoll los, den Blick stets konzentriert auf Sumpflöcher und Seeflächen gerichtet, von denen jederzeit die seltenen Vögel aufstei-gen mussten, achteten nicht auf die Vorboten, die die Regengötter ihren "Liebesgaben" vorauszuschicken pfle-gen. An der entferntesten Stelle vom WOMO, mitten in der Einsamkeit, fing ein Regenguss an, wie ihn sich ein Landwirt nach langer Trockenheit nur wünschen kann. Die Regenjacken taten ihre Pflicht, ließen die Flut an sich abperlen – über die Hosen in die Gummistiefel hinein. Die engstehenden Büsche taten ein übriges, streiften ihre Wasserlast an uns ab – so nass waren wir schon lange nicht mehr!

Ach ja – Vögel haben wir kaum gesehen. Aber wenn **Sie** den Fukstumyra-Rundweg machen werden, der mit Be-obachtungspausen knappe zwei Stunden dauert, wird das ganz anders sein! Der Weg wird trocken sein, alle seltenen Vögel werden um Sie herumfliegen und die Sonne wird scheinen – denn die 310 mm/Jahr hat dann sicher schon ein anderer abbekommen!

Die **Kirche** von DOMBÅS scheint auf den ersten Blick eine Stabkirche mit Holzschindeln zu sein. Erst beim näheren Hinschauen entdeckt man, dass sie aus dem Gestein des Dovrefjell besteht und eine ganz moderne, eigenwillige Kon-struktion ist.

Sie haben die Kirche entdeckt, die Statoil- und die Shelltank-stelle?

Dann fahren Sie vor der Shelltankstelle rechts und kurven bis zum großen Parkplatz hinter der Kirche beim Friedhof. Hier haben auch wir schon ruhig und ungestört übernachtet.

(221) WOMO-Stellplatz: Dombås/Friedhof

GPS: N62° 04' 30.2" E9° 07' 25.0" **max. WOMOs:** 3-4.

Ausstattung/Lage: keine/im Ort.

Hinweis: Ein weiterer Parkplatz liegt beim Idrettsplass [N62° 04' 37.3" E9° 07' 14.5"]. Man fährt am Kreisverkehr rechts auf die >E136< Richtung Ålesund und nach 400 m links, an der roten Schule vorbei 800 m zum Sportplatz.

500 m nach dem Kreisverkehr liegt rechterhand eine LPG-Norge-Station [N62° 04' 13.8" E9° 07' 21.2"], geöffnet Mo-Fr von 9-17 Uhr, Sa 10-14 Uhr.

Zwischen DOMBÅS und OTTA hat die >E 6< für uns nur die Aufgabe, das **Dovrefjell** mit dem **Rondane-Massiv** zu verbinden. Wir sichten am Fluss einige schön gelegene **Picknickplätze**, manche auch mit Toiletten.

Die schönsten: 17 km südlich DOMBAS, Höhe DOVRE, **Picknickplatz** mit Toilette, der nächste 3 km später. Dann links eine Statoil-Tankstelle mit **Entsorgung** (unterhalb der Straße **Picknickplatz** mit Kinderspielplatz und Grillstelle). Im Bereich der Kommune SEL (18 km südlich DOVRE) **Picknickplatz** rechts (sehr ruhig, durch Felsen abgeschirmt von der Straße) mit Toilette.

Das **Uladal** ist unser Einstieg in das **Rondane-Massiv**. Die 600 Millionen Jahre alten Berge sind durch Hebungen und Faltungen aus einem toten Meer entstanden. Erosion und Eiszeit haben den Bergen freundlich-runde Formen verpasst, sie zu einem grandiosen, aber trotzdem leicht zugänglichen Wandergebiet gemacht.

Man kann es auch so sagen: Während **Jotunheimen** mit dem 2469 m hohen **Galdhøpiggen** die "Heimat der Riesen" ist, könnte man **Rondane** mit dem (immerhin) 2178 m hohen

Rondslottet den Namen **Jenteheimen** geben = "Heimat der Mädchen".

Der größte Teil des Gebirges ist Nationalpark, der erste Norwegens, fast 600 qkm groß, jeglicher Autoverkehr ist darin untersagt. Wir haben für Sie drei günstige **Plätze** ausgesucht – für kleine Wanderungen, große Touren oder Mußestunden auf der Campingliege!

Bei der Ortschaft SELSVERKET sichten wir 100 m hinter der auffälligen weißen **Kirche** von SEL den Wegweiser **Kvitskriuprestene**. Diese Straße werden Sie noch kennenlernen – allerdings talwärts, denn sie ist, zumal bei feuchtem Wetter, eine Zumutung für Fronttriebler!

Wir ignorieren sie also, passieren 700 m weiter, beim Odda-Turist-Senter, eine LPG-Station, die auch deutsche Flaschen füllt [N61° 47' 39.2" E9° 33' 07.8"].

2,5 km danach wollen wir Ihnen zunächst Stellplätze in OTTA zeigen. Dazu biegen wir von der >E 6< rechts. Gleich hinter der **Lågen-Brücke**, am Kreisverkehr, findet man einen riesengroßen **Parkplatz** mit Einkaufsmöglichkeiten. Sucht man nur einen ruhigen **Übernachtungsplatz** [222: N61° 46' 39.8" E9° 32' 23.7"], sollte man vor dem Parkplatz weiter nach rechts bis zur **Ottahallen** fahren, einen **Wasserhahn** findet man am Kulturhaus davor.

Ja, ich weiß, Sie sind jetzt heiß auf "Rondane, die Heimat der Mädchen". 800 m weiter auf der >E 6< kommt die "zivile" Zufahrt ins Rondanemassiv (Wegweiser: Mysusæter). Steil steigt die Asphaltstraße an, die Serpentinen sind jedoch problemlos (an der 3. Serpentine schöner Blick mit Picknickbank ins Otta-Tal). Nach 8,5 km Bergfahrt sieht man tief unten, am gegenüberliegenden Hang, weiße Spitzen ...

Nach 13 km erreichen wir den riesigen Parkplatz von Mysusæter.

(223) WOMO-Wanderparkplatz: Mysusæter	
GPS: N61° 48' 30.3" E9° 41' 09.7"; 867 m.	**max. WOMOs:** >10.
Ausstattung/Lage: WC, Warmwasser, Wanderwege, Gebühr/außerorts.	
Zufahrt: siehe Text.	

Vom Mysusæter-Parkplatz führen zwei Privatstraßen weiter ins Gelände. Nach links geht's Richtung **Spranget/Rondvassbu** (Bomveg: 4,2 km, 15 NOK). Diese Berghütte/Hotel/Gaststätte liegt bereits mitten im Nationalpark, ist beliebtes Ziel für kleine Wanderungen und Zwischenstation für anspruchsvollere Touren. Auf halber Strecke, mitten auf der windigen Hochebene, beginnt das Naturschutzgebiet, markiert durch Schranke und großen **Parkplatz** (10 NOK).

(224) WOMO-Wanderparkplatz: Rondane/Spranget

GPS: N61° 50' 07.2" E9° 43' 53.5"; 1087 m.   **max. WOMOs:** >10.
Ausstattung/Lage: Wanderweg, Tafel mit Abfahrtzeiten des Rondevatn-Bootes/außerorts.
Zufahrt: Links am Mysusæter-Parkplatz vorbei noch 4,2 km.

Bis zur **Rondvassbu-Hütte** sind wir stramme 1 1/4 Stunden gewandert (und haben die Fahrradbesitzer beneidet); von dort aus können wir zwei Touren empfehlen:
a) Rondslottet (2178 m): Aufstieg 4-5 Std., Abstieg 3-4 Std.
T-Markierungen führen steil den Hang hinauf; im Kartal Rondholet weiter aufwärts. Rastplatz auf dem Sattel. Aufstieg zum ersten Aussichtsgipfel Vinjeronden (2044 m), Abstieg über dessen Nordflanke und und steiler Endspurt zum Rondslottet.
b) Verlesmeden (2015 m): Aufstieg 3 Std., Abstieg zum Nordende des Rondvatn 2 Std. (zurück mit Boot).
Von der Rondvasbu nach Westen den Store Ula überqueren, am Canyon Jutulhogget vorbei und in der gerölligen Senke Rondhalsen z. T. recht steil aufwärts zum Aussichtsgipfel.
Zurück bis zur Verzweigung im Rondhalsen-Tal, dort links hinab zur Nordspitze des Rondvatn (Bootsanlegestelle Nordvika). Mit dem Boot zurück zur Rondvasbu.

Der andere Privatweg führt von MYSUSÆTER nach rechts (Wegweiser: **Furusjø**). Nach 200 m zahlen wir 30 NOK Maut und dürfen dafür 3 km bis zum **Parkplatz** am **Furusjø** rollen: Vor unserer WOMO-Tür haben wir eine Wiesenfläche, dahinter Zwergbirken und Fichten. Das Wasser glitzert in der Sonne, es ist fast windstill – ein Tag zum Faulenzen.

(225) WOMO-Wanderparkplatz: Rondane/Furusjø

GPS: N61° 47' 20.6" E9° 43' 15.6"; 865 m.   **max. WOMOs:** 2.
Ausstg./Lage: Mülleimer, Bademöglichkeit, Wanderweg; Camping verboten/außerorts.

Wanderparkplatz am Furusjø

Nach dem Mittagessen packt uns bei so viel Idylle dann doch die Wander-wut. Unsere 1:100.000-Wanderkarte Rondane, die uns über 13 € gekostet hat, soll sich wenigstens ein bisschen rentieren. Um "unseren" See herum zeigt sie mehr oder minder dünne rote Strichelchen, wir werden schon was finden!

Links herum, also im Uhrzeigersinn! Wir stapfen in unseren Gummistiefeln los, haben außer Karte, Kompass und Fotoausrüstung je einen großen Behälter dabei, den wir mit Heidelbeeren zu füllen gedenken. Ein Landvor-sprung wird abgeschnitten (Laufbohlen liegen über den moorigen Flächen), dann überqueren wir das **Glitra-Flüsschen**.

Weiter folgen wir dem Wegweiser **Rondablikk**, einer Feriensiedlung, die südlich des Sees liegt und sporadisch auftretenden, roten Farbklecksen. Aber die Orientierung ist ohnehin nicht schwer: Kommt man zu weit nach rechts – schwappen die Wellen!

Bis zur Ostspitze des Sees verläuft der Weg nun direkt am Ufer entlang.

Nach der Brücke über das **Frya-Flüsschen** wenden wir uns nach rechts, suchen uns ein Durchkommen zwischen Ferienhütten und Ufer, freuen uns, nach längerer Pause wieder Farbkleckse zu sehen – diesmal sind sie jedoch blau. Hier, auf der Südseite des Sees, ist der Blick auf die höchsten Berge Rondanes am vollständigsten und schönsten!

Wir peilen mit unseren Kompass die Landenge zwischen dem **Furusjø** und dem Appendix **Vålåsjø** an, den wir nicht auch noch umrunden wollen – und finden sie wirklich auf Anhieb!

Dahinter dehnt sich lichter Wald aus, das Unterholz besteht fast nur aus kniehohen Heidelbeerbüschen – wir sammeln und sammeln, bis wir in der Dämmerung die Beeren nicht mehr von den Blättern unterscheiden können. Kurz darauf sind wir auf der Fahrstraße westlich des Sees, auf der wir zurück zu unserem WOMO trotten (Gesamtzeit mit Heidelbeersuche 4,5 Std.).

Wir rollen vom Mysusæter-Parkplatz 800 m zurück, schwenken nach rechts in die steile Straße hinab zu den Kvitskriuprestene, den "weißen Priestern" (30 NOK Bom).

Spätestens jetzt werden Sie uns recht geben: Die Straße ist WIRKLICH steil!

Nach 3,4 km überqueren wir den Ula-Fluss und haben 400 m später den Wanderparkplatz erreicht.

Wer nun glaubt, weil er Eintritt bezahlt hat, bekommt er die weißen Priester frei WOMO-Fenster geliefert, der sieht sich enttäuscht. Unser suchendes Auge gleitet immer weiter am Hang empor und entdeckt sie schließlich knapp unterhalb der Hangkante – eine Kletterpartie steht uns ins Haus!

(226) WOMO-Wanderparkplatz: Uladal/Kvitskriuprestene
GPS: N61° 48' 35.9" E9° 36' 10.7"; 490 m.   max. WOMOs: 2-3.
Ausstattung/Lage: Tisch & Bank, Mülleimer, Wanderweg/außerorts.

Aber bereits nach sechs (zehn) Minuten stehen wir, leicht schnaufend, am Sicherheitszaun vor den weißen Konglomeratsäulen mit den schwarzen Steinhüten. Es ist nur ein kleines Wunder, das wir bestaunen, aber ein Wunder doch, eines von vielen in diesem tollen Urlaubsland! Die letzten Strahlen der Abendsonne spenden einen goldenen Schimmer. Sind es die wehenden Schatten der Bäume – oder geht eine leichte Bewegung durch die Priesterschar, so als wollten sie zu einer Prozession aufbrechen?

Wir finden das **Uladal** viel zu romantisch, um es gleich wieder zu verlassen, genießen den Abend und lassen uns in den Schlaf rauschen.

Das Tal des **Ula-Flusses** war ein Alptraum der Bewohner von SELSVERKET. Jedes Frühjahr schüttete der kleine Fluss 250 LKW-Ladungen Geröll ins Tal, 1789 zerstörte eine Riesenflut nicht nur den ganzen Ort, sondern verdrängte mit seinen Schuttmassen den Lauf des **Lågen** zur anderen Talseite, die Gegend versumpfte. 1978 entstand Norwegens erste "Material-

sammeltalsperre", der **Uladamm**, 100 neue Bauernhöfe konnten im Tal angelegt werden.

Die Menge des zu Tale stürmenden Gesteins kommt nicht von ungefähr! Ist das **Rondanegebirge** doch nicht nur massiver Fels, sondern auch Moränenschutt aus der Eiszeit. Einem ganz besonderen Beweis dafür sind wir begegnet, den **Kvitskriuprestene**, den **weißen Priestern**. Regnet es nämlich in einem Gebiet recht wenig, vorzugsweise in Form kurzer Schauer, dann kann solche Moränensubstanz unregelmäßig ausgewaschen werden. Große Steine schützen dabei die darunterstehende Masse, der Zwischenraum fließt weg, schlanke Pyramiden mit "Steinhüten" entstehen. Außer im **Uladal** findet man solches erst wieder in den Alpen.

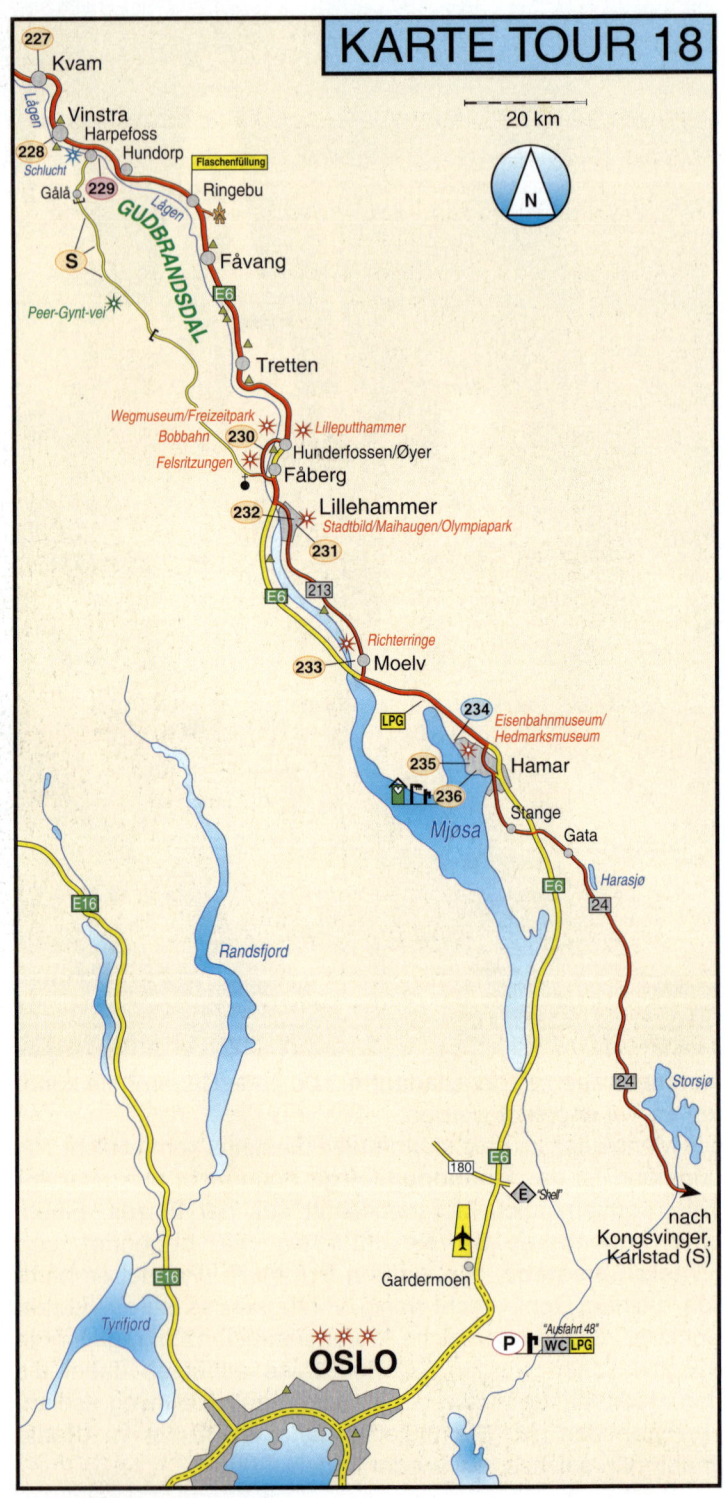

KARTE TOUR 18

20 km

N

227 Kvam
Lågen
Vinstra
Harpefoss
228 Hundorp
Schlucht
Gålå
229
Flaschenfüllung
Ringebu
Lågen
GUDBRANDSDAL
S
Peer-Gynt-vei
Fåvang
E6
Tretten
Wegmuseum/Freizeitpark
Bobbahn
230
Lilleputthammer
Felsritzungen
Hunderfossen/Øyer
Fåberg
232
Lillehammer
Stadtbild/Maihaugen/Olympiapark
231
E6
213
Richterringe
233
Moelv
234
LPG
Eisenbahnmuseum/
Hedmarksmuseum
235
Hamar
236
Stange
Mjøsa
Gata
E6
Harasjø
24
Randsfjord
E16
24
Storsjø
E6
180
E
Skell
nach
Kongsvinger,
Karlstad (S)
E16
Gardermoen
Tyrifjord
"Ausfahrt 48"
OSLO
P
WC LPG

Rondane – Otta – Hunderfossen – Lillehammer – Hamar (– Oslo)

Freie Übernachtung:	Mysusæter, Furusjø, Harpefoss, Moelv, Hamar (Hedmarks-museum, Jachthafen).
Besichtigungen:	Harpefoss, Ringebu-Stabkirche, Hunderfossen: Wegmuseum, Freizeitpark, Lillehammer: Stadtbild, Hamar: Eisenbahnmuseum, Hedmarksmuseum, Dom.
Baden:	Hamar, nördlich des Campingplatzes am Mjøsa-See.
Wandern:	Rondane-Massiv, Harpefoss (Himbeersuche!).

Wanderparkplatz bei den weißen Priestern
Blick auf den Ulafoss

Wir verabschieden uns von den "weißen Priestern", rollen entlang der "wilden Ula" weiter zu Tale, erreichen nach 3,5 km die >E 6<, spuren uns nach links ein, um sofort wieder links anzuhalten: Von einer Holzbrücke können wir schön den Wasserfall der **Ula** begucken, bevor sie unter der Straße hindurch zum **Lågen** fließt. Die >E 6< verführt zum Rasen. Wesentlich behäbiger bewegt sich der **Lågen** nach Süden, zeitweise scheint er gar still zu stehen, türkisgrün wie ein Fjord schimmert seine Oberfläche. Dann tauchen plötzlich Schaumkronen auf, die breite Bahn drängt sich zusammen, und ausgerechnet im wildesten Trubel versuchen sechs "Wikinger", ein Schlauchboot durch die Wogen zu steuern – "Rafting", ein nasses Vergnügen!

Leider liegt zwischen dem **Lågen-Fluss** und der >E 6< jetzt die Bahnlinie, so dass es mit schönen Picknickplätzen Fehlanzeige ist. Folglich rollen wir weiter im Verkehrsstrom, Maximalgeschwindigkeit 70-90 km/h, mehr ist ohnehin nicht erlaubt.

In der Ortsmitte von KVAM biegen wir links Richtung RONDABLIKK, wo man auch einen schönen Zugang ins **Rondane-Massiv** hätte. Wir sichten aber schon nach 300 m rechts die große Kvam-Halle und notieren davor den großen Wiesen- und **Schotterplatz** [**227:** N61° 40' 02.5" E9° 41' 13.0"] für Übernachtungsbedürftige.

Weitere 11 km >E 6<, dann sind wir in VINSTRA. Dort überqueren wir den **Lågen** und biegen dahinter am Kreisverkehr rechts zur **Sødorp-Kirche**. Vor ihr hat man nicht nur einen schönen **Parkplatz** [**228:** N61° 35' 57.2" E9° 44' 10.8"] gefunden, sondern auch einen herrlichen Aussichtsbank-Blick über Stadt und Fluss. Eine malerische Alternative

Sødorp-Kirche
und Harpefoss-Schlucht

zur >E 6< wäre der **Peer-Gynt-Vei**, der ab VINSTRA bzw. HARPEFOSS parallel zur >E 6< durchs Gebirge zieht und in FÅBERG, 5 km vor LILLE-HAMMER, wieder in sie einmündet (wir beschreiben ihn und seine Stellplätze ausführlich in unserem Nord-Norwegen-Buch).

Wir haben aber auch ohne großen Umweg für Sie ein Idyll gefunden!

Bei HARPEFOSS, der Name deutet es schon an, zwängte sich früher der **Lågen** durch eine bizarre Schlucht. Die Schlucht ist immer noch da, der Fluss strömt jedoch zum größten Teil durch Rohre im Berg, um Strom zu produzieren. Wir verlassen die >E 6< Richtung GÅLÅ/HARPEFOSS, überqueren die Bahnlinie und parken nicht hinter der Flussbrücke, denn da stehen meist schon viele andere. Wir rollen 100 m weiter, biegen vor einem **Fußballplatz** nach links und parken neben ihm.

(229) WOMO-Picknickplätze:
Harpefoss/Fußballplatz + Friluftsområde Klokkarstranda
GPS: N61° 34' 20.6" E9° 51' 16.6"; N61° 34' 15.5" E9° 51' 34.3" **max. WOMOs:** je 3-4.
Ausstattung/Lage: Toilette, Warmwasser (meist verschlossen), Mülleimer, Tisch & Bank 100 m, Bolzplatz, Wanderweg/außerorts.   **Zufahrt:** siehe Text.

Natürlich können Sie auch die Straße zum Fluss hinab kurven, denn dort wartet die **Friluftsområde Klokkarstranda** vor einem zweiten Fußballplatz. Das Bächlein, das beide trennt, schwoll im Frühjahr 2011 zu einem gewaltigen Sturzbach an und riss die halbe Anlage weg. Bitte berichten Sie uns, wie weit die Rekonstruierungsarbeiten gediehen sind.

Ein kleiner Spaziergang flussaufwärts (Hinweisschilder: "Kleivin" und "Haltbrua") führt in einen hochromantischen und gleichzeitig äußerst fruchtbaren Märchenwald (je nach Jahreszeit Himbeeren, Johannisbeeren, Heidelbeeren, Walderdbeeren – und Pilze). Der Pfad endet bei der Brücke über die **Harpefoss-Schlucht**, die ich mir nun ohne Parkprobleme (allein) bestaunen kann, denn Waltraud hockt im Märchenwald zwischen den Himbeeren. „Wer soll den die vielen Beeren essen?" frage ich etwas dümmlich. „Ich backe heute Abend Kuchen – in der Bratpfanne!"

Wenn man dumm fragt, bekommt man dumme Antworten ....

Weiter geht's auf der >E 6< nach Süden. HUNDORP hat eine sehenswerte Kirche, die **Sœr-Fron-Kyrkje**

Hundorp, Sœr-Fron-Kyrkje

mit achteckigem Grundriss, einem gestaffelten Dach sowie einem zweistöckigen Turm mit Laterne [N61° 33' 31.3" E9° 56' 27.1"].

Südlich von HUNDORP verbreitert sich das Tal immer weiter, hier fängt das eigentliche **Gudbrandsdal** an, das fruchtbare, breite Tal mit den großen Bauernhöfen, deren Anblick Wohlhabenheit widerspiegelt.

Am Ortsbeginn von RINGEBU passieren wir die LPG-Station RM-Gass [N61° 31' 49.2" E10° 07' 42.6"], die auch deutsche Gasflaschen füllt. Und, welch' Wunder, die Autogaszapfhähne liegen zweifach vor – mit norwegischem **und** italienischem Anschluss!

Ringebu, Stabkirche

Südlich von RINGEBU schaut vorwit- zig der rotbraune Turm der **Stabkir- che** [N61° 30' 31.6" E10° 10' 24.7"] von einem Hügel auf die Straße hin- ab. Die Kirche aus dem 13. Jahrhun- dert, äußerlich ohne sichtbaren Schmuck, ist innen sehr schön aus- gestattet. Nach der letzten Restaura- tion entdeckte man zudem (rechts des Westeinganges) sog. Hofzei- chen der ausführenden Handwerker.

Jetzt wechselt die Bahnlinie wieder die Uferseite, so dass unsere >E 6< direkt am Wasser entlang führt – aber die schönen Stellen neben der Straße sind alle von **Campingplät- zen** besetzt, z.B. **Camping Mageli** [N61° 22' 03.4" E10° 16' 52.9"] zwischen FAVANG und TRETTEN auf einer Halbinsel im See.

Erst 4 bzw. 8 km südlich von TRETTEN liegen rechts der Straße schöne **Picknickplätze** oberhalb des Flusses, der zweite auch mit Toiletten. Allerdings verkürzt ein neuer Tunnel bald den Bogen der Straße – dann werden sie einsam und verlassen auf müde Fahrer warten.

Fünf Attraktionen erwarten uns bei HUNDERFOSSEN! Zunächst liegt links, im Zentrum von ØYER **Lilleputthammer** [N61° 14' 18.9" E10° 26' 20.4"], eine Miniaturstadt, die LILLE- HAMMER um die Jahrhundertwende darstellt.

Norwegisches Wegmuseum, Außenanlage

Nach rechts überqueren wir den **Lågen**. Als nächstes Attraktion erreicht man, 1800 m hinter der Brücke, das **Norwegische Wegmuseum** [N61°13' 31.8" E10° 25' 52.5"] (dessen großer Parkplatz nachts leider abgeschlossen wird).

Dort erfährt man in einer hochinteressanten Ausstellung, welche Anstrengungen gerade Norwegen machen musste, um seinen Einwohnern (im wahrsten Sinne des Wortes) den Weg ins Automobilzeitalter zu ebnen. Wer dort die Straßenkarte von 1980 mit der von heute vergleicht, begreift erst recht, welcher Arbeitsaufwand geleistet werden musste, um auch uns hier einen bequemen Sightseeing-Urlaub zu ermöglichen. Die verwendeten Werkzeuge, Maschinen, Geräte, historisch oder neu, werden ausgestellt, der Wege-, Brücken- und Tunnelbau wird anschaulich gemacht und in einer Diaschau entfalten sich all diese Ereignisse noch einprägsamer vor unseren Augen (offen: 10-18 Uhr, Eintritt frei!).

300 m weiter nach Süden geht's links zum **Hunderfossen Familienpark** [N6° 13' 32.5" E10° 26' 08.0"]. Für einen recht happigen Eintritt kann man von 10-20 Uhr all das erleben, was ein **Freizeitpark** heutzutage bietet, hervorheben sollte man vielleicht die Märchengrotte und den größten Berggeist der Welt (auch der Familionpark hat riesige Parkplätze – mit einer Schranke am Eingang, die sich um 21 Uhr schließt, denn ein **Campingplatz** beim Freizeitpark wartet auf zahlende Gäste!).

Weiter geht's nach Süden. Nach 700 m kommt man an der **Olympiabob- und Rodelbahn** vorbei (offen: 11-18 Uhr).Hinter der Bobbahn führt rechts ein 200-m-Waldweg hoch zu einem lauschigen **Parkplatz** [230: N61° 13' 09.3" E10° 25' 20.5"] im Hochwald.

4,6 km weiter südlich liegt rechts, oberhalb der Straße, der kleine **Schotterparkplatz** [N 61° 10' 53.6" E 10° 23' 54.5"] für die Wanderer zu den **Felszeichnungen**. Wir folgen zu Fuß dem Wegweiser: Bergab auf einem geschotterten Fahrweg und dann einem Pfad durch den Wald, bis hinab zum **Lågen-Fluss** (15 min.). Dort ist gerade Hochwasser, so dass wir nur aus fünf Meter Entfernung zu den **Steinritzungen** hinüberspähen können, wohlgenährten Nilpferden gleich, die aber sicher Rentiere oder Elche darstellen sollen, da Nilpferde in Norwegen eher selten sind.

Noch 2 km sind es auf der Straße, parallel zur >E 6<, jedoch auf der anderen Flussseite, bis FÅBERG. Hier überqueren wir noch nicht den **Lågen**, sondern ziehen weiter nach Süden, um dann, an einem Kreisverkehr, rechts auf die >255< abzubiegen. Sie führt uns nach 1200 m Richtung GAUSDAL zur Kirche von FÅBERG, links der Straße. Am rechten Ende des **Parkplatzes** vor der Kirche [N61° 9' 38.8" E10° 22' 16.7"], ungefähr 10 Schritte entfernt, findet man einen ungewöhnlichen, nadelförmigen, 4 m hohen Stein. Die Sage berichtet, ein Troll habe ihn auf die Kirche schmeißen wollen, aber in seiner Dummheit natürlich die Entfernung nicht richtig geschätzt. Des Lesens Kundige werden Runen auf dem etwa tausend Jahre alten Stein entdecken: „Diesen Stein errichtete Roar für Olve, seinen Vater." Wir überqueren nun den **Lågen**, reihen uns für 3 km wieder in der Verkehrsfluss auf der >E 6< ein, verlassen sie dann Richtung LILLEHAMMER.

Die Stadt der Winterolympiade 1994 hat eine kleine, aber feine Fußgängerzone, die man mit seinem Besuch beehren sollte, die **Storgatan**. Diese verläuft links, oberhalb der Durchgangsstraße >213<. Man parkt am besten am Bahnhof, rechts der >213< und wandert das kurze Stück hinauf. Nach 17 Uhr kann man, wie üblich, kostenlos parken wo man möchte! Falls Sie uns nach dem schönsten Gebäude von LILLEHAMMER fragen – das einstige Gebäude der **Norges Bank**, jetzt residiert dort das **Restaurant "Hvelvet"**. Es trohnt in der Mitte des **Stortorg** [N61° 06' 54.8" E10° 27' 50.9"], völlig zugewachsen mit wildem Wein und mit einem quadratischen Turm gekrönt, als wäre es das Rathaus persönlich.

Lillehammer, Restaurant "Hvelvet" am Stortorg

Wir fahren auf der >213< zum Südrand von LILLE-HAMMER, kommen an der Stadtkirche vorbei – back-steinern mit rotem, spitzem Kupferdach. Ab der nächsten Kreuzung folgen wir im Zickzack den Wegweisern zum **Freiluftmuseum Maihaugen** [N61° 6' 48.5" E10° 28' 37.4"] (offen: 9-18 (22) Uhr, Parkgebühr 7-17 Uhr 20 NOK/Std., 40 NOK/24 Std). Wir können mit Recht behaupten: **Maihaugen** ist eines der größten und gepflegtesten Freiluftmuseen Norwegens; hier ist einiges geboten: Da werden täglich um 12 Uhr die Schweine und Hühner gefüttert, der Töpfer ist von 10.30-17 Uhr bei der Arbeit, in der Stabkirche ist mittwochs, 19 Uhr, ein Gottesdienst.

Ein Bauernhof wird täglich bewirtschaftet, als sei die Entwicklung der Landwirtschaft vor einhundert Jahren stehen geblieben, die Almwirtschaft zur Jahrhundertwende wird vorgeführt und der Silberschmied darf auch nicht fehlen; alle Vorführungen finden natürlich in oder neben historischen Gebäuden und in traditioneller Kleidung statt – sehenswert!

Und man findet dort auch zwei **Parkplätze** [**231:** N61° 06' 50.1" E10° 28' 41.6"] ohne Camping-verboten-Schilder.

Die **Olympia-Ski-schanze** [N61° 07' 26.4" E10° 29' 14.3"] sollten Sie im Schnell-durchgang besichtigen, denn rund um die Uhr verlangt man fürs Parken 10 NOK/Std. Kostenlose Park- und Übernachtungs-möglichkeiten haben wir vor der **Olympia-halle** und neben der **Eishockeyhalle** [**232:** N61° 07' 20.7" E10° 28' 20.5"] entdeckt. Von dort aus sind es auch nur 500 Schritte bis zur Fußgängerzone.

Wir verlassen LILLEHAMMER auf der >213< nach Süden, kehren also bis MOELV nicht auf die >E 6< zurück! Diese Parallelstraße ist gut ausgebaut und hat viel weniger Verkehr als die Europastraße.

Unmittelbar vor dem Ortsschild von MOELV geht rechts ein Schotterweg zu der großen **Steinsetzung "Tolvsteinringen"** aus der Eisenzeit. Zwölf gewaltige Felsklötze sind zu einem Kreis angeordnet, wohl ein Richterring, eine Thingstätte.

Wer in MOELV sein Haupt zur Ruhe betten möchte, der fährt am Ortsende Richtung **Idrettsparken** und dann nochmals rechts (Wegweiser: **Idrettshallen**). Dort, vor den **Sporthallen**, steht man völlig ruhig (und kostenlos!), nachdem die letzten Basketballer abgezogen sind.

(233) WOMO-Stellplatz: Moelv/Idrettshallen

GPS: N60° 55' 43.3" E10° 41' 39.0"

max. WOMOs: 2-3.

Ausstattung/Lage: Mülleimer/Ortsrand.

Zufahrt: siehe Text.

Wir münden wieder in die >E 6< ein; schnell vergehen die 30 km bis zur Ausfahrt HAMAR. Benutzt man die Ausfahrt 74 Gaupen, so kommt man nach 500 m zu Greenpools As, wo deutsche Gasflaschen gefüllt werden (Mo-Fr 9-17 Uhr)..

HAMAR, die Hauptstadt der Provinz **Hedmark** liegt auf einer Halbinsel im riesigen **Mjøsa-See** und die touristischen Glanzpunkte liegen an seinem Ufer.

Wir nähern uns dem Zentrum auf der >222<, folgen den Wegweisern "Museene" und kommen am rechten, dem nördlichen Ende vom **Strandveg** an. Nun brauchen wir nur noch der Reihe nach die Attraktionen abzufahren:

Los geht's mit dem **Eisenbahnmuseum**, dem **Jernbanemuseet** (offen: 10-16 Uhr). Man kommt sich hier vor wie im "richtigen Leben", je nach Ausstellung jedoch um Jahrzehnte oder gar ein Jahrhundert zurückversetzt. Da stehen nicht nur Lokomotiven oder Waggons 'rum! Eine ganze Bahnstation ist aufgebaut, Züge setzen sich in Bewegung – ein Augenschmaus für jeden Eisenbahn-Fan! Nach Norden geht's weiter zu den

Badeparkplätzen [234: N60° 48' 06.2" E11° 01' 34.3"] (mit WC, Tisch & Bank) hinter dem schönen, fast schwarzem Sandstrand des **Mjøsa-Sees**.

Am **Strandveg** nach Süden begleiten uns bereits die historischen Holzhäuser im Freigelände des **Hedmarkmuseums**, an dessen riesigem **Parkplatz [235:** N60° 47' 35.9" E11° 02' 27.3"] (nachts kostenlos und ruhig) wir nach 700 m ankommen. Die Museumsgebäude haben nur von 10-18 Uhr geöffnet, das Freigelände ist rund um die Uhr zugänglich. Trotzdem erwartet uns eine Enttäuschung: Die pittoreske Ruine des mittelalterlichen **Domes**, einziger Überrest der alten Handelsniederlassung **Hamarkaupangen**, ist vollständig von einem schützenden Glaszelt umgeben. Wir haben nun fast das Ende vom **Strandveg** erreicht,

rollen um die Kurve und weiter am Ufer entlang. Der Weg führt an einem roten Granitblock vorbei, der die Hochwasserstände des **Mjøsa-Sees** seit 1789 anzeigt – damals hätte mein Kopf gerade noch aus dem Wasser geragt, wenn ich auf dem WOMO Zuflucht gesucht hätte!

Dann erreichen wir den Anlegekai des **Skibladners**. Dies ist ein Dampfer, ein Raddampfer, der älteste Raddampfer der Welt, der noch in Betrieb ist, er verkehrt täglich im Linienverkehr: Lillehammer - Gjøvik - Hammar - Eidsvoll (Abfahrt: 11 Uhr, Rückkehr: 17.10/18.30 Uhr).

Weiter geht's am Ufer entlang, bis man schließlich, rechts auf eine kleine Halbinsel abbiegend, zum **Jachthafen** kommt. An dessen Ende kann man ruhig und doch aussichtsreich stehen und ganz offiziell **übernachten**!

(236) WOMO-Stellplatz: Hamar/Jachthafen Tjuvholmen

GPS: N60° 47' 16.7" E11° 04' 10.1" **max. WOMOs:** >5.
Ausstattung/Lage: Wasserhähne, Entsorgung, Toiletten, Duschen/Ortsrand.

Ich werde nach dem Abendessen, völlig unüblich, aus dem WOMO geschickt: „Schau' dir mal für ein paar Minuten die Schiffchen an!" „?"
Nach meiner Rückkehr steht die Bratpfanne auf dem Gas, zugedeckt; Waltraud lächelt wie die Sphinx: „Finger weg!"
Nach und nach verbreitet sich Kuchengeruch im WOMO, ich fasse es nicht! Geheimnisvolles Hantieren am Herd, ich muss die Augen schließen – und bekomme den ersten, selbstgebackenen Himbeer-Bisquitteig-Bratpfannenkuchen in der WOMO-Geschichte geboten – ein Genuss!
Das Rezept – und viele weitere Überraschungen – findet man im **Allgemeinen Wohnmobil Kochbuch**!

Am nächsten Morgen unterqueren wir die Bahnlinie, gelangen am Bahnhof vorbei auf die >222<, die uns nach Südosten, über STANGE, zur >E 6< Richtung OSLO zurückführt. Dabei erhaschen wir noch einen Blick auf das größte Wikingerschiff aller Zeiten, die neue **Hamar-Olympiahalle**, dann hat uns die Europastraße wieder.

Ja, liebe Freunde, es wird Zeit, dass wir für dieses Jahr voneinander Abschied nehmen. Norwegen hat uns viele Superlative gezeigt, die höchsten Wasserfälle, die größten Gletscher, die tiefsten Schluchten, die längsten Fjorde, wir waren stets überwältigt.

Nun haben wir nur noch einen kleinen, einen geradezu winzigen Wunsch – und den können wir uns leicht erfüllen:

Wir werden jetzt nach Südosten davondüsen, Richtung schwedische Grenze und uns einen schnuckeligen, warmen Badesee suchen. Finden Sie nicht auch, dass wir ein paar Tage Erholung verdient haben?

Tipps und Tricks – alphabetisch geordnet

Abwasser siehe Toilette
Adressen
Ärztliche Hilfe
Auto siehe Fahrzeug
Autofahrer siehe Einreise
Autohilfsdienste
Autopapiere siehe Einreise
Autowerkstätten s. Autohilfsdienste

Benzin siehe Treibstoffe
Bergwandern/Wildniswandern

Campingplätze s. Freies Camping
Chemikaltoilette siehe Toilette

Devisen
Diesel siehe Treibstoffe

Einreise/Ausreise
Entsorgung siehe Toilette

Fähren
Fahrzeug
Fotografieren/Video
Flora/Fauna
Freies Camping

Gas
Gaststätten siehe Lebensmittel
Geld siehe Devisen
Geocaching siehe Zauberei
Geschwindigkeitsbegrenzung siehe
  Verkehr
Getränke
Gewicht siehe Fahrzeug
GPS siehe Zauberei

Haustiere

Insektenplage

Jedermannsrecht s. Freies Camping

Kartenmaterial
Klima/Kleidung
Konserven siehe Lebensmittel
Krankheit siehe ärztliche Hilfe

Lebensmittel
Literatur

Maut siehe Verkehr
Medikamente
Mücken siehe Insektenplage

Nachrichten siehe Rundfunk

Öffnungszeiten
Oktanzahl siehe Treibstoff

Packliste
Pflanzen siehe Flora/Fauna
Preise siehe Lebensmittel

Redewendungen/Verständigung
Rundfunk

Speisen siehe Lebensmittel
Sprache siehe Redewendungen
Straßenverhältnisse siehe Verkehr

Telefon
Temperaturen siehe Klima
Tierwelt siehe Flora/Fauna
Toilette
Treibstoffe
Trink-, Wasch-, Spülwasser

Urlaubszeit siehe Klima

Verkehr
Verständigung s. Redewendungen

Wandern siehe Bergwandern
Wassertemperaturen siehe Klima
Wasserversorgung s. Trinkwasser
Wechselstuben siehe Devisen
Wetter siehe Klima
Wohnmobil siehe Fahrzeug
Wohnmobilmiete siehe Fahrzeug

Zauberei –
  Outdoornavigation mit GPS
Zoll siehe Einreise
Zum Schluss: In eigener Sache

ADRESSEN

Kurz vor der Grenze holen wir Pässe und Grüne Karte aus dem Geheimfach. Was tun, wenn der Pass beim Geldholen auf der Bank liegenblieb? Was tun, wenn die Polizei bei einem Verkehrsunfall den Pass einzieht und man sich ungerecht behandelt fühlt? Was tun, wenn das ganze Geld oder sogar das Auto geklaut wurde? Was tun, wenn man einfach nicht mehr weiter weiß?

Tipps:

>> *Jeder größere Ort hat seinen Verkehrsverein ("Reiselivslag" oder "Reiselivsforeningen"). Dort erhält man nicht nur Prospektmaterial und Stadtpläne, sondern von den stets fremdsprachenkundigen (meist englisch, manchmal deutsch) Angestellten auch Rat und Hilfe.*

>> *Die Konsulate tun in solchen Fällen wirklich alles, manchmal sogar mehr und vor allen Dingen erfolgreicheres, als man sich vorstellen kann:*
Deutsche Botschaft: *N-0285 OSLO, Oscars gate 45*
           Tel. 0047 - 23 27 54 00, info@oslo.diplo.de
Österreichische Botschaft: *N-0244 OSLO, Thomas Heftyesgt. 19-22*
           Tel. 0047-22 54 02 00, oslo-ob@bmeia.gv.at
Schweizer Botschaft: *N-0268 OSLO, Bygdøy Allé 78*
           0047-22542390; osl.vertretung@eda.admin.ch
Norwegische Botschaft: *10787 Berlin, Rauchstraße 1*
           Tel. 030 - 50 50 50
           Fax 030 - 50 50 55; emb.berlin@mfa.no

>> *Sie möchten sich zu Hause noch genauer über Ihr Urlaubsziel informieren:*
Norwegisches Fremdenverkehrsamt,
22087 Hamburg, Mundsburger Damm 45
Tel. 040 / 22 71 08 10 bzw. 01805 00 15 48, Fax 040 / 22 71 08 15
www.visitnorway.com; www.ntr.no; germany@ntr.no
>> *Reichhaltiges Informationsmaterial verteilen auch die Automobilclubs.*

ÄRZTLICHE HILFE

Krank im Urlaub? Das ist so ziemlich das letzte, was man sich wünscht. Manchmal ist es jedoch nur das kleine Unwohlsein, das den Tag vermiest oder es ist ein Medikament ausgegangen. Was tun?

Tipps:
>> *Alle norwegischen Ärzte sprechen französisch, englisch oder deutsch. Auskunft erteilt Ihnen das Touristenbüro, im Telefonbuch suchen Sie "legevakt". Dieser ärztliche Notdienst vermittelt Sie weiter. Sie können auch direkt zur nächsten Poliklinik fahren. Im Notfall wenden Sie sich an die Polizei, sie spielt in Norwegen "Mädchen für alles".*
>> *1992 trat ein Sozialabkommen zwischen Norwegen und Deutschland in Kraft. Bisher musste man Arzt und Medikamente bar zahlen.*
>> *Genauere Auskunft über dieses Sozialhilfeabkommen sowie über die Mitnahme von nötigen Papieren erteilt die AOK. Privatpatienten sei angeraten, außer einer ausführlichen Rechnung die Umtauschquittung einer Bank bei der Krankenkasse einzureichen. So kann bequem von Norwegischen Kronen in Euro umgerechnet werden.*
>> *Das Arzneimittelgesetz wird in Norwegen sehr streng gehandhabt! Ohne Rezept gibt's in der Apotheke (apotek) kaum etwas.*
>> *Medizinische Reisetipps im Internet: www.fit-for-travel.de*
>> *ADAC-Arzt: 0049-89-22 22 22.*

AUTOHILFSDIENSTE

Irgendwann passiert es jedem einmal: Das Auto gibt keinen Mucks mehr von sich.

Tipps:

>> *Obwohl Norwegen dünn besiedelt ist, sind Sie bei einer Panne nie allein. Dafür sorgen u. a. die Straßenwachtfahrzeuge des Automobilclubs NAF. Alarmzentrale des NAF: 810 00 505 (Ortstarif), Falken: 800 33 880 (gebührenfrei), Viking: 800 32 900 (gebührenfrei).*

>> *Einheitlich Notrufnummern gibt es auch in Norwegen: Feuerwehr: 110, Polizei: 112, Krankenwagen: 113, Telefonauskunft: 180.*

>> *An vielen Hauptstraßen stehen wie bei uns Notruf-Telefone.*

>> *Anschrift des Norwegischen Automobilclubs:*
Norges Automobil-Forbund, N-0105 Oslo, Storgatan 2,
Tel.: 0047-22341400, Fax: 0047-22428830.

>> *Trotzdem sollten Sie sich vor dem Urlaub von Ihrer Autowerkstatt ein internationales Kundendienstverzeichnis besorgen lassen. Sie können ja Glück im Unglück haben und in der Nähe einer Reparaturwerkstätte Ihrer Automarke sein.*

>> *Die ADAC-Notrufzentrale in München ist rund um die Uhr besetzt:*
Tel. 0049-89-22 22 22.

BERGWANDERN/WILDNISWANDERN

Norwegen besteht zum größten Teil aus – Wildnis. Diese ist jedoch seit Jahrzehnten vom norwegischen Wanderverein (DNT) für Interessenten zugänglich gemacht worden – tausende von Kilometern Wanderwege wurden von ihm markiert, Gletschertouren werden organisiert, Berghütten gebaut und unterhalten.

Tipps:

>> *Zu jeder Fjell-Tour gehören vernünftiges Schuhwerk, regendichter Anorak (oder Regencape), Rucksack mit Feldflasche, Proviant, Wanderkarte und Kompass (besser: GPS-Gerät).*

>> *Beim vernünftigen Schuhwerk streiten sich die Fachleute: Gummi- oder Bergstiefel? Wir werden uns in diesen Streit nicht einmischen, lassen Sie Ihre Füße entscheiden!*

>> *Die Wanderwege sind mit Hinweisschildern und Farbklecksen markiert, an den Winterwanderwegen und Loipen stehen lange Stangen mit roten Kreuzen an der Spitze.*

>> *Abseits der Haupttrampelpfade begegnen Sie kaum einem Menschen. Gehen Sie deshalb nie allein auf Tour. Wenn Sie sich verirren oder verletzen, findet Sie so bald niemand!*

>> *Gebirge haben nie beständiges Wetter. Brechen Sie eine längere Tour lieber ab, wenn das Wetter umzuschlagen beginnt. Regen, ja sogar Schneefall oder Hagelschauer, aber auch dichter Nebel können zu wahrhaft ungemütlichen, mit Kindern zu unverantwortlichen Situationen führen.*

>> *Jede Wandertour, sei sie ein Gipfelsturm oder eine mehr gemütliche Rundwanderung, belohnt Sie mit atemberaubenden Blicken auf eine grandiose Landschaft.*

>> *Für die erforderlichen Wanderkarten siehe "Kartenmaterial", eine erste Übersicht bieten auch die Autokarten, denn auf ihnen sind die wichtigsten Wanderwege rot markiert.*

>> *Weitergehende Fragen beantwortet Ihnen gerne die:*
Den Norske Turistforeningen (DNT), Storgaten 3, N-0101 Oslo,

Tel.: 0047-22 82 28 22, Fax: 0047-22 82 28 01.
DNT-Vertretung in Deutschland: Tel.: 0251-32 46 08, Fax: 0251-32 68 46.
>> Wir haben bei unseren Touren nicht nur Fjellwanderungen ausprobiert!
Auch Wanderungen im Flachland, durch Naturschutzgebiete und Urwäl-
der sind unvergessliche Erlebnisse.

DEVISEN

Bargeld in einheimischer Währung oder der des Urlaubslandes, Euroschecks,
Reiseschecks oder, oder? Vor jeder Reise das gleiche Problem?

Tipps:
>> *Für die An- und Rückfahrt durch Deutschland muss genügend Bargeld
vorhanden sein, um Treibstoff sowie eventuelle Gaststätten- und Über-
nachtungskosten bezahlen zu können. Ein Blick auf Ihre Karte oder die
Entfernungstabelle zeigt Ihnen, wie viele Euro Sie dafür brauchen.*
>> *Ob Sie Ihre Norwegischen Kronen in Deutschland oder in Norwegen
einkaufen, gegen Bargeld, Reiseschecks oder ec-Karte, spielt kaum eine
Rolle, was den Umtauschkurs anbetrifft. Überall wird man Sie jedoch mit
Gebühren traktieren (wenn man per ec-Karte (Maestro) und Geheimzahl
am Automaten Geld abholt, zahlt man unabhängig von der Höhe der
Abhebung ca. 3 Euro).*
>> *Wir haben die besten Erfahrungen mit unserer Visa-Karte gemacht!
Man kann damit nicht nur in den allermeisten Geschäften (mit PIN)
bezahlen, sondern auch an den vielen vollautomatisierten Tankstellen
(ohne Personal) zu jeder Tages- und Nachtzeit tanken.*
*Hinweis: Unbedingt die entspr. Telefonnummer für die Kartensperre
notieren (bei Verlust oder Diebstahl), z. B. hier:* _____

EINREISE/AUSREISE

Für Urlauber aus Deutschland, Österreich oder der Schweiz gilt folgendes:
Personalausweis (oder Reisepass), Führerschein, Kraftfahrzeugschein, Grüne Versicherungskarte (obwohl nicht vorgeschrieben) und Nationalitätenkenn-
zeichen nicht vergessen.

Tipps:
>> *Reisebedarf für den persönlichen Gebrauch kann zollfrei eingeführt wer-
den, als Reiseproviant darf jede Person ab 12 Jahren 10 kg mitschleppen,
davon max. 3 kg Fleisch und Fleischprodukte. Die Einfuhr von Pflanzen,
Eiern und Kartoffeln ist verboten.*
>> *Bei unserer letzten Norwegenreise verließen wir als erste die Fähre und
stellten uns neben die Zollstation: Von ca. 500 Fahrzeugen wurden 2
kontrolliert; beim Grenzübertritt Schweden - Norwegen bekommt man
überhaupt keinen Zoll zu sehen.*
>> *Besonders ärgerlich sollen die norwegischen Zollbehörden bei Alkohol-
schmuggel reagieren, denn dieser wird nur in staatlichen Läden
(Vinmonopolet) und dort zu Wucherpreisen verkauft. Erlaubt sind bei
Personen über 18 Jahren 2 Liter Wein und 2 Liter Bier, bei Personen über
20 Jahren statt der 2 Liter Wein auch 1 Liter Wein und 1 Liter Schnaps.*
>> *Die Mitnahme von CB-Sprechfunkgeräten ist erlaubt, wenn diese der
CEPT-Norm entsprechen, ebenso die von Ihrem Handy.*
>> *Die hohen Preise in Norwegen beruhen nicht zuletzt auf dem Mehrwert-
steuersatz von bis zu 25 %. Durch das Taxfree-System wird Ausländern,
die (unbenutzte) Waren ausführen, diese Mehrwertsteuer (abzüglich einer
Gebühr) bei der Ausreise zurückerstattet. An fast jedem Geschäft hängen
die blau-gelben Taxfree-Fähnchen, dort erhalten Sie auch Informations-
broschüren.*

FÄHREN

Norwegen ist im wesentlichen durch Fähren mit dem Rest Europas verbunden. Deshalb ist der Fährverkehr perfektioniert. Aber auch im Land brauchen Sie für unsere Touren mehr als 10 Fjordfähren!

Tipps:

>> *Die meisten Fährverbindungen können Sie selbst buchen, ohne Gebühr und Reisebüro, per Postkarte, Telefonanruf, Fax, e-Mail oder Internet.*

>> *Lassen Sie sich nicht einreden, vor Ort bekäme man seine Tickets billiger. Zur Hauptsaisonzeit könnte das zu einer unfreiwilligen Übernachtung im ungemütlichen Hafengelände führen.*

>> *Sie haben Bedenken, ob Sie auch pünktlich an der Fähre sind (Unfall, Krankheit)? Dafür gibt es Reiseausfallversicherungen.*

>> *Kommen Sie frühzeitig (2 Std. vor Abfahrt) zum Fährhafen. Wer als erster auf das Schiff rollt, verlässt es meist auch als erster.*

>> *Haben Sie auf der Fähre Ihr WOMO verlassen, können Sie während der Überfahrt nicht hinein (Verbote). Machen Sie sich schon vorher eine Liste, was Sie an Deck alles brauchen (Ausweise, Geld, Verpflegung, Kinderspielzeug, Lektüre, Badeklamotten für Schwimmbad oder Sauna) und packen Sie alles vor an Bord gehen in eine Tasche.*

>> *Schließen Sie das WOMO gut ab, schalten Sie die Alarmanlage ein, für Wertsachen haben Sie hoffentlich gute Verstecke oder einen angeschraubten Tresor.*

>> *Laut Vorschrift ist der Betrieb von Gasanlagen auf Fähren verboten, das gilt auch für Kühlschränke! Leider sind nie genügend 220-V-Steckdosen vorhanden, um den Absorber auf Stromversorgung umschalten zu können oder es ist verboten. Folglich kümmern sich nicht alle um das Verbot ...*

>> *Fjordfähren werden auch immer teurer. Rechnen Sie mit 12-20 € für WOMOs bis 6 m Länge (incl. 2 Personen), längere stets das 2-4fache! Senioren fahren für die Hälfte, leider keine Oldtimer!*

FAHRZEUG

Wenn das Auto nicht mehr läuft, "läuft" gar nichts mehr im Urlaub. Nur das beruhigende Gefühl, alles getan zu haben, damit Motor, Zündanlage, Reifen und Fahrgestell mehrere tausend Kilometer ohne Murren durchhalten, kann stressfreie Urlaubstage garantieren.

TIPP: WOMOs kann man auch in Norwegen mieten, z. B.:

a) Am Flughafen von Oslo (30 km nördlich) mehrere Anbieter, die einen dort auch kostenlos abholen (Buchung bei vielen Reisebüros, rel. teuer).

b)Askjems Utleie, N-3170 Sem, Ashaugveien 2D, Tel.: +47 33 31 90 40; tje@auc.no; Inhaber: Tor-Jorgen Elingsen.

Holt kostenlos am Flughafen TORP (120 km südlich von Oslo) ab, günstiger.

Tipps:

>> *Kundendienst vor dem Urlaub nicht vergessen.*

>> *Ersatzteile mitnehmen:*
  * *Reserve-Birnenset komplett? * Ersatz-Sicherungen*

>> *Pannenausrüstung komplett?*
  * *Reservekanister 20 Liter, voll? * 1-2 Liter Öl*
  * *Reserverad mit Profil, Luftdruck o. k.? * Ersatzschlauch*
  * *Abschleppstange, ausprobiert? * passender Wagenheber, ausprobiert?*
  * *Klappspaten * Warndreieck/Warnblinkleuchte*
  * *Luftpumpe * Erste-Hilfe-Koffer komplett? * Werkzeugkoffer komplett?*
  * *Verzeichnis der Auslandskundendienststätten meiner Automarke, neu!*

>> *Scheibenwaschanlage gefüllt, "Scheibenkratzer" mit Gummilippe und Schaumstoffwulst (Insekten!), Ersatzscheibenwischer vorhanden?*

>> *Feuerlöscher o. k.?*

FOTOGRAFIEREN/VIDEO

Zweifelsohne verstärken die mitgebrachten optischen oder akustischen Urlaubserinnerungen die Vorfreude auf die nächste Reise. **Für jegliches Film- und Videomaterial gilt: Reichlich von zu Hause mitbringen!** Die Preise in den Urlaubsländern sind stets höher, von der Auswahl ganz zu schweigen.

Tipps:

>> *Kaufen Sie rechtzeitig Fotomaterial, nutzen Sie Sonderangebote im Frühjahr. Im Kühlschrank halten die Filme jahrelang, ohne zu altern.*

>> *Ihre Digitalkamera ist neu? Dann bedenken Sie: Die mitgelieferte Speicherkarte ist ein (schlechter) Witz. Sie brauchen pro Bild etwa 0,5 MB!*

>> *Nicht nur die Natur und Ihre Lieben sind fotografierenswert. Für Aufnahmen in Bergwerken und Höhlen brauchen Sie ein kräftiges Blitzgerät, ein Stativ wäre auch nicht schlecht!*

>> *Denken Sie an einen Vorrat der benötigten Batterien (am besten aufladbare NiMH oder Li-Ionen-Akkus) für Blitzgerät und Kamera.*

>> *Ein 12-V-Ladegerät für die Batterien der Digitalkamera, Videokamera usw. sollte immer an Bord sein (oder ein Wechselrichter).*

>> *Schauen Sie öfter nach dem Objektiv. Seeseitiger Wind bläst Salzwasserspritzer auf die Linse. Vorsichtig mit einem angefeuchteten Läppchen abtupfen, dann trockenwischen.*

FLORA/FAUNA

In Norwegen haben Sie dauernd Kontakt zur Natur, genießen Sie diese Freiheit, die Ihnen aber auch besondere Pflichten auferlegt.

Tipps:

>> *Der überwiegende Teil Norwegens ist Wildnis, dabei dominiert tundraartige, baumlose Steppe – Fjell und Vidda genannt.*

>> *Im Wald überwiegen Nadelbäume (70 %): Tannen, Fichten und Kiefern. In den Wäldern dürfen Sie Beeren sammeln (Heidelbeeren, Moltobeeren, Preiselbeeren, Brombeeren), Pilze suchen und Blumen pflücken, sofern sie nicht unter Naturschutz stehen.*

>> *Für Ihr Lagerfeuer dürfen Sie Äste auflesen, falls Sie zwischen dem 16. September und dem 14. April im Lande weilen. Im Sommer ist offenes Feuer streng verboten.*

>> *Im Fjell, der norwegischen Gebirgsregion, ist die Flora alpin. Hier bestimmen Moose, Flechten, Wacholder und Zwergbirken, in den sumpfigen Senken Wollgras und Sauergräser das Bild, dazwischen blühen im Sommer die fleischfarbenen Doldentrauben der Alpenazaleen und die weißen Glöckchen der Preiselbeeren.*

>> *Die Tierwelt hält sich versteckt, außer den auch bei uns vorkommenden Hirschen, Rehen, Füchsen und wilden Kaninchen stößt man nur durch Zufall auf einen aufgescheuchten Elch. Wesentlich gefährlicher wäre er bei einer nächtlichen Kollision, denn der mächtige Schaufler bringt bis zu 800 kg auf die Waage.*

>> *In Norwegen gibt es eine große Zahl quasi wildlebender Rentierherden. Je weiter man in den Norden kommt, desto "normaler" werden Begegnungen mit ihnen. Allerdings ist es die Ausnahme, dass sie den Fotografen bis auf Tuchfühlung an sich herankommen lassen.*

>> *Im Øvre Pasvik Nationalpark wurden wieder Braunbären angesiedelt. Da sie nicht gejagt werden, entwickelten sie eine u. U. gefährliche Zutraulichkeit. Man sollte sich singend durch den Wald bewegen, um einen verschlafenen Petz nicht erst im letzten Moment aufzuschrecken.*

>> *Gerne und ohne Gefahren lassen sich die Seevögel in den großen Brutkolonien beobachten. Wir wandern mit Ihnen zu einer ganzen Reihe von Vogelfelsen.*

FREIES CAMPING

Der Begriff des freien Campings ist in Norwegen mit dem Begriff des "Allemansrätten", dem **Jedermannsrecht** verknüpft. Dieses Gewohnheitsrecht, das noch nicht gesetzlich fixiert ist, regelt doch seit Menschengedenken die Rechte und Pflichten aller Menschen in Skandinavien, und damit auch der Touristen, gegenüber der Natur. Natürlich ist es nicht direkt für WOMO-Urlauber verfasst worden! Da diese in immer größerer Zahl nach Norwegen kommen, sollten sie sich bei längerem Aufenthalt an einem Ort einen Campingplatz suchen.

Die wesentlichen Punkte des Jedermannsrechts lauten:

Es ist überall erlaubt, eine Nacht zu zelten, sofern das Grundstück nicht landwirtschaftlich genutzt wird oder in der Nähe eines Wohnhauses liegt. Je näher (Hör- oder Sichtweite) Sie anderen Personen kommen, um so größer ist der Grund, um Erlaubnis zu fragen.

Es ist verboten, mit Motorfahrzeugen außerhalb der dafür bestimmten Straßen und Plätze zu fahren, Sie dürfen jedoch neben der Straße parken, wenn Sie niemanden behindern.

Sie dürfen überall baden sowie Wasser aus Quellen und Seen entnehmen. Sie müssen Ihren Unrat in die Abfallbehälter werfen oder wieder mitnehmen.

Es ist verboten, Chemikaltoiletten in der Natur auszuleeren.

Sie dürfen kostenlos an allen Küsten und in den Fjorden angeln, für andere Gewässer brauchen Sie (ab 16 Jahren) eine staatliche Angellizenz (gibt's bei allen Postämtern für ca. 12 Euro) und einen örtlichen Angelschein (gibt's in Sportgeschäften, Kiosken, Touristenbüros, Hotels, auf Campingplätzen).

Sie dürfen wilde Blumen und Beeren pflücken und Pilze sammeln.

Tipps:
Nach unseren Erfahrungen interpretieren wir das Gewohnheitsrecht für Wohnmobilisten folgendermaßen:

>> *Das Parken von Wohnmobilen und das Übernachten ist für einzelne Tage, mindestens aber für 24 Std. gestattet.*

>> *Auf Rastplätzen an Hauptstraßen ist das Übernachten verboten. Wegen des Verkehrslärms würden wir Ihnen diese Plätze ohnehin nicht empfehlen.*

>> *Für die einmalige Übernachtung bieten sich an:*
   * *Wanderparkplätze,*
   * *Parkplätze bei Sehenswürdigkeiten (markiert mit dem Blumenkohlsymbol),*
   * *Parkplätze der Supermärkte (außerhalb von Ortschaften),*
   * *Badeparkplätze (sind auf den Autokarten mit einem roten "B" markiert),*
   * *Parkplätze von Boots- und Jachthäfen,*
   * *Parkplätze von Sportplätzen (Idrettsplass).*

>> *Befindet sich Ihr ausgewähltes Plätzchen in der Nähe eines Grundstückes, so fragen Sie, falls jemand zu finden ist, um Erlaubnis. Näher als 150 m sollten Sie keinem Haus kommen. Viele Norweger pochen geradezu verbissen auf ihre "privatområde", ihre Privatsphäre, die oft so weit wie ihr Auge reicht.*

>> *Wir haben in ganz Norwegen keinen Badeplatz gefunden, wo nicht mindestens Klo und Mülleimer aufgestellt waren. Es gibt also keinerlei Entschuldigung für "griechische Verhältnisse", will heißen, Kackhaufen hinter den Büschen und Plastikmüllbeutel an den Straßenrändern.*

>> *Manches Toilettenhäuschen enthält nur einen Plastikeimer mit Sitz und Deckel, viele sind jedoch richtige Plumpsklosetts mit Absaugstutzen für die Kanalreinigung. Hier kann man auch seine Campingtoilette entleeren.*

>> *Lasden Sie sich bei www.camping.no den Norw. Campingführer als pdf-File herunter. Die Karte darin zeigt Campingplätze und Rastplätze mit WC.*

>> Im Verlauf unserer Touren haben wir von jedem aufgesuchten Platz Zufahrt, Lage und Ausrüstung beschrieben.

Campingplätze in Norwegen:

>> Unterhaltene Campingplätze gibt es in Norwegen überreichlich (über 1.400), sie sind leider nicht mehr so preiswert wie noch vor wenigen Jahren. Für einen Stellplatz (incl. aller Personen) reicht die Preisspanne von etwa 15-25 Euro/Tag, Strom, falls vorhanden, extra.

>> Die meisten Campingplätze sind durch ein rotes Zeltsymbol auf den o. a. Straßenkarten gekennzeichnet, je mehr das Zelt mit roter Farbe ausgefüllt ist, desto höher sind Ausstattung und Preis.

GAS

Außer der Zweitbatterie die einzige Energiequelle beim Freien Camping. Bei einer vierköpfigen Familie muss man mit einem Gasverbrauch von 3-5 kg pro Woche rechnen. Einen ordentlichen Happen davon "frisst", je nach Wetterlage, der Kühlschrank oder die Heizung (wenn Sie morgens nicht fröstelnd in die Hosen steigen wollen).

Tipps:

>> Sie haben eine graue Camping-Europa-Umtauschflasche? In Norwegen tauscht sie Ihnen niemand um! Die in Norwegen an den meisten Tankstellen vorrätigen Propangasflaschen werden nur gegen gleiche getauscht. Die Anschlüsse passen nicht! Was tun?

>> **1. Möglichkeit:** Sie decken sich zu Hause mit einem ausreichenden Vorrat an Gas ein. Dies ist mit Abstand die preiswerteste Möglichkeit. Sie können Gasflaschen auch bei Ihrem Flaschner leihen.

>> **2. Möglichkeit:** Sie kaufen sich eine Tankflasche (z. B. www.wynen.de). Diese können Sie an jeder Autogastankstelle (GPL) füllen und nachfüllen. Alle Stellen an unseren Touren haben wir auf den Karten eingetragen.

>> **3. Füllstellenauswahl** für deutsche Gasflaschen an unseren Touren:
   * Scandicgas Ålesund, Blindheimsvegen [N62° 26' 37.5" E6° 21' 54.2"]
   * LPG Norge Dombas [N62° 4' 13.8" E9° 7' 21.2"]
   * LPG Drammen, Kjerraten 15 [N 59° 44' 16.7" E10° 13' 44.8"]
   * LPG Kongsberg, Flöterveien 2 [N 59° 41' 02.7" E9° 38' 04.7"]
   * LPG Gass Otta, Touristcenter [N61° 47' 39.2" E9° 33' 07.8"]
   * RMGass Ringebu [N61° 31' 49.2" E10° 7' 42.6"]
   * Propansenter Trondheim, Bratsbergv. 25 [N63° 23' 53.9" E10° 24' 16.1"]
   Alle Füllstationen sind nochmals an entsprechender Stelle im Text verzeichnet und in den Tourenkarten eingezeichnet.

>> Für die Füllung einer 11-kg-Flasche müssen Sie mit knapp 30 € rechnen!

GETRÄNKE

Über die Versorgung mit Kaffee, Tee oder Fruchtsäften brauchen wir nicht zu sprechen, da geht es in Norwegen mitteleuropäisch zu. Wer jedoch Bier, Wein oder gar Schnaps zu seinen Getränken zählt, der wird hier (vielleicht) zum Abstinenzler.

Tipps:

>> Wegwerfflaschen gibt es in Norwegen kaum noch, für alles zahlt man Pfand, alles wird gegen Bares zurückgenommen.

>> Cola und Limo in der 1 1/2-L-Flasche erhält man für etwa 2 Euro. Zum Anmischen (1 : 4) gibt es "Husholdningssaft", eine Art Sirup, die 2-L-Flasche für 2,50 Euro.

>> Bier ist nicht gleich Bier! In "normalen" Läden erhalten Sie Dünnbier (z. B. Grans Lettøl) noch für 1,50 Euro/Liter. Für "Normales" Bier müssen Sie 5,00 - 7,00 Euro berappen.

>> *Die Abende in Norwegen können recht frisch werden. Falls Sie den (vom Zoll) gestatteten Liter Cognac vergessen haben, werden Sie in Norwegen dafür etwa 30 Euro berappen müssen.*

>> *Aber Sie müssen ja auch gar keinen Alkohol trinken!*
   *Norwegen ist ein Land der Milchtrinker (wen wundert's?). Ein Produkt, das uns so vertraut ist, dass man sein Fehlen im Urlaub um so schmerzlicher bemerkt, **findet man in Norwegen nirgends: H-Milch!** Steht doch "H-Milch" auf der Tüte, so bedeutet es "Hel-Melk" = Vollmilch!*

>> *Vor allem Kleinkindermütter sollten sich folglich reichlich eindecken oder auf ihren Kühlschrank vertrauen. Dort hält Frischmilch etwa drei Tage.*

>> *Frische Vollmilch .... = H-Melk 3% .... 2,00 Euro/L*

>> *Entrahmte Frischmilch .... = Lett-Melk 1,5% .... 1,80 Euro/L*

>> *Dickmilch .... = Kultur-Melk .... 2,50 Euro/L*

>> *Kefir .... = Kefir .... 2,60 Euro/L*

HAUSTIERE

Zusätzlich zum EU-Heimtierpass: Antikörpertiter (frühestens 120, längstens 365 Tage nach der letzten Tollwutimpfung bzw. regelmäßige Auffrischung), Impfung gegen Staupe und Leptospirose.

Entwurmung gegen Zwergbandwurm, innerhalb von 10 Tagen vor der Einfuhr und innerhalb der ersten 7 Tage nach der Einfuhr durch einen beliebigen Tierarzt in Norwegen (Tierarzt = dyrlege).

Eigenerklärung, dass der Hund sich in den letzten 6 Monaten nur in der EU oder der EFTA aufgehalten hat.

INSEKTENPLAGE

Stechmückenschwärme gibt es nicht nur in Finnland, sondern überall dort, wo stillstehendes Süßwasser ihre Entwicklung gestattet – und Seen gibt es in Norwegen tausende! Aber Sie können auch von Holzböcken geplagt werden – mit höherem Gesundheitsrisiko!

Tipps:

>> *Während Mückenstiche schmerzhafte, aber relativ schnell vergehende Schwellungen hervorrufen, sind die Bisse der Holzböcke (Zecke, Ixodes ricinus) gefährlicher, denn dabei können Krankheiten übertragen werden: a) FSME (Frühsommermeningoencephalitis), eine Viruserkrankung, die zu Gehirnentzündungen führt (eine Schutzimpfung ist möglich). Verbreitung in Skandinavien: Nur Südost-Schweden, ca. 0,1-5 % der Zecken. b) Borreliose (Lyme-Krankheit), hervorgerufen durch das Bakterium Borrelia burgdorferi, führt zu schwerwiegenden Gelenkerkrankungen (ca. 20 % der Zecken sind infiziert, eine Schutzimpfung gibt es nicht, die Krankheit kann jedoch mit Antibiotika geheilt werden. Verbreitung in Skandinavien: Ganz Südskandinavien, ca. 5-30 % der Zecken sind infiziert.*

>> *Zecken sitzen auf den Ästen von Büschen sowie Grashalmen und lassen sich von Spaziergängern, Beerensuchern usw. abstreifen! Tragen Sie bei jedem Waldspaziergang langärmlige Hemden, lange, helle Hosen und suchen Sie sich anschließend gegenseitig nach Zecken ab.*

>> *Schmieren oder sprühen Sie sich in entsprechenden Gebieten mit Autan ein. Besonders gut wirken die Mittel, wenn sie als Spray auch auf die Kleidung aufgetragen werden können (nur im Notfall, Fleckengefahr)!*

>> *Für den geruhsamen Nachtschlaf: Sprühen Sie eine Stunde vor dem Zubettgehen das WOMO mit Insektenspray aus. Gegen Mücken im Wageninneren hilft auch keine Moskitogaze!*

>> *Sie sind nur zu zweit? Ab 25 Euro bekommen Sie in Kaufhäusern und Campingläden Moskitonetze, unter denen Sie sich wie im Himmelbett fühlen.*

KARTENMATERIAL

Während wir uns in südlichen Urlaubsländern häufig von der Intuition, dem Sonnenstand oder den hilfreichen Eingeborenen leiten lassen mussten, gibt es für Norwegen sehr gutes Kartenmaterial:
Standardwerk: CAPPELEN KART im Maßstab 1 : 325.000, je ca. 10 Euro. Diese Karten werden inzwischen auch in Deutschland von Kümmerley + Frey vertrieben, sind erhältlich in Kaufhäusern und Buchhandlungen oder über das Internationale Landkartenhaus in Stuttgart.
Für unsere Norwegentouren brauchten wir alle fünf Blätter:
Blatt 1: Süd-Norwegen, Blatt 2: Mittel-Norwegen I, Blatt 3: Mittel-Norwegen II, Blatt 4: Mittel-Norwegen III, Blatt 5: Nord-Norwegen.
Kümmerley + Frey hat sich nicht die Mühe gemacht, die norwegischen Bezeichnungen auf den Karten zu übersetzen. Wir haben es für Sie getan:

å	Bach	nibba, nut	Gipfel
ås	Höhenzug	omkjørelse	Umleitung
bompenger	Maut	os	Mündung
botn	Talmulde	øvre	oberes
bre	Gletscher	øy	Insel
bru	Brücke	pigg	Gipfel
bukt	Bucht	rasfare	Steinschlag
by	Ort	røys	Steinhügel
bygd	loses Dorf	rygg	Kamm
dal	Tal	seter	Alm
egg	Kamm	sjø	See, Meer
eid	Landenge	skar	Pass
elv	Fluss	skog	Wald
ferist	Viehrost	sluser	Schleusen
fjell	Berg	stor	groß
fonn	Gletscher	strupen	Pass
foss	Wasserfall	støl	Alm
gård	Gehöft	tangen	Landzunge
haug	Hügel	tlnd, tindan	Gipfel
hav	Meer	tjørn	See
helleristning	Felszeichnung	topp	Gipfel
holm	kleine Insel	utsikt	Aussicht
høgd	Höhe, Spitze	vaer	Fischerdorf
hus	Haus, Festung	våg	Bucht
hytte	Hütte	vatn	See
krysset	Kreuzung	veg, vei	Straße, Weg
litle	klein	vesle	klein
M(møte)	Ausweichstelle	vidda	Ödland
myr	Moor	vik	Bucht
nes	Landzunge	ytre	äußere

Als Übersichtskarte ist gut geeignet die Norwegen-Karte von Freytag & Berndt im Maßstab 1:600.000 (gibt's beim WOMO-Verlag).

KLIMA/KLEIDUNG

Norwegen ist ein Land für den Aktivurlaub. Vom Angeln über Bergwandern, Bootfahren, Schwimmen, Tauchen und Windsurfen spannt sich ein weiter Bogen. Dabei ist das Wort "Anzugsordnung" dem Norweger fremd. Für den Touristen bedeutet das ganz einfach: Ziehe an, was Dir gefällt – und was vor allem zum Wetter passt.

Tipps:

>> Keine Urlaubsgegend machte uns solche Probleme mit den Klamotten wie Skandinavien! Wir müssen für mieses Wetter gewappnet sein, wollen bei Sonnenschein aber auch Luftiges anziehen.

>> Zunächst einmal brauchen Sie derbe, warme Kleidung für Regentage und Gebirgswanderungen: Cordhosen, Baumwollhemden, Pullover, warme Anoraks, Regencapes, Gummistiefel.

>> Scheint die Sonne, dann fühlen Sie sich wie an der Riviera, Schutz gegen Sonnenbrand ist dringend angeraten, Badehose oder -anzug (mit oder ohne Oberteil) sind dann die Standardausrüstung.

>> Falls Sie in Norwegen nicht aufs Baden verzichten wollen, dann sollten Sie gut abgehärtet sein. Nur in der Østfold und in der Hedmark (zwischen Oslo und Schweden) überschreitet die Wassertemperatur in kleinen, flachen Seen ab und zu die 20°C-Schallmauer:

Badetemperatur	Mai	Juni	Juli	Aug.	Sept.
Nordseeküste	9°	14°	16°	17°	14°
Skagerrakküste	8°	14°	16°	17°	14°
Fjorde	8-10°	13-15°	14-16°	14-18°	13-15°
Seen	5-9°	10-14°	10-16°	10-16°	5-13°
Seen im Süden	8-12°	10-17°	17-19°	18-20°	9-16°

Lufttemperatur (durchschnittliche Höchstwerte):

	Mai	Juni	Juli	Aug.	Sept.
Oslo	13,7°	18,7°	22,3°	19,9°	14,3°
Trondheim	11,4°	15,9°	20,0°	18,3°	13,2°
Bodø	6,2°	9,9°	13,6º	12,7°	9,4°
Tromsø	4,1°	8,8°	12,4°	11,0°	7,2°
Vardø	2,6°	6,2°	9,1°	9,7°	6,8°

LEBENSMITTEL (siehe auch "Getränke")

Norwegen ist teuer! Daran führt kein Weg vorbei.
Die preiswertesten Supermärkte sind wohl: **rema 1000** und **rimi**.
Einige Preisbeispiele sollen das veranschaulichen:

500 g Butter .... 3,00 Euro	1 kg Brot (Kneipp) .. 1,00-4,00 Euro
1/2 kg Kaffee ..... 3,00-5,00 Euro	1 kg Tomaten .... 2,50-4,00 Euro
1 kg Äpfel .... 2,50-3,00 Euro	1 Eisbergsalat .... 3,00 Euro
1 kg Schnitzel .... 6-13 Euro	1 kg Wurst .... 6-15 Euro
1 kg Fisch .... 8-12 Euro	1 kg Käse .... 8-18 Euro

Tipps:

>> Probieren Sie vor dem Urlaub verschiedene Dosengerichte aus. Manche schmecken wirklich gut – es sind aber selten die preiswertesten. Deutsche Fertiggerichte sind aber noch viel preiswerter als norwegische Frischware.

>> Selbst ist der Mann (Frau)! Eigene Konserven sind immer noch die besten: Gulasch, Fleischbällchen usw. wie gewohnt zubereiten, in saubere Gläser füllen, zuschrauben und ca. 10 Minuten im Dampftopf sterilisieren. Diese und viele andere Tipps finden Sie im **Allgemeinen Wohnmobil Kochbuch**.

>> Essen gehen in Norwegen? Das ist großer Luxus. Selbst für ein bescheidenes Mahl, vergleichbar etwa Schnitzel mit pommes und Salat, müssen Sie mit 15-25 Euro rechnen, (teure) Getränke extra gerechnet!

>> Auswege sind das Schnellrestaurant (Hamburger 4-5 Euro) oder die Pizzeria (ab 6-8 Euro).

LITERATUR

Ein wichtiges Buch über Norwegen haben Sie schon, mit unserem WOMO-Führer werden Sie nicht verloren gehen, gute Karten haben wir Ihnen auch bereits empfohlen. Wir hatten eine ganze Reihe von Büchern studiert, viele auch dabei, einige möchten wir Ihnen empfehlen.

Tipps:
Armin Tima: Südnorwegen (nördlich nur bis Bergen), Michael Müller Verlag
Armin Tima: Norwegen, Michael Müller Verlag
Marianne Mehling: Knaurs Kulturführer: Norwegen
Ewald Gläßer: Norwegen, DuMont Landschaftsführer
Pott/Küpker: Südliches Skandinavien-Reiseführer Natur, BLV (antiquarisch)
Grey-Wilson: Pareys Bergblumenbuch, Parey-Verlag
Andrew C. Campbell: Der Kosmos-Strandführer
Kauderwelsch Spechführer: Norwegisch, Schwedisch, Finnisch (bei WOMO)
Norw. Fremdenverkehrsamt, 22087 Hamburg, Mundsburger Damm 45
Tel. 040 / 22 71 08 10 bzw. 01805 00 15 48, Fax 040 / 22 71 08 15:
Prospekte, Karten, Adressen.

MEDIKAMENTE

Natürlich können wir hier keine ärztliche Voraussage machen, was Ihnen im Urlaub alles passieren kann, aber nach der Statistik wollen wir einige Wahrscheinlichkeiten abwägen.

Tipps:
>> *Schauen Sie nochmals nach, ist Ihr Erste-Hilfe-Koffer noch gut gefüllt (Mullbinden, Heftpflaster, Schere, Pinzette, Fieberthermometer)?*
>> *Mittel gegen Durchfall sind ein "Muss" in fremden Ländern, fragen Sie Ihren Arzt. Kohletabletten sind "härteren Sachen" zunächst vorzuziehen.*
>> *Aufregung und langes Sitzen bei der Anfahrt kann aber auch zu Verstopfung führen - führen Sie mit den richtigen Mitteln ab!*
>> *Wie steht es mit Reisekrankheit? Fahren Sie zum ersten Mal mit einem WOMO, könnte Ihnen vielleicht das Schwanken oder die ungewohnte Sitzstellung aufstoßen. Sorgen Sie vor!*
>> *Wasser hat keine Balken – und mancher wird schon beim Anblick eines Schiffes seekrank. Dagegen gibt es Tabletten, die sehr sicher wirken sollen, z. B. Nautisan.*
>> *Kinder sind ein Fall für sich! Nehmen Sie auf jeden Fall die Medikamente mit, die Sie sowieso das Jahr über brauchen.*
>> *Soventol hilft gegen Insektenstiche und lindert auch Sonnenbrand.*
>> *Zwei Elastik-Binden für verstauchte Füße und Salbe gegen Prellungen (z. B. Mobilat) sollten nicht nur bei der Bergtour dabei sein.*
>> *Zwar kein Medikament, aber manchmal die letzte Rettung (statt eines Schlafmittels): Ohropax gegen Straßenlärm.*
>> *Last not least: Das Merfen-Orange für die kleine Schürfwunde und gegen den großen Schmerz, ein Wund-Desinfektionsmittel, das nicht brennt, aber wegen der schönen Farbe bei Kindern besonders beliebt ist.*

ÖFFNUNGSZEITEN

Noch kürzer als in Deutschland! Die meisten Läden sind durchgehend von 9-17 Uhr geöffnet, donnerstags bis 18 Uhr, samstags bis 13 Uhr. Von Gemeinde zu Gemeinde schwanken diese Angaben etwas.
Banken: Mo-Fr 8.30-15 Uhr, Do 8.30-17 Uhr, viele Automaten rund um die Uhr.
Post: Mo-Fr 8-16.30, Sa 8-13 Uhr.
Letzte Rettung sind viele Tankstellen. Bei manchen hat man das Gefühl, sie verkaufen Benzin nur deshalb, um rund um die Uhr ihr angeschlossenes Kaufhaus offen halten zu können. Verzagen Sie also nicht, wenn Ihnen sonntags das Brot ausgeht – gehen Sie einfach Brot tanken!

PACKLISTE

Brieftasche/Handtasche/Geheimfach
Pässe, Personal-, Kinderausweis (gültig!)
Führerscheine, Fährticktes
Grüne Karte (gültig, obwohl nicht Vorschrift)
KFZ-Schein
Bargeld/Brustbeutel
Devisen/Umrechnungstabellen
Visa-Karte/EC-Karte
Reisechecks
Impfbücher
Auslandskrankenscheine
Zusatzversicherungen
Schutzbrief
Fotokopien aller dieser Papiere , noch
besser: Auf USB-Stick am Schlüsselbund

Wohnmobilhaushalt
Wecker (Fähre!)
Einkaufstasche (groß)
Kaffee-, Teekanne
Filtertüten/Filter
Geschirr/Gläser
Vesperbrettchen/Bestecke
Brotmesser/Kartoffelschäler
Schöpflöffel/Schneebesen
Töpfe/Dampftopf
Pfannen/Sieb
Topflappen
Butterdose/Plastikdöschen mit Deckel
Flaschentrage
Thermoskanne
Eierbehälter
Küchenpapier/Alufolie
Nähzeug/Schere
Klebstoff/Klebeband
Wäscheleine/Klammern
Waschpulver
Plastikschüssel
Abtreter
Schuhputzzeug
Kabeltrommel
Verbindungskabel CEE-Schuko
Stecker (Ausland)
Doppelstecker
Gasflaschen (voll?)
Handfeger/Kehrschaufel
Putzlappen
Klappspaten
Hammer/Nägel/Axt
Zündhölzer/Feuerzeug
Gasanzünder
Taschenlampen
Kerzen
Petroleumlampe/Petroleum
Ersatzbirnen 12 V/220 V
Ersatzsicherungen für jedes Gerät
Ersatzwasserpumpe
5 m passender Wasserschlauch
Feuerlöscher
Insektenspray/Insektenlampe
Moskitogaze für Fenster und Tür oder:
Moskitonetz

Toilette/Klo-Papier
Toilettenchemikalien (oder besser nicht?)
Dosen-, Flaschenöffner, Korkenzieher
Spülmittel/Bürste
Scheuerpulver
Geschirrtücher
Leim/5 m Schnur
5 m Schwachstromkabel zweiadrig
Müllbeutel
Wasserentkeimungsmittel
Wasserschlauch mit Passstück für ver-
schiedene Wasserhähne/Trichter
oder: WOMO®-Zapfschlauch

Reiseapotheke
Mittel gegen Reisekrankheit
Soventol (lindert Insektenstiche usw.)
Husten-, Schnupfenmittel
Fieberzäpfchen
Kohle-Kompretten
Mittel gegen Durchfall
Mittel gegen Kopfschmerzen
Mittel gegen Verstopfung
Nasen-, Ohrentropfen
Halsschmerztabletten
Wundsalbe/Brandsalbe
Wunddesinfektionsmittel (Merfen-Orange)
Sprühpflaster
Elastikbinden
Salbe gegen Prellungen
Fieberthermometer
Pinzette/Zeckenzange/Autan o.ä.
Auto-Verbandskasten o. k.?
Persönliche Medikamente

Auto
Allgemeines Wohnmobil-Handbuch
WOMO®-Knackerschreck (siehe Buchende)
Int. Verkehrsunfallbericht ...
.. .herunterladen bei: www.unfallskizze.de
Bedienungsanleitungen
Bordbuch/Wörterbücher
Reiseführer/Campingführer
Straßenkarten/Autoatlas
Auffahrkeile/Stützböcke
Wasserwaage
D-Schild
Kundendienst gemacht?
Ersatzteilset von der Werkstatt?
Pannenausrüstung komplett?
Reservekanister voll?
1-2 Liter Reserveöl
Reserverad Luftdruck o. k.?
Abschleppstange, ausprobiert?
Passender Wagenheber, ausprobiert?
Luftpumpe
Warndreieck, Warnweste
Arbeitshandschuhe
Werkzeugkoffer komplett?
Kundendienststellenverzeichnis, neu?

Kleidung
Unterwäsche
Socken/Strümpfe
Hemden/Blusen
Schuhe/Sandalen
Hausschuhe
T-Shirts/Shorts
Hosen/Jeans
Kleider/Röcke
Pullover/Jacken/Stola
Anoraks/Windjacken/"Friesennerz"
Regencapes/Wolldecken
Sonnenhüte/Kopftücher
Nachthemden/Schlafanzüge
Bikinis/Badehosen
Gummistiefel/Wanderstiefel
Sonnenbrille/Ersatzbrille
_____
_____

Campingartikel
Stühle/Tisch/Liegestühle
Liegematten/Hängematte
Sonnensegel/Stangen/Häringe/Leinen
Grill/Grillzange
WOMO®-Pfannenknecht (siehe Buchende)
Holzkohle
(von 15.4.-15.9. ist offenes Feuer verboten)
_____
_____

Unterhaltung
KW-Radio/Fernseher/Sat-Antenne
Schreibzeug/Adressbuch
Handarbeitszeug
Kinderspielzeug
Malutensilien
Bücher/Spiele
Kassettenrecorder/Kassetten
CD-Player/CDs/MP3-Player
Taucherbrillen
Wasserball/Fußball/Wurfringe
Frisby/Indiaca usw.
Schlauchboot/Pumpe/Ruder
Luftmatratzen
Sandspielzeug
Schwimmflügel/Schwimmreif
Surfbrett/Zubehör
Fotoapparat/Filme/Speicherkarten
Videokamera/Kassetten
Ersatzbatterien/Ladegerät für 12 V
Rucksäcke
Kartentasche/Wanderkarten
GPS-Gerät
Fernglas
Kompass
Iso-Matten/Zelte/Schlafsäcke
Feldflaschen/Taschenmesser/Angelzeug
SOS-Kettchen (vor allem für Kinder)
_____
_____

Lebensmittel
Getränke (Limo, Bier, Wein, Schnaps,
aber Zollvorschriften beachten!)
Allgemeines Wohnmobil Kochbuch

H-Milch/Dosenmilch/Coffeemate
Milchpulver/Limopulver/Zitronenteepulver
Wurstdosen
H-Käse
Fleisch-, Gemüsekonserven
Fertiggerichte/Beutelsuppen
Tee/Kaffee/Kaba
Müsli
Butter/Margarine
Brot/Vollkornbrot/Dosenbrot
Reis/Nudeln/Grieß
Kartoffelbrei/Mehl
Babykost
Puddingpulver
Schokolade/Bonbons/Kaugummi
Marmelade/Nutella
Bratfett/Öl/Essig
Mayonnaise, Senf
Zwiebeln, gefr. Suppengrün
Gewürze
Ketchup/Maggi/Salz
Zucker/Süßstoff
keine Kartoffeln (Einfuhr verboten!)
keine Eier (Einfuhr verboten!)
Zwieback/Salzstangen
_____
_____
_____

Toilettenartikel
Bettdecken/Kopfkissen/Spannlaken
Hand-, Badetücher, Waschlappen
Geschirrtücher
Tempo-Taschentücher
Kämme/Bürsten
Haarfestiger/Lockenwickler/Haarspangen
12 V-, Akku- oder Nassrasierer
Nageletui/Hygieneartikel
Empfängnisvorhütungsmittel
Windeln/Creme/Babycreme
Seife/Rei in der Tube
Sonnencreme, -öl
Fettstift (Labello)
Zahnbürsten/Zahnpasta
Badethermometer
_____
_____

Nicht vergessen!
Post/Zeitung abbestellen
Offene Rechnungen bezahlen
Haustier abgeben
Blumen versorgen
Mülleimer leeren
Kühlschrank abstellen?
Antennen herausziehen
Wasch-, Spülmaschine, Bügeleisen aus?
Wasser, Gas, Heizung, Boiler abgestellt?
Rolläden schließen

Haustür verschließen!
Nachbarn/Verwandte benachrichtigen:
Reiseroute, Autokennzeichen mitteilen.
Reserveschlüssel abgeben.

REDEWENDUNGEN / VERSTÄNDIGUNG

Wir wollen und können den unter "Literatur" angegebenen Sprachführer nicht ersetzen, aber ein **Dutzend** wichtiger Begriffe sollten Sie eigentlich auswendig können:

Guten Morgen	God morgen	(Gu mohren)
Guten Tag	God dag	(Gu dahg)
Guten Abend	God kveld	(Gu kväll)
Hallo	Morn/hei	(Morn/häj)
Auf Wiedersehen	På gjensyn	(Po jennsyn)
Tschüss	Ha det	(hah de)
Ich möchte bitte	Jeg vil gjerne	(Jäj will järne)
Ja bitte/nein danke	Ja, tack/Nei, tack	(Ja tack/näj tack)
Verzeihung	Unnskyld	(Ünnschyll)
Wir wollen nach	Vi skal til	(Wi skall till)
Nach rechts/links	Till høyre/venstre	(Till höjre/vänstre)
geradeaus	Rett fram	(Rätt framm)
Was kostet es ?	Hva koster det ?	(Wa koster de ?)
Ich hätte gerne	Jeg skall ha	(Jäj skall ha)
Können wir hier campen?	Kan vi campa her ?	
Wo ist der nächste Badeplatz?	Hvor er nærmeste badplass?	

Tipps:
- >> *Viele Gaststätten haben mehrsprachige Speisekarten. Englischkenntnisse kann man bei der Bedienung voraussetzen.*
- >> *Seit dem letzten Krieg sind die Deutschkenntnisse der Norweger stark zurückgegangen, ältere Menschen verstehen mehr deutsch, als sie sprechen (wollen).*
- >> *Uns ist die Aussprache des Norwegischen nicht leicht gefallen. Immerhin konnten wir an unsere (bescheidenen) Schwedischkenntnisse anknüpfen, denn dänisch, schwedisch und norwegisch ähneln sich mehr als deutsche Dialekte.*

RUNDFUNK / FERNSEHEN / INTERNET

Mancher behauptet ja, er könne im Urlaub völlig abschalten. Dazu gehören jedoch Ruhe und Zufriedenheit. Ich bin nur ruhig, wenn ich weiß, dass zu Hause in Deutschland alles seinen gewohnten Gang geht. Aktuelle Nachrichten sind für mich unverzichtbar.

Tipps:
- >> *Deutsche Sender können Sie im südlichsten Norwegen, günstige tektonische Bedingungen vorausgesetzt, nur (in miserabler Qualität) auf Mittelwelle empfangen. Es sei denn, Sie legen sich eine Satellitenschüssel zu. Dann können Sie sogar Ihren Heimatsender auf UKW und in Top-Qualität hören.*
- >> *Möchten Sie auch im Urlaub nicht auf Informationen aus der Heimat verzichten, empfehlen wir einen Kurzwellenempfänger! Selbst mit preiswerten Geräten kann man zumindest die "Deutsche Welle" auf dem 49-m-Band empfangen. Verfolgen Sie aber in der Presse die Entwicklung des DRM (Digital Radio Mondial), der digitalen Kurzwelle – denn bald kann man auch weltweit Kurzwelle in Super-Qualität empfangen.*

Einige wichtige Frequenzen analog:

Deutsche Welle:	49-m-Band:	6075 kHz
	31-m-Band:	9545 kHz
	19-m-Band:	15275 kHz

... und digital:
Deutsche Welle digital: ...... 3995, 6130, 7265, 9655, 9685, 12080 kHz
RTL digital: .... 6095 kHz
BR-B5 aktuell digital: .... 6085 kHz

>> Auch in Norwegen hat das Internetzeitalter Einzug gehalten. In allen
größeren (und auffällig vielen kleinen Ortschaften, z.B. in Bibliotheken) gibt
es bereits Internetzugang. Dort können Sie für wenige Cent:
a) In deutschen Zeitungen blättern, z.B. www.faz.net
b) Deutsche Fernsehsender angucken, z.B. www.zdf-online.de
c) Urlaubsgrüße per eMail senden.

TELEFON

Telefonhäuschen gibt es in Norwegen in großer Zahl, mal grün, mal Alu natur
oder mit Königswappen, meist weinrot. Versuchen Sie aber nicht, vom Postamt
aus zu telefonieren! Die Post und das norwegische Telegrafenamt sind zwei
völlig getrennte Einrichtungen.

Tipps:

>> Von Norwegen nach Deutschland wählt man 0049, nach Österreich 0043
in die Schweiz 0041. Die Landesvorwahl (von D, A, CH) nach Norwegen
ist 0047. Nach der Landesvorwahl fällt die Null der Ortsnetzkennzahl weg.
>> Zum Telefonieren braucht man 1-, 5-, 10 - oder 20-NOK-Stücke – oder
man deckt sich am Kiosk mit einer "Telefonkort" ein, denn die Zahl der
Kartentelefone nimmt auch in Norwegen schnell zu.
>> Für ein 3-Minuten-Gespräch müssen Sie Münzen im Wert von knapp 4
Euro bereithalten.
>> Aber wer braucht heutzutage noch eine Telefonzelle?
Das Handy ist auch in Norwegen allgegenwärtig und die Netzabdeckung
ist fast 100 %ig.
>> **Wichtige Telefonnummern in Norwegen:**
Deutsche Botschaft, Oslo: Tel. 0047 - 23 27 54 00
Österreichische Botschaft, Oslo: Tel. 0047 - 22 54 02 00
Schweizer Botschaft, Oslo: 0047 - 22 54 23 90
Abschleppdienste:
NAF: 810 00 505, Falken: 800 33 880, Viking: 800 32 900
Feuerwehr: 110, Polizei: 112, Krankenwagen: 113.

TOILETTE

Einer der Gründe dafür, dass das Freie Camping in so vielen Ländern verboten
wird, ist mit Sicherheit die Verunstaltung und Verseuchung der Landschaft mit
Fäkalien.
Die Benutzung einer Campingtoilette ist deshalb ein absolutes "Muss" für
jeden engagierten Camper.

Tipps:

>> **Norwegen ist das sauberste Urlaubsland, das wir kennen!**
Das liegt nicht zuletzt an den aufwendigen Bemühungen, es den Touristen
so schwer wie möglich zu machen, sich schlecht zu benehmen: An fast
jedem Park- oder Badeplatz befindet sich eine Toilette.
>> Campingtoiletten sind nicht der Weisheit letzter Schluss, bekämpfte man
doch die zu erwartenden Düfte selten mit umweltverträglichen Mitteln. Wie
verhält sich der umweltbewusste Toilettengänger in Norwegen?
1. Möglichst nur die aufgestellten Toiletten benutzen.
2. Keine giftigen Toilettenchemikalien einsetzen; wir verwenden nur

Schmierseife – und es geht auch!

3. *Campingtoiletten an einer der* **vielen Entsorgungsstellen**, *auf Campingplätzen oder an Parkplätzen in* **große** *Trockenklos entleeren.*

4. *Wer den Inhalt seiner Campingtoilette hinters Gebüsch gießt, den soll der Blitz beim Schei... treffen.*

>> *Abwasser im Wohnmobil enthält keine umweltschädlichen Stoffe. Trotzdem sollte man es in der Regel an einer Entsorgungsstation ausleeren (nur im Notfall tut es auch ein Wiesenstück oder Ödland).*

TREIBSTOFFE

Norwegen war ein Land für Dieselfahrer. Inzwischen wurde der "Dieselbonus" abgeschafft – und den Minister für Tourismus plagen deshalb Sorgen! Soll man den steuerfreien Diesel (Afgiftsfri) für die Touristen freigeben?

Treibstoffpreise
Normalbenzin .... 95 Oktan .... ab 1,80 Euro/l
Superbenzin .... 98 Oktan .... ab 1,84 Euro/l
Diesel .... ab 1,70 Euro/l
Autogas (nicht immer Adapter vorhanden) .... ab 0,75 Euro/l
Propangas (Flasche füllen) .... ab 30 Euro/11 kg

Tipps:

>> *In Norwegen herrscht Wettbewerb an den Tankstellen, Vergleichen lohnt sich! Dabei muss man nach den Preisschildern manchmal suchen, oft sind sie nur klein am Kassengebäude angebracht.*

>> *Auch in Norwegen gilt: Wo Konkurrenz herrscht (in den größeren Städten), sind die Preise niedriger als bei der Tankstelle im hintersten Fjordwinkel; Selbstbedienung (per Geld- oder Visa-Kartenautomat) ist am billigsten.*

>> *Dieselfahrer sollten die "Afgiftsfri-Szene" genau beobachten: An jeder Tankstelle gibt es Zapfhähne mit gefärbtem, steuerfreiem (afgiftsfri) Diesel. Dieser ist 1/3 billiger, darf aber z. Zt. nur von Landwirten, Bootsbesitzern und Touristenbussen getankt werden (Missbrauch wird bestraft!).*

>> *In der Finnmark ist der Verkehr gering – aber auch die Tankstellendichte.* **Man sollte den Tank nie mehr als halb leer fahren!**

TRINK-, WASCH-, SPÜLWASSER

Beim Abwasser hatten wir die Formel aufgestellt:

10 Liter x Personenzahl = Volumen des Abwassertanks

Als Trinkwasservorrat muss man pro Person und Tag mindestens 15 bis 20 Liter rechnen.

Tipps:

>> *In den südlichen Ländern haben wir für Sie nach Trinkwasserbrunnen gesucht. Solche "überkommenen" Einrichtungen gibt es in Norwegen nicht.*

>> *Die Trinkwasserversorgung ist jedoch trotzdem kein Problem: Alle Tankstellen haben saubere Zapfhähne (vann = Wasser), wir haben oft erst um Erlaubnis gefragt, nie wurden wir abgewiesen.*

>> *Manche Camper genieren sich, Tankstellen anzufahren, wenn sie keinen Treibstoff brauchen. Auch für jene haben wir Rat: Jachthäfen sind meist eine gute Anlaufstation für die "Jachtbesitzer der Landstraße".*

>> *Der verwöhnte Wassertankbesitzer fragt sich: „Wie kriege ich das frische Nass möglichst bequem (und hygienisch, z. B. bei Entsorgungsstationen) in den eingebauten Behälter?" Für ihn haben wir den WOMO-Zapfschlauch konstruiert:*

Es handelt sich um 3 - 5 Meter Gartenschlauch, an dessen Beginn man ein Stück Fahrradschlauch der Größe 1 3/8 x 1 5/8 Zoll anflanscht, das über jeden Wasserhahn passt. Am anderen Ende befestigt man einen Karabinerhaken, den man in eine Öse am Einfüllstutzen des Wassertanks hängt, wenn man keinen zweiten Mann zum Halten hat.

>> Mehr aus Gewohnheit haben wir auch in Norwegen unser Trinkwasser mit Entkeimungsmitteln behandelt – jedoch in erster Linie, um eine Nachverkeimung im Tank zu verhindern.

>> Eigentlich ist Wasser kein Thema für ein Norwegenbuch. Oft haben wir unseren Wasserbedarf einfach aus einem Gebirgsbach geschöpft oder den Kanister unter den nächstbesten Wasserfall gehalten. Saubereres Wasser wird man wohl kaum auf der Welt finden.

Eine Bitte noch: Steigen Sie zum Haarewaschen nicht in den Badesee, sondern holen Sie sich eine Schüssel Wasser heraus – Fische vertragen kein Haarwaschmittel (auch wenn sie Schuppen haben).

VERKEHR

Dem WOMO-Fahrer kann es nur darum gehen, sein großes und schweres Gefährt unbehelligt bis zum Urlaubsziel und zurück zu transportieren. Dabei kann ihm allerhand passieren.

Tipps:

>> Geschwindigkeitsbegrenzungen nötigen gemütlichen WOMO-Urlaubern meist nur ein müdes Lächeln ab (Überschreitungen um je 5 km/h kosten Strafe in ebenfalls 50-Euro-Schritten):

Autobahnen/Schnellstraßen	90 /100 km/h	über 3,5 to 80 km/h
Straßen außerorts	80/90 km/h	über 3,5 to 80 km/h
innerorts	50 km/h	
Beruhigte Wohngebiete	30 km/h	

>> Viele "Starenkästen" an der »E 6«. Sie werden (meist) vorher mit "Automatisk trafikk kontroll" angekündigt.

>> Promillegrenze 0,5.

>> Es besteht Anschnallpflicht auf Vordersitzen, auf Rücksitzen wenn vorhanden, Kinder haben hinten zu sitzen.

>> Abblendlicht ist auch am Tage einzuschalten, Nebelschlussleuchten darf man nicht benutzen.

>> Gelbe Linien am Straßenrand bedeuten Halteverbot.

>> ACHTUNG WILDWECHSEL! Vor allem in der (langen) Dämmerung und in Waldpassagen – im Norden auch Rentierherden auf den Straßen. Überall jedoch Schafe, Ziegen und Kühe – nicht nur in der Dämmerung!

>> **Straßenverhältnisse:**
Kurz gesagt: Die Verkehrsdichte ist sehr gering, die Straßen sind gut, aber meist schmal, manchmal nur Einbahnstraßen-schmal. Besonders an den Fjordflanken und natürlich im Gebirge muss man äußerst langsam und vorsichtig fahren. Selten zeigt der Tacho mehr als 50 km/h an!
Ampeln und Straßenkreuzungen sind selten – Norweger sind Kreisverkehr-Fans. Auf der Suche nach schönen Plätzchen befuhren wir selbst entlegenste Nebenstrecken. Sie sind häufig geschottert, jedoch meist gut eingeebnet, Schlaglöcher sind selten. Bei Regenwetter wird hier das WOMO weidlich eingesaut.

>> Unverständliche Verkehrsschilder:

[....	Kartensymbol für Mautstraße
I[....	Symbol für gesperrte Straße
bompenger	Straßenmaut
bomveg..	Mautstraße
fartsdempere	Geschwindigkeitsbremsen
ferist	Viehrost
friluftområde	Freizeitgebiet
gardstun	Gehöft (langsam fahren)
gatekjøkken	Straßenimbiss, Kiosk
idrettsplass	Sportplatz
kjør sakte	Langsam fahren
lekke barn	Spielende Kinder
løs grus	Loser Schotter
M(øteplass)	Ausweichstelle
omkjøring...	Umleitung
privatområde	Privates Gebiet
rom ledig	Zimmer frei
snuplass	Wendeplatz
vegarbeitsområde	Straßenarbeiten

>> Mautgebühr wird fällig bei der Fahrt durch die Städte Oslo, Bergen, Stavanger und Trondheim, bei der Benutzung neuer Brücken, Tunnel und Straßenabschnitte – und natürlich bei der Fahrt auf den vielen Privatstraßen in einsame Gebirgsgegenden. Auf den Hauptstraßen erfolgt die Erfassung elektronisch (wie bei LKWs auf deutschen Autobahnen). Wenn Sie nicht im Voraus bezahlt haben (siehe: www.autopass.no), finden Sie (ohne Zusatzkosten) die Rechnung 1-3 Monate später in Deutschland in Ihrem Briefkasten.

>> Jede Fjordüberquerung kostet für WOMO und Beifahrer runde 120 NOK.

>> Bei Tankstellen sind oft kostenlose Stadtpläne (bycard) vorrätig!

ZAUBEREI – OUTDOOR-NAVIGATION MIT GPS

Das GPS (Global Positioning System) ist ein vom US-Verteidigungsministerium entwickeltes Satellitensystem zur weltweiten Standortbestimmung. Bereits ab 150 € bekommt man ein handy-kleines Gerät, mit dem man auch bei Nacht und Nebel jederzeit feststellen kann, wo man sich befindet – und wird zu dem Platz geleitet, von dem man die Koordinaten hat (aber nur, wenn im Gerät auch das Kartenmaterial des jeweiligen Landes gespeichert ist).

In dem vorliegenden Reiseführer sind für alle Übernachtungsplätze die Koordinaten im Format Grad / Minuten / Sekunden (hddd°mm'ss.s") angegeben.

Hinweis: Die obige Schreibweise der Koordinaten ist die am meisten verbreitete. Falls Ihr Gerät voreingestellt die Schreibweise Grad mit Dezimalen (hddd.ddddd°) oder Grad / Minuten mit Dezimalen (hddd°mm.mmm') anzeigt, finden Sie mit Sicherheit eine Umstellmöglichkeit auf das obige Format.

Besitzer von GPS-Geräten bei denen man Koordinaten eingeben kann, z.B. der Fa. Garmin, TomTom oder Falk, tippen sinnvollerweise die angegebenen Koordinaten der WOMO-Stellplätze vor dem Urlaub in das Gerät ein. Wer es noch bequemer haben möchte, erwirbt beim WOMO-Verlag die "GPS-CD zum Buch" – und die GPS-Daten werden in Sekundenschnelle vom Computer aufs GPS-Gerät überspielt.

Natürlich kann man auch "vor Ort" nur die Koordinaten des Platzes eingeben, den man als nächstes anfahren möchte.

Aber: Manche unsere Plätze liegen an Nebensträßchen und Schotterpisten, die kein Navi kennt. Aber die Zufahrt ist ja auch im Text beschrieben ....

Übrigens: Unter "Google Earth" kann man per "Street View" schon zuhause nahezu jeden unserer Plätze in Norwegen fotorealistisch begucken!

Zum Schluss:

IN EIGENER SACHE – ODER DER SACHE ALLER!?

Urlaub mit dem Wohnmobil ist etwas ganz besonderes. Man kann die Freiheit genießen, ist ungebunden, dennoch immer zu Hause, lebt mitten in der Natur – **wo man für sein Verhalten völlig selbst verantwortlich ist!**

Seit mehr als 25 Jahren geben wir Ihnen mit unseren Reiseführern eine Anleitung für diese Art Urlaub mit auf den Weg. Außer den umfangreich recherchierten Touren haben wir viele Tipps allgemeiner Art zusammengestellt, unter ihnen auch solche, die einem WOMO-Urlauber eigentlich selbstverständlich sein sollten. Weil wir als Wohnmobiler die Natur in ihrer ganzen Schönheit und Vielfalt hautnah erleben dürfen, haben wir auch besondere Pflichten ihr gegenüber, die wir nicht auf andere abwälzen können.

Jährlich erhalten wir viele Zuschriften, Grüße von Lesern, die mit unseren Reiseführern einen schönen Urlaub verbracht haben und sich herzlich bei uns bedanken. Wir erhalten Hinweise über Veränderungen an den beschriebenen Touren, die von uns bei der Aktualisierung der Reiseführer Berücksichtigung finden.

Aber: Wir erhalten auch Zuschriften über das Verhalten von Wohnmobilurlaubern, die sich **egoistisch, rücksichts- und verantwortungslos** der Natur und ihren Mitmenschen – nachfolgenden Urlaubern und Einheimischen – gegenüber verhalten.

In diesen Briefen geht es um die Themen Müllbeseitigung, Abwasser- und Toilettenentsorgung. Es soll immer noch Wohnmobilurlauber geben, die ihre Campingtoilette nicht benutzen, dafür lieber den nächsten Busch mit Häufchen und Toilettenpapier "schmücken", die den Abwassertank nicht als Tank benutzen, sondern das Abwasser unter das WOMO trielen lassen, die ihren Müll neben dem Wohnmobil liegenlassen und davondüsen, alles frei nach dem Motto: **„Nach mir die Sintflut!"**

Liebe Leser!

Wir möchten Sie im Namen der gesamten WOMO-Familie bitten: Helfen Sie aktiv mit, diese Schweinereien zu unterbinden! Jeder Wohnmobilurlauber trägt eine große Verantwortung, und sein Verhalten muss dieser Verantwortung gerecht werden. Bestimmt hat mancher, dem Sie auf Ihrer Tour begegnen und der sich unwürdig verhält, das gleiche Büchlein in der Hand wie Sie. Er weiß zumindest jetzt, worum es geht. Sprechen Sie ihn an und weisen Sie ihn auf sein Fehlverhalten hin.

Der nächste freut sich, wenn er den Stellplatz sauber vorfindet, denn auch er hat sich seinen Urlaub verdient!

Vor allem aber: Wir erhöhen damit die Chance, dass uns unsere über alles geliebte Wohnmobil-Freiheit noch lange erhalten bleibt.

Helfen Sie mit, den Ruf der Sippe zu retten! Verhindern Sie, dass einzelne ihn noch weiter in den Schmutz ziehen!
Wir danken Ihnen im Namen aller WOMO-Freunde –

Ihr WOMO-Verlag

STICHWORTVERZEICHNIS

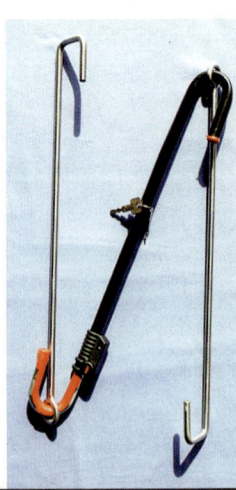

Info-Blatt für das WOMO-Buch: Süd-Norwegen '12

(ausgefüllt erhalte ich 10% Info-Honorar auf Buchbestellungen direkt beim Verlag)

Lokalität: Seite: Datum:
(Stellplatz, Campingplatz, Wandertour, Gaststätte, usw.)

○ unverändert   ○ gesperrt/geschlossen   ○ folgende Änderungen:

Lokalität: Seite: Datum:
(Stellplatz, Campingplatz, Wandertour, Gaststätte, usw.)

○ unverändert   ○ gesperrt/geschlossen   ○ folgende Änderungen:

Lokalität: Seite: Datum:
(Stellplatz, Campingplatz, Wandertour, Gaststätte, usw.)

○ unverändert   ○ gesperrt/geschlossen   ○ folgende Änderungen:

Lokalität: Seite: Datum:
(Stellplatz, Campingplatz, Wandertour, Gaststätte, usw.)

○ unverändert   ○ gesperrt/geschlossen   ○ folgende Änderungen:

Lokalität: Seite: Datum:
(Stellplatz, Campingplatz, Wandertour, Gaststätte, usw.)

○ unverändert   ○ gesperrt/geschlossen   ○ folgende Änderungen:

Lokalität: Seite: Datum:
(Stellplatz, Campingplatz, Wandertour, Gaststätte, usw.)

○ unverändert   ○ gesperrt/geschlossen   ○ folgende Änderungen:

Meine sonstigen Tipps und Verbesserungsvorschläge:

Info-Blatt für das WOMO-Buch: Süd-Norwegen '12

Ausgefüllt erhalte ich 10% Info-Honorar auf Buchbestellungen direkt beim Verlag.

Lokalität: **Seite:**   **Datum:**
(Stellplatz, Campingplatz, Wandertour, Gaststätte, usw.)

    ○ unverändert   ○ gesperrt/geschlossen   ○ folgende Änderungen:

Lokalität: **Seite:**   **Datum:**
(Stellplatz, Campingplatz, Wandertour, Gaststätte, usw.)

    ○ unverändert   ○ gesperrt/geschlossen   ○ folgende Änderungen:

Lokalität: **Seite:**   **Datum:**
(Stellplatz, Campingplatz, Wandertour, Gaststätte, usw.)

    ○ unverändert   ○ gesperrt/geschlossen   ○ folgende Änderungen:

Lokalität: **Seite:**   **Datum:**
(Stellplatz, Campingplatz, Wandertour, Gaststätte, usw.)

    ○ unverändert   ○ gesperrt/geschlossen   ○ folgende Änderungen:

Lokalität: **Seite:**   **Datum:**
(Stellplatz, Campingplatz, Wandertour, Gaststätte, usw.)

    ○ unverändert   ○ gesperrt/geschlossen   ○ folgende Änderungen:

Lokalität: **Seite:**   **Datum:**
(Stellplatz, Campingplatz, Wandertour, Gaststätte, usw.)

    ○ unverändert   ○ gesperrt/geschlossen   ○ folgende Änderungen:

Meine Adresse und Tel.-Nummer:

Nur <u>komplett</u> ausgefüllte und zeitnah eingesandte Infoblätter können berücksichtigt werden.

Wir bestellen zur sofortigen Lieferung: (Alle Preise in € [D], Preisänderungen vorbehalten)

☐ Wohnmobil Handbuch .... 19,90 €
☐ Wohnmobil Kochbuch .... 12,90 €
☐ Multimedia im Wohnmobil .... 9,90 €

☐ Heitere WOMO-Geschichten ...... 6,90 €
☐ Gordische Lüge – WOMO-Krimi . 9,90 €
☐ WOMO-Aufkleber "WOMO-fan" .. 2,90 €

☐ WOMO-Pfannenknecht .... 49,90 €
☐ WOMO-Knackerschreck ab ...... 44,90 €
☐ Fahrzeugmarke/Bj.: _

WOMO-Reiseführer: Mit dem WOMO ins/durch/nach....

☐ Allgäu .... 17,90 €
☐ Auvergne .... 17,90 €
☐ Baltikum (Est+Lettland/Litauen) 18,90 €
☐ Bayern (Nordost) .... 19,90 €
☐ Belgien & Luxemburg .... 17,90 €
☐ Bretagne .... 18,90 €
☐ Burgund .... 17,90 €
☐ Dänemark .... 17,90 €
☐ Elsass .... 18,90 €
☐ Finnland .... 18,90 €
☐ Franz. Atlantikküste (Nord) .... 17,90 €
☐ Franz. Atlantikküste (Süd) .... 17,90 €
☐ Griechenland .... 19,90 €
☐ Hunsrück/Mosel/Eifel .... 19,90 €
☐ Irland .... 18,90 €
☐ Island .... 17,90 €
☐ Korsika .... 17,90 €
☐ Kreta .... 14,90 €
☐ Kroatien (Dalmatien) .... 17,90 €
☐ Languedoc/Roussillon .... 19,90 €
☐ Loire-Tal/Paris .... 17,90 €

☐ Marokko .... 18,90 €
☐ Neuseeland .... 19,90 €
☐ Niederlande .... 18,90 €
☐ Normandie .... 17,90 €
☐ Norwegen (Nord) .... 19,90 €
☐ Norwegen (Süd) .... 19,90 €
☐ Österreich (Ost) .... 19,90 €
☐ Österreich (West) .... 17,90 €
☐ Ostfriesland .... 19,90 €
☐ Peloponnes .... 17,90 €
☐ Pfalz .... 17,90 €
☐ Piemont/Ligurien .... 17,90 €
☐ Polen (Nord/Masuren) .... 19,90 €
☐ Polen (Süd/Schlesien) .... 17,90 €
☐ Portugal .... 17,90 €
☐ Provence & Côte d'Azur (Ost) .... 18,90 €
☐ Provence & Côte d'Azur (West) . 17,90 €
☐ Pyrenäen .... 17,90 €
☐ Sardinien .... 17,90 €
☐ Schleswig-Holstein .... 19,90 €
☐ Schottland .... 17,90 €

☐ Schwabenländle .... 17,90 €
☐ Schwarzwald .... 17,90 €
☐ Schweden (Nord) .... 18,90 €
☐ Schweden (Süd) .... 17,90 €
☐ Sizilien .... 17,90 €
☐ Slowenien .... 17,90 €
☐ Spanien (Nord/Atlantik) .... 17,90 €
☐ Spanien (Ost/Katalonien) .... 17,90 €
☐ Spanien (Süd/Andalusien) .... 17,90 €
☐ Süditalien (Osthälfte) .... 17,90 €
☐ Süditalien (Westhälfte) .... 17,90 €
☐ Süd-Tirol .... 18,90 €
☐ Thüringen .... 19,90 €
☐ Toskana & Elba .... 19,90 €
☐ Trentino/Gardasee .... 17,90 €
☐ Tschechien .... 18,90 €
☐ Tunesien .... 17,90 €
☐ Türkei (West) .... 18,90 €
☐ Umbrien & Marken mit Adria .... 17,90 €
☐ Ungarn .... 17,90 €

.... und jährlich werden's mehr!

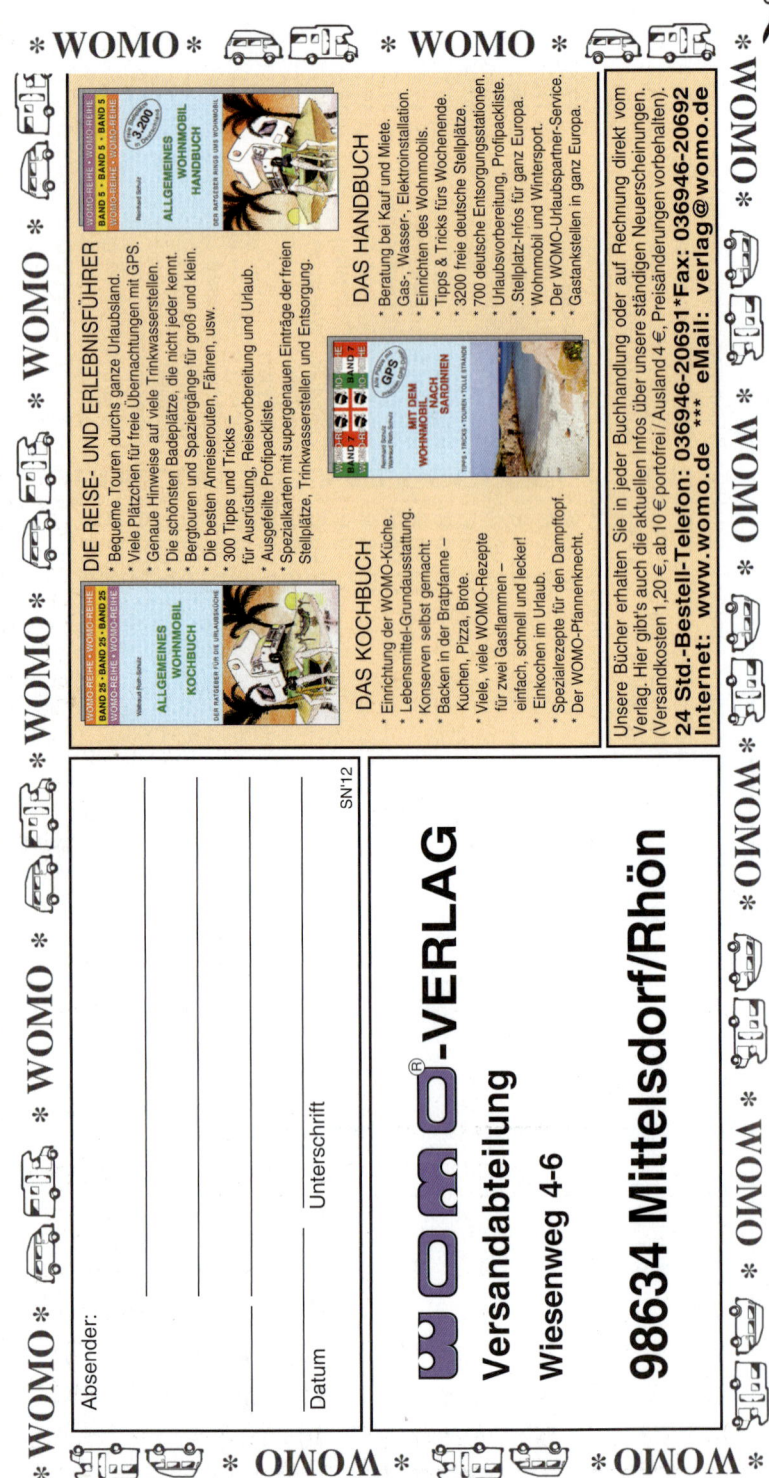